増補版

戦争と建築

War and Architecture

五十嵐太郎 Taro Igarashi

晶文社

ブックデザイン　岩瀬聡
カバー写真　Forensic Architecture

増補版　戦争と建築　目次

四章——テロリズムと恐怖の空間

増補——9／11メモリアル・ミュージアム——圧倒的な不在と膨大な情報を見る……250

［図1］戦争記念館と兄弟の像
筆者撮影（［図3］まで同）

終わらない冷戦——北朝鮮の建築と都市

韓国と北朝鮮の双子村

二〇〇二年の末から二〇〇三年の初めにかけて、ソウルを訪問した。アメリカ軍の装甲車が韓国人の少女をひき殺した事件をきっかけに、反米運動が盛り上がっていた頃である。一方、核開発の問題が取沙汰されるとともに、日本人の拉致問題は膠着し、北朝鮮情勢が次第に緊迫感を高めていた。大晦日の夜、ソウルの街を歩いていたら、反アメリカ、ならびにイラク攻撃に対する反戦の大規模なデモにたまたま遭遇した。アメリカ大使館に通じる道路の一端を機動隊が完全にブロックし、その手前で群集がシュプレヒコールをあげる。おそらく徴兵制があるからなのだろうが、参加者のほとんどが若者であることに驚かされた。戦争は人事《ひとごと》ではなく、政治への意識が高い。そして新年を祝い、花火を打ち上げる市民も混じり、鐘路を数百メートルにわたって人間がうめつくす。通常はクルマのための都市空間が見事に群集の広場に変貌していた。もっとも、そこは翌日、何の変哲もない道路に戻っていた。

元旦には新古典主義風のデザインによる戦争記念館（一九九三年）［図1］を見学し

［図2］　一九八三年の爆破事件で殺害された一七人の韓国人に捧げられたモニュメント

［図3］　南北の分裂を象徴する鉄条網

た。ここは朝鮮戦争で亡くなった兵士の追悼機能と戦争博物館が融合した特殊な施設である。いかめしい厳格な様式を選択したのは、死者を弔い、そして軍備の重要性を唱えるためだ。日本で言えば、靖国神社の遊就館がそれに近いかもしれない。ともあれ、韓国の平和な風景のすぐ背後に戦争の危機を意識せざるをえない現実を感じさせられた。

旅の目的は、韓国と北朝鮮の国境にあるＤＭＺ（非武装地帯）を見ることだった。両国のあいだでは、軍事境界線を中心に南北二キロメートルずつの範囲をＤＭＺと定めており、その一部が映画でもとりあげられたＪＳＡ（共同警備区域）内の板門店である。ソウルから北に約一時間半。自動車の往来がほとんどなくなり、ツアーバスと軍関係の車両のみという奇妙な風景になる［図2・3］。ＤＭＺにおいて強く印象に残ったのは二つの村の存在だった。フリーダム・ヴィレッジと呼ばれる韓国側の大成洞［図4］と、北朝鮮側のプロパガンダ・ヴィレッジ［図5］である。ＤＭＺ内部における唯一の住民だ。

フリーダム・ヴィレッジでは、軍に守られながら、一般人が住み、農業を営む。もともとこの地に住んでいたが、安全を求めて南に移住するより、とどまることを選んだという。住民には税金や徴兵の免除といった特典がある。この村では、小さな家屋群のサイズには似つかわしくない一〇〇メートルの高さに韓国の国旗を掲げている。一方、プロパガンダ・ヴィレッジ（もちろん、この呼び名は資本主義側のもの）は、ポストモダン風のカラフルな集合住宅が並ぶ。そして夜になると、フリーダム・ヴィレッジの住民に聞こえるように、金日成を讃える放送を大音響で流す。

［図4］ 韓国側のフリーダム・ヴィレッジ 出典：PANMUNJOM, HOLLYM, 1985（［図5］同）

こちらも一六〇メートルの高さに旗をたて、二つの村は鏡像関係にあるかのようだ。プロパガンダ・ヴィレッジには住民がいないと言われている。施設や旗のメンテナンスのために、十数人が働いているらしいが、一見豊かそうな村に実際の生活はない。そして一斉にすべてビルの明かりがつくなどの不自然さが指摘されている。見せるためだけの村。かつてロシアのエカテリーナ女帝がウクライナ地方を行幸したときに、急ごしらえでつくられたポチョムキンの都市を連想させる。ポチョムキンは、荒れ果てた地を実り豊かな農村に見せかけるために、虚構の農村を巨大なキャンバスに描かせた。さりとて、フリーダム・ヴィレッジも、韓国の自由にとっての象徴的な存在になっており、住民のいるいないにかかわらず、いずれも政治的な使命を担わされた双子の村なのではないか。

冷戦時は、東西陣営のショーケースとして機能したベルリンの状況を想起させるだろう。もっとも、ベルリンの壁は崩壊したが、ここでは冷戦が続いている。ちなみに、かつて韓国と北朝鮮をつないだ鉄道の再建工事があるのだが、DMZの手前の都羅山駅のデザインが興味深い。その屋根が∩型にカーブしており、鉄道が開通した暁には、隣に∪型の屋根の空間を増築して組み合わせるらしい［図6・7］。南北が手を結ぶイメージが重ねあわせられている。その日はいつやってくるのだろうか。

メガロマニア建築の戦争

当初、北朝鮮はソ連の技術者の援助を受け、社会主義リアリズムの建築をめざしていた。朝鮮戦争によって廃墟と化した平壌も、ソ連の都市をモデルに復興を行っ

（右）［図5］　北朝鮮側のプロパガンダ・ヴィレッジ
（左頁右）［図6］　非武装地帯にある都羅山駅
（左頁左）［図7］　屋根のデザイン・コンセプト

ている。しかし、やがて金日成主席は主体思想を唱え、独自の路線を掲げるようになった。主体（チュチェ）思想は、社会や経済だけではなく、建築にも反映されている。息子の金正日総書記は、父に認められるために、主体思想の研究を行い、一九九二年に『音楽芸術論』や『美術論』とともに『建築芸術論』を出版し、こう書いている[1]。「建築を革命的首領観で一貫させることはチュチェ建築創作で確固として堅持しなければならない」。そして「大記念碑の雄大性はなによりも平凡性を超越する絶対的な大きさと膨大な数という量的規模により表現される」、と。では、いかに抽象的な思想を具体的な造形に変えるのか。

一九八二年、金日成の誕生七〇歳を記念して、三つの巨大建築が誕生した。金日成広場裏の帝冠様式風の人民大会学習堂、そして凱旋門と主体思想塔である。

和田春樹によれば、誕生日直前の四月一四日、一九四五年の金日成の演説にちなむ場所に凱旋門ができたという。皇帝をたたえるために建設されたローマやパリの凱旋門よりもデカく、世界最大の高さ六〇メートルである。その大きさは金日成の偉大さを表現するのだろう。凱旋門には七〇歳にちなむ七〇のつつじの花や「金日成将軍の歌」が彫られている。また柱には、金日成が国を出た一九二五年と国に戻った一九四五年を刻む。

主体思想塔は、誕生日の四月一五日に完成した。ワシントンの記念塔を参考にしたらしいが、高さは一七〇メートルであり、オリジナルよりも大きいことを強調している。壇を重ねたデザインの塔は、前後の面にそれぞれ一八段、左右の面にそれぞれ一七段あり、合計七〇段。白い花崗岩の板を二万五五〇〇個使うのは、七〇年

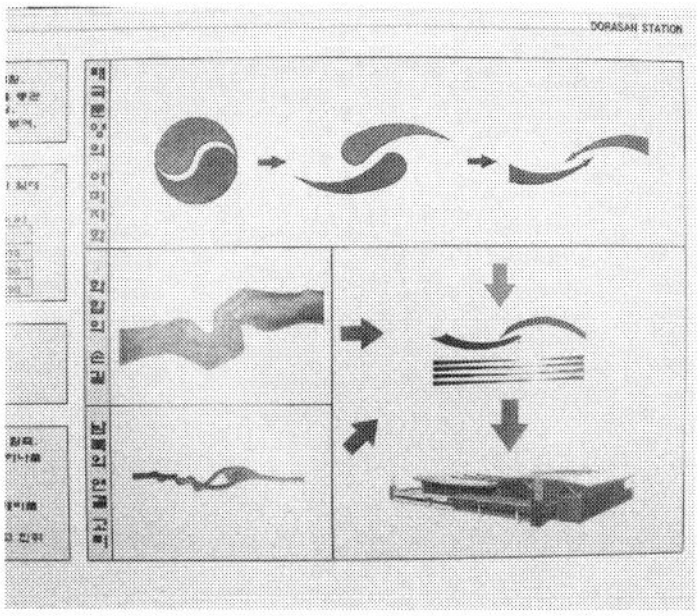

間の日数に相当するからだ。いずれの数字も七〇歳を祝うもの。塔前面の碑には、金日成をたたえる詩を刻むが、一二連から構成されているのは、生まれた一九一二年の下二桁に合わせているからだ。また碑が高さ四メートル幅一五メートルであるのは、誕生日四月一五日による。こうしたデザインに対する根拠のつけ方が、宗教建築の発想ときわめて似ていることは興味深い(2)。

北朝鮮では、超高層のホテルを建設している。いや、正確に言えば、建設していたというべきか。柳京ホテルは、一〇五階建て高さ三〇〇メートルであり、三〇〇〇室をもち、一九九〇年に完成予定だった。人目を引くピラミッド型のメガロマニア建築は、平壌において異彩を放つ。だが、巨大ホテルは完成を迎えることなく、一九九〇年代の初めに、資材を調達していた社会主義国が崩壊したことや、外貨不足により、工事の中止に追い込まれたと言われている。もともと一九八〇年代の韓国に登場した二四九メートルの高層ビルに刺激され、北朝鮮の優位性を示すために、東洋一のホテルをめざしたことがプロジェクトのきっかけだったらしい。冷戦時、ソ連がアメリカの摩天楼に対抗して巨大建築を手がけたことが思い出される。資本主義国では経済活動が効率的な超高層ビルをもたらし、社会主義国では思想が崇高なメガロマニア建築を求める。つまり、アメリカとソ連のあいだで行われた建築の競争が、朝鮮半島において反復されているのだ。しかし、仕上げのないまま、コンクリートの躯体は放置され、疲弊しはじめ、柳京ホテルは未完の廃墟と化している。まるでバベルの塔のように。

9・11以降、都市はどこへ行くのか

ソ連が崩壊し、冷戦、すなわち仮想の第三次世界大戦は終わった。五〇年以上の長い「戦後」だった。しかし、一九九〇年代から地域紛争が続き、再び「戦前」の時代になったと指摘されている。世界がきな臭くなった。イスラエル、パレスチナ、ユーゴスラビア、アフガニスタン、イラク、そして北朝鮮。あるいは、東京の地下鉄サリン事件やニューヨークの9・11のように、国家対国家ではなく、大都市を襲うテロが重要な問題になった。アメリカは、本土攻撃の怒りに震え、振りあげた拳のやり場を探す。そして日本は、北朝鮮の脅威論から有事法制が可決され、軍備化への道を再び歩みはじめた。

新しい現実を迎え、建築と都市はどのように変わるのか。

そもそも戦争と建築はいかに関わってきたのか。

以上を考察することが、本書の目的である。そこで全体を四章に分け、過去から現在にいたるまで、様々な事例を扱う。

一章「戦時下の都市」は、戦争と都市の関係をとりあげる。戦争は他者と出会う機会であり、他者との関係から特殊な都市が要請されるだろう。ゆえに、「前線都市」は、共同体という視点に立ちながら、戦争、移民、植民など、幾つかの人工的な都市のパターンに分類している。また「防空都市」は、第二次世界大戦において空襲に対抗する都市がどのように構想されたかを見ていく。

二章「戦争とデザイン」は、戦争がデザインの意識に影響を与えたことについて。

「直線か、曲線か」は、戦争の時代における二つの線をめぐる論考である。「空からのまなざし」は、空撮が可能になった近代を迎え、未来派やル・コルビュジエが育んだ新しい精神を考察する。「技術の母としての戦争」は、第二次世界大戦がもたらした技術革新とアメリカの建築家の関係に焦点を当てる。

三章「日常におけるサバイバル」は、カタストロフの後のデザインについて。「サバイバルのための東京リサイクル」は、震災や敗戦の後、いかに都市のリサイクル的な手法が試みられたかを検証する。「反フラット建築論に抗して」は、9・11以降の世界情勢を絡めながら、現代日本の建築家と戦争の関係を考察した。「再発見されたエレクトリック・ラビリンス」は、近代化の限界として未来の廃墟を提示した磯崎新による一九六八年のインスタレーション作品が、イラク戦争後の現在にもちうる意義を再評価する。

四章「テロリズムと恐怖の空間」は、9・11以降の動向に注目しつつ、九〇年代の都市空間を分析した。「セキュリティ戦争の都市」は、他者に対する恐怖が蔓延し、日常的な都市の軍備化がいかに進行しているかを紹介する。そして「9・11がもたらしたもの」では、破壊された世界貿易センタービルの設計者ミノル・ヤマサキの数奇な運命を考察し、「忘却しないために」では、その跡地開発コンペで勝利したダニエル・リベスキンドの建築作品をたどる。

最後は、あとがきにかえて「アンバランスな時代の二一世紀型戦争」と題し、戦争都市の変化を振り返りつつ、イラク戦争の時代における都市論を試みた。基本的に、建築と都市は戦争に巻き込まれる存在である。要塞をつくるか、復興を行うか。

しかし、戦争に抵抗する建築はありうるのだろうか。そうしたテーマも考察の対象となる。

イラクへの攻撃を第四次世界大戦の始まりとしないために。

〈註〉

（1）　和田春樹『北朝鮮』（岩波書店、一九九八年）

（2）　拙著『新宗教と巨大建築』（講談社、二〇〇一年）

一章

戦時下の都市

前線都市

大砲の街

その物語は少年の起床から始まる。朝七時、目覚まし時計の大砲が弾を発射すると、反対側にたつミニチュアの城がベッドの後で崩れていく。すぐにヘルメットをかぶった少年は、廊下にかけた英雄的な砲撃手の肖像に敬礼し、食卓に向かう。壁にならぶ古びた計器、天井を走るメタリックな配管、工場か船内を思わせる部屋に三人の家族は集まる。いつもの朝食の後、父親と少年は出かけるために、エレベータにのりこむ。このとき初めて、下降する視線から鉄骨のブレース越しに街の全貌が見える。それが『大砲の街』だ。眼下に広がる風景は、ヨーロッパにありそうな街並なのだが、あらゆる建物の屋上には、街の外部に狙いを定めた、大小さまざまな無数の砲台がのっている［図1・2］。

『大砲の街』は、大友克洋監督の映画である。とりあえずは、本作品の全体をワンカットで撮られたという技法や、東欧圏のアニメを連想させる独特な色彩や美術は、ここで大きな問題にしない(1)。また、それが未来なのか過去なのかよくわからない、時代錯誤的な都市であること。つまり、駅舎のデザインにうかがえるように、錆や

［図1］大友克洋『THE MEMORY OF MEMORIES』表紙

［図2］「大砲の街」出典：［図1］

汚れでやや濁った色調の、ハイテク風の部分と古典主義的な意匠が奇妙な合体をするイメージも論じないでおく。むしろ、子供は砲撃手に憧れ、父親は第一七砲台に勤務し、母親が砲弾製造工場で働き、この都市の人間は大砲を撃つというたったひとつの目的のためだけに生きていることに注目しよう。確かに駅構内に貼られたポスターから、学校の授業、そしてTV番組の内容にいたるまで、すべてが大砲を撃つことに収束している。戦争だけの都市。彼らは誰と戦い、一体何のために戦っているのか？　ところが、これは明かされることがない。寝る前の子供は、TVの「大砲一家」を見ながら、「ねェ、お父さん、あのさァ……、お父さん達ってどこと戦争してるの」という素朴な問いを発していた。が、それに対し父親は「そんなことは大人になれば分かる。早く寝なさい……」とだけ答える。実は一瞬だけ街の外部が映されるシーンがある。砲台に腰掛けて昼食をとる父親が、ぼんやりと彼方を眺めるそのときだ。敵の姿などない。まったくの、ただの荒野。砲撃の後のクレーターが、大地に無残な傷跡を幾つも残している。そして白い雲と青い空。結局、物語の最後で少年はいつものようにベッドに戻り、やがて変わらぬ朝を向かえ、戦争という終りなき日常を生きるのだろう。

『大砲の街』において、他者は絶対に表象されない。しかしながら、その絶対的に見えない敵＝他者こそが自己の存在を規定している。なぜならその街が活動する、すべての中心が大砲を撃つことであり、その街をドライブさせる原動力は戦争なのだから。彼らは未確認の敵と戦うために、変わらない日常を繰り返す。共同体の他者に対する特殊な関係は、都市の奇形を生む。それが砲台が街を埋めつくし、すべ

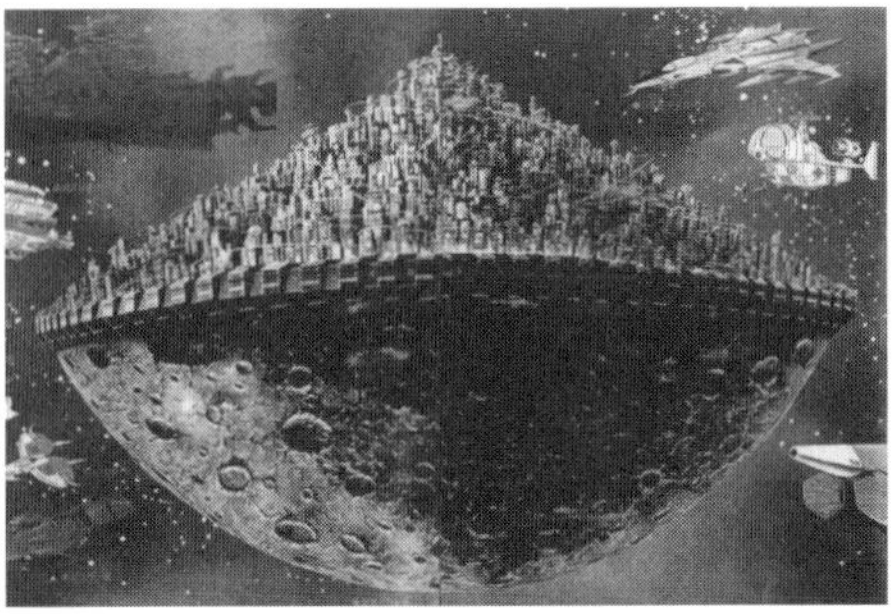

（右）［図3］『さらば宇宙戦艦ヤマト——愛の戦士たち』表紙
（左）［図4］彗星都市帝国　出典：［図3］

ての大砲が外部にむかって開かれた戦争都市だ。ただし、都市の形状が円形なのか矩形なのかはわからない。

『さらば宇宙戦艦ヤマト』（一九七八年）でも、半球状の惑星のうえに高層ビルが林立する、白色彗星に包まれた都市帝国が登場した［図3・4］。それは対空砲火網、三六〇度回転するミサイル砲のリング、クレーターから迫り出す砲門、そして都市を覆うガス状のヴェールが防御する、肥大化した戦争都市である。こうした都市は必ずしもSFアニメのなかだけの存在ではない。むしろ、共同体が完全に外部を意識しないことの方がまれなのではないだろうか。それでは外敵が意識されたとき、いかに都市は生成し、また変容していくのか？　その事例として、戦争、植民、移民に関わる都市があげられる。いずれも自己と他者がせめぎあう都市のタイポロジーとして検証に値するものだ［図5］。そして拡張する共同体、あるいは衝突する共同体にとって、どれもが共同体の前線に位置づけられる都市であり、ゆえにこれらを前線都市と名づけることができるだろう。

戦争都市1　大砲の弾と西欧の要塞都市

戦争都市の基本的な姿勢は、内部と外部を壁で分けることだ。すでに紀元前七五〇〇年頃のイェリコ遺跡では、石の城壁に囲まれた要塞都市を確認できる。

古代ローマのウィトルウィウスの『建築書』は、第一書の三章において、公共建築を三つに分け、「そのうちの一つは防御的、他は宗教的、第三は実用的である。防御的とは城塞や塔や城門を敵の攻撃が常に撃退されるように予め考慮して割り出

［図5］前線都市のダイアグラム

場所／空間の性質	共同体の内部	共同体の外部
ユートピア（均質）	戦争都市1　ex ルネサンスの理想都市 自己＝ヨーロッパ 他者＝トルコ・敵国 他者は表象されない、自己中心の言説	植民都市　ex「新世界」のコロニー 自己＝ヨーロッパ 他者＝インディアン・原住民 他者に自己を押しつける
ヘテロトピア（分裂）	戦争都市2　ex 戦時中のカンパニータウン ex 日本人の強制収容所 自己＝アメリカの白人 他者＝黒人・日本人 自己の中に他者を発見し、分裂	移民都市　ex 満洲の開拓村 ex リトル・トーキョー 自己＝日本人 他者＝中国人・朝鮮人・アメリカ人 他者の中に自己を移植

すること」と述べている。要塞としての都市機能は無視できないものだった。同五章では、都市の形態として方形や突稜形よりも、敵を各所から見ることができる円形がふさわしいと説く。稜角の突出部はむしろ敵に有利だからだという。ただし、城壁を襲う敵を左右から攻撃するために、都市の外側に張り出した円形か多角形の塔を、弾の射程距離から大きくなりすぎない間隔でもうけるべきだとしていた。第十書では戦闘のための器械を解説しており、当時の攻撃方法もうかがえる。例えば、石を発射する軽弩砲や重弩砲、そして材木で繰り返し城壁を突いて石の層を落とす器械である。結局、火薬を使わずに石の弾丸で攻撃することは中世でも変わらず、それは高い城壁と塔を発展させ、キープと呼ばれる堅固な砦を中心に防御施設の洗練化をもたらした。

ルネサンスの三大発明である羅針盤・火薬・活版印刷術は、中世の世界観を完全に変えてしまった。もっとも、これらの技術は中国を起源とし、イスラムを経由して西洋にもたらされたのだから、東西交通の賜物というべきかもしれない。

羅針盤は大航海時代の引き金となり、西欧の外なる他者との遭遇をもたらし、やがては「新」大陸における植民地の建設や海を越えた戦争につながる。活版印刷術は、建築書の出版ブームをもたらす。火薬は西欧に伝わり改良を重ね、一三二五年にフィレンツェで金属砲が登場、ドイツでも一三三一年に大砲の使用が確認された。そして一四九四年のシャルル八世によるイタリア遠征において、大砲は戦局を左右する重要な兵器となる。鉄砲は一三八一年に出現し、流布した一六世紀には戦闘の主力を騎士から農兵に移行させる。大砲は戦争のあり方を劇的に変えただけではな

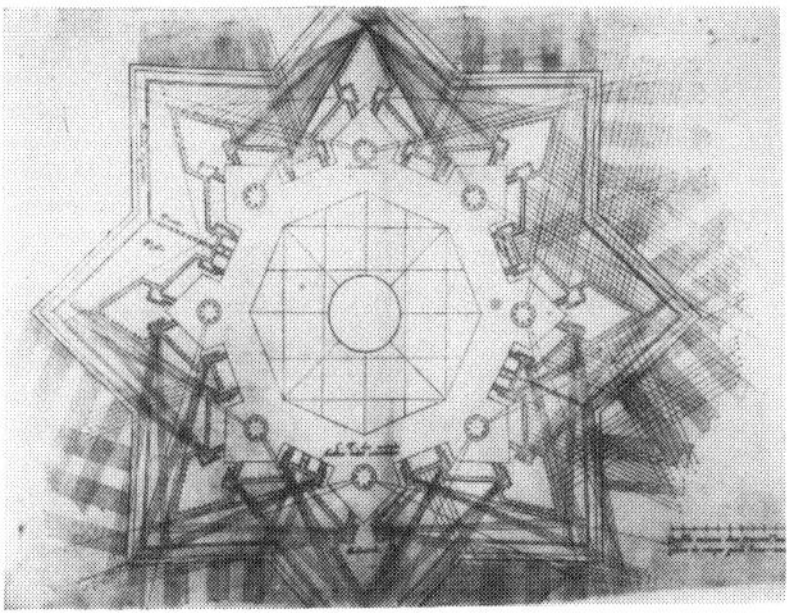

(右)[図6] マルキの戦争都市 出典:IL SISTEMA E LA CITTÀ ([図7]同)
(左頁右)[図7] ロリーニ『要塞都市』
(左頁左)[図8] パルマノーヴァの平面図 出典:THE CITY SHAPED

く、都市の形態にも大きな影響をおよぼす。

一五世紀終りに戦争革命が起きる。大砲の弾丸が石から鉄に変わったからだ。石の頃は火薬の爆発力が砲弾自体を砕いたが、鉄ならばその威力を損なわずに、はるかに遠方から城壁を攻撃できる。かくして中世の防御システムは有効性を失う。新型大砲の前では防御不能なのだ。が、これは防御側も大砲を使えることを意味しており、どちらがうまくそれを使うのかが問題となる。つまり、城壁に囲われた防衛型の中世都市から、迎撃型のルネサンス都市に移行したわけだ。いかに効率的に稜堡から大砲を発射し、敵を倒すのか。もはや破壊される高い城壁は必要なくなり、大砲の標的を小さくする低い強固な城壁に代わる。そして高い塔の代わりに迎撃する施設を備えた大きな稜堡が求められた。

戦争のエコノミーは都市を規制する。方形だと確かに安く小さい要塞を作れるのだが、融通がきかない。円形もふさわしくなかった。なぜなら、攻撃の集中した稜堡に他から大砲を迅速に運ぶために、各稜堡のあいだに直線の幕壁を配することを軍事計画家が好んだからだ[2]。その結果、規則正しい多角形が最もすぐれた解答として浮上する。ルネサンスの理想都市が美しい幾何学で構成されたのは、プラトニズムの影響ではなく、仮想された戦争都市だからだ[3]。例えば、ミケランジェロやフランチェスコ・ディ・マルキのスケッチは、要塞都市の輪郭線の外部を弾道の軌跡で埋めつくす[図6]。

都市の形態は大砲の幾何学にしたがう。住むためではなく、戦うための都市だから。フランチェスコ・ディ・マルキは兵士のために『軍事建築について』(一五九

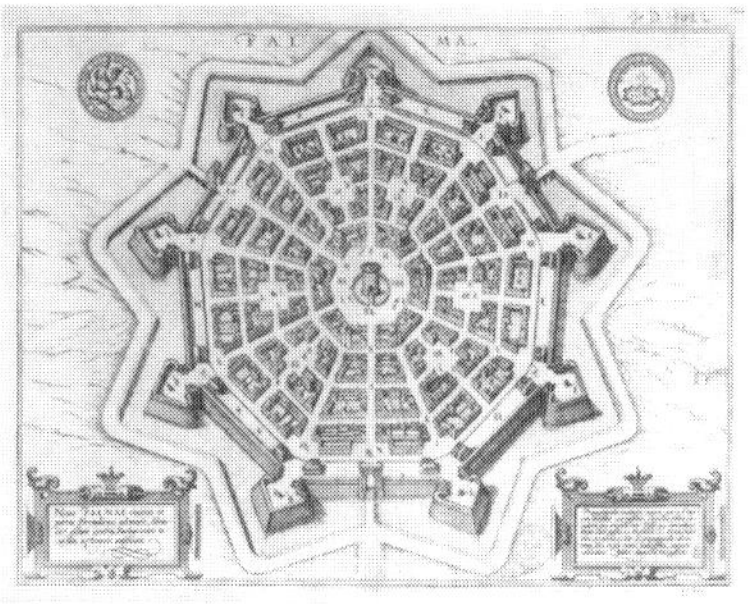

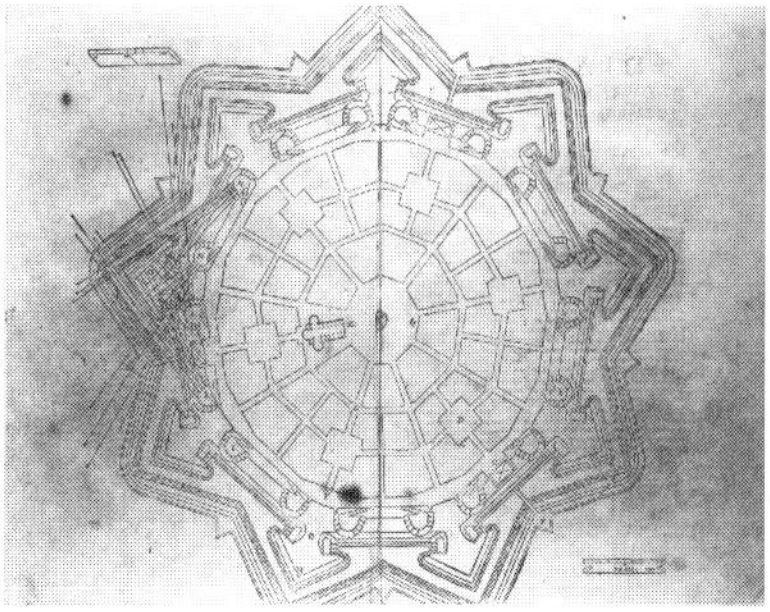

九年）を著し、第三書で一六一に及ぶ要塞都市を示し、「建築家がプランを描き、建設を管理し、兵士が位置と形を決め、医者が気候について……それぞれ助言し、星占いが建設開始の最善の日を決める」という。ところで、丸い稜堡では、互いの稜堡から守る／見るのにも死角が残る。そこで形態は三角となり、各稜堡も大砲の射程距離を考慮して、均等に配置された。内部の計画も、中心の広場から周辺の稜堡に素早く補給するために、放射状の街路が選択される。例えば、個人住宅の細部まで軍事的に決定するスペックルや、ロリーニの『要塞都市』（一六〇九年）などである（教会が中心からズレている）［図7］。また都市の位置は視線を遮る障害物のない平原が最適とされた。

ヴェネチア共和国のパルマノーヴァは、理想的な戦争都市だった。既存の都市だと部分的な改造になるが、これは新たな砦として建設された。スカモッツィらと軍事技術者の共同設計によって、一五九三年に建設を開始し、一六二三年に城壁が完成。全体は直径八〇〇メートルの九角形、三つの市門をもち、中央広場は六角形（軍隊の中央司令本部を置く）、内部を放射状の街路が走る［図8］。戦争機械としての都市。誰が仮想の敵なのか？　パルマノーヴァの一帯は、イスラム勢力のオスマントルコやハプスブルク家に対して、ヴェネチア共和国が死守すべき東の国境だった。一六六七年から九〇年、パルマノーヴァは第二のリング（環）を付加して、要塞を強化する。そして一九世紀初頭、ナポレオンが拡大したフランス帝国の東の防衛拠点とした際、第三のリングを増やし、視界を確保するために近隣の三つの村を破壊している。にもかかわらず、一八六六年に軍事拠点の地位を失うまで、この前

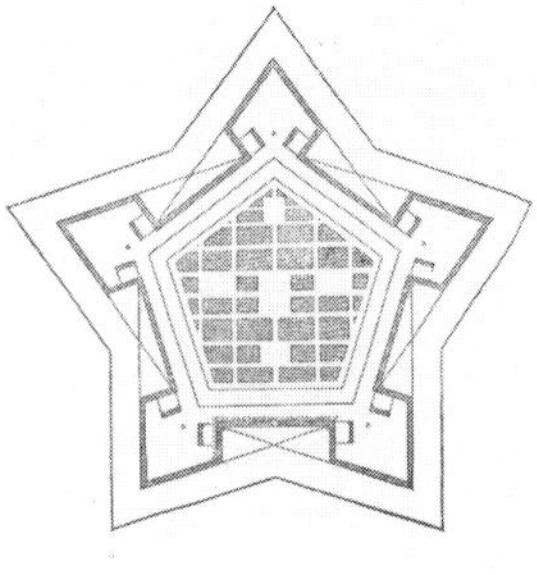

［図9］　カターネオ『建築四書』の戦争都市　出典：未来都市の考古学

線都市は一度しか戦争を体験していない。拡張する外堡は、攻撃側の大砲を近づけないための装置だった。一方、攻撃側は塹壕をつくり、迎撃をかわしつつ接近する。一七世紀後半の軍事建築家ヴォーバンは、こうした攻守の方法を理論化していく。

一五二七年にデューラーが要塞都市論を刊行したのは、当時、ハンガリーに侵攻していたトルコの脅威にうながされたからであり、後に一五八九年、スペックルもトルコを引き合いにだして、緊急に要塞を築くことを説いている[4]。また一五六六年から七一年にジョヴァンニーティ派によって築かれたマルタ島の都市ヴァレッタも、トルコの脅威にそなえたものであり、キリスト教の地中海における要塞だった。これはカターネオ『建築四書』（一五五四年）の影響のためか、グリッド状の都市である［図9］。もっとも、一九世紀には近代国家の時代となり、戦争が変容することで、都市単位の防御が無効化した。

ところで、皮肉な事例がある。チェコスロバキアのテレジンという小さな古い街だ。これは典型的な戦争都市だったが、ナチスの政権下においてユダヤ人の強制収容所に変貌する。つまり、外敵から守るはずの壁は、居住者を逃げられなくするための檻として読みかえられた。テレジンの悲劇は、要塞都市と監獄都市の相同性を示唆するだろう。

植民都市　新大陸における西洋の拡張

最初のアメリカ人、すなわちインディアンは、紀元前二万五〇〇〇年頃から一万二〇〇〇年頃にかけて、アジアから移住したと考えられている[5]。一〇世紀の末には、最初のヨーロッパ人、北欧のヴァイキングがアメリカ大陸に到達したことが、現在では知られている。にもかかわらず、その圧倒的な影響力から「アメリカは、コロンブス以前にはひとつの幻想世界だった」と、一八三二年に幻想小説家のノディエは記した。[6]確かに、ヨーロッパにとって、新大陸はそうだったかもしれない。この後、帝国主義の尖兵として多くの入植者が海を渡り、現地で「新しい」都市を建設するのだから。

新しい世界であるアメリカの「発見」によって、古い世界のヨーロッパに対するもうひとつの中心が浮上した。彼らは「新世界」にいかなる都市を築いたのか。一四九二年、コロンブスの第一次航海により、三九名の部下がエスパニョーラ島北岸に残り、材木を使って最初の居留地ナビダー村を建設した。計画的なものではなかったが、いかなる他者に出会うかすらわからず、航海に出たのだから仕方があるまい。が、それは未熟なものとはいえ、れっきとしたスペインの前線都市である。リドリー・スコットの映画『１４９２　コロンブス』（一九九二年）では、西欧が他者の世界を征服する文明化の象徴として、白い教会を未開の地に建設するシーンを描いていた。

だが、一四九三年にコロンブスが一二〇〇人の入植者と共に戻ると、村は廃墟になっていた。全員が原住民によって殺害されたのである。「彼らはきわめて臆病でありまして、千人でかかっても、こちらの三人を防ぐことはできない」という提督の他者に対する理解は的はずれだった。[7]一四九四年、ナビダー村からそう遠くないところに、ただちに第二の拠点イザベラ市が建設されたが、目的とされた黄金の採

［図10］　一五八六年のサント・ドミンゴ　出典：THE CITY SHAPED

掘は思わしくなく、長続きしなかった。

一四九七年、コロンブスの弟バルトロメーによってエスパニョーラ島南岸に創設され、一五〇一年に川の西岸に移動した新都市サント・ドミンゴは現在も残る。当初の計画は不明だが、後の絵によれば、中心に大きな建物を配し、城壁に囲まれた都市のようだ［図10］。サント・ドミンゴは、ヨーロッパで考案された理想都市の正確なモデルが、「新世界」で実現されたものだという(8)。一五二〇年、この都市の最初の司教ヘラルディーニは「偉大にして美しい建物はイタリアのように作られており、港はヨーロッパのすべての舟を迎えることができる。通りは大きく直角であり、したがってフィレンツェのものとは比較にならないだろう」と述べている。ただし、一六〇一年に建設されたサンタフェに代表されるように、「新世界」の植民都市には中世におけるバスティッド（要塞都市）の伝統が残っている(9)。同時代のヨーロッパで進化した理想の戦争都市からはあまり影響を受けていない。ヨーロッパの代表が放射状プランのパルマノーヴァとすれば、むしろ「新世界」の主流は広場を中心にグリッドのプランをもつ古い戦争都市のタイプをずっと引き摺っていた。

一五一九年、コルテスがメキシコのアステカ帝国の征服を開始、三年後にメキシコ・シティが建設され、壮大な広場が生まれる［図11］。そして幾度かの法令を経て、一五七三年七月、フェリペ二世は一四八の条項から成る近代初の包括的な都市計画法を制定する(10)。これは街の中心に長方形の広場を置き（長さは幅の一・五倍。祭りを行うのにふさわしいから）、その大きさは住民の数にもよるが最低二〇〇フィート（約六〇メートル）から最高五〇〇フィート（一五〇メートル）の幅という具合に

〔図11〕　メキシコ・シティの大広場。一辺が二五〇メートルほどもある。
出典：THE HISTORY OF THE CITY

決め、細かい街路の規定、教会を含む各種ビルディングタイプの配置が続く。おそらくその都市像は、中世の伝統に加えて、すでにスペインに紹介されていたウィトルウィウスやアルベルティの理論、そしてローマ時代の植民都市など、複合的な要因が影響したものと考えられている。しかし、こうした細かい規則はヨーロッパでもまだ本格的には発布されておらず、ユートピアの実験場であるアメリカゆえに先行しえた都市史上の事件だった。

アメリカはヨーロッパ人にとって白紙の大地だった。それゆえ、本国以上にその理想を純粋に実現しうるユートピアの舞台になった。アメリカに誕生する新しい都市の特徴を、都市史研究者のベネヴォロは三つに整理している[11]。第一に、二次元的で規則正しい計画。広場や街路は広くても、建物はほとんど一階建てである。第二に、都市の成長が予測できないから、全方向に伸びることのできるグリッド状の計画が良いこと。第三に、自然環境にあわせない均質な空間である。西欧よりも直線の道路なのだ。それは現地を知らないスペインの官僚が計画を決定したり、本国では活躍できず移住した計画家が、ここぞとばかりに思いきった計画を実現させたからだろう。一五四〇年に作られたリマも、後に「街路は美しく、完璧に真っ直ぐだ」と記された[12]。湾岸なのか山地なのかは問題でない。地形や目的、そしてスケールにも関係なく、グリッドはアメリカの大地を覆う。シカゴ、サンフランシスコ、ニューヨーク……。それは西洋の普遍性を植えつける最前線の兵器だ。すぐに北米の植民地争奪に参与したイギリスやフランスも、グリッドを使用している。

一五六五年、無敵艦隊を誇るスペインがフロリダに植民地セント・オーガスティンを建設。遅れて一六〇四年、フランスは北米のサント・クロワ島に居留地を築き、一六〇七年にイギリスはヴァージニアにジェームス・タウンを建設する。ある入植者は「私たちは砦を作り上げたが、それは三角形で、各隅には半月形の防塁があり、それぞれに大砲を何門かおいて、外部の未開人に十分な備えとした」と日記に書いている。三角形なのは、共同体を囲むのに最小限の努力で済むからだ。それは「我々ほど惨めな状態で外国に取り残されたイギリス人は、今までに一人もいなかっただろう」と告白するように、極限の生活を強いられた最前線のコロニーだった。

移住した下級貴族の白人植民者は労働を嫌い、都市の建設は原住民が使われていた。けれどもインディアンが住むのは、スペイン人のための整然としたグリッドの都市の中心部ではなく、その外側に分散した無計画の場所であり、バリオ（原住民住区）をあてがわれていた[13]。他者は完全に隔離される。原住民に対する力の優位は圧倒的であり、植民都市はむしろヨーロッパ同士の争いを想定して防御体制を整えていた。

銃よりも恐ろしい原住民に対する最強の兵器は、新しい病気だった。西インド諸島との接触は西洋に梅毒をもたらしたとされるが、逆にハシカやペストは恐るべき勢いで原住民を殺戮する。伝染病はスペイン人の侵攻よりも速く、軍隊が到着する前に村が全滅していたこともあった。ジャレド・ダイヤモンドは、「スペイン側の勝利を決定づけたのは軍事力ではなかった。一人の奴隷が１５２０年にメキシコにもたらした天然痘の大流行のおかげで、スペイン側は勝つことができたのである。この流行によって、アステカ帝国の人口のほぼ半分が死亡した。……２０００万人だったメキシコの人口は、天然痘の大流行によって、1618年には160万人にまで激減していた」という[14]。

奴隷労働も激しく、『ブレードランナー』のレプリカントではないが、彼らの平均寿命は二年だったと言われている。こうして原住民は激減した。そのためヨーロッパ人は不足した労働力を補うために、アフリカから黒人を連れてくる。一六一九年からの約一五〇年間に三四〇万人と推定されている。かくして白色人種、蒙古人種、黒色人種という基本的な三つの民族が、アメリカ大陸を舞台に歴史上初めて邂逅し、混交することになった。

戦争都市2　アメリカの内部における前線

アメリカの独立革命において、かつての傭兵制とは異なる市民歩兵集団が参戦したのは象徴的である。それは市民の民兵化＋民主政という古典世界の理念を純粋に体現したからだ[15]。リンカーンも、投票（ballots）こそ弾丸（bullets）に代わると述べている。国家分裂の危機を招いた南北戦争では、機関銃が登場し、殺傷能力を向上させた。注目すべきは鉄道を積極的に利用したことである。迅速な大量補給によって前線と非戦闘地域が接続され、後方支援体制が戦局を左右するようになった。事実、兵士の半分を後方に回した北軍は、それが四分の一だった南軍に勝利している。また病院は負傷兵を治療し、兵士を再生産する。それゆえに、戦場と病院を鉄道でダイレクトに結ぶ緊急医療の看護体制さえ登場した。

一八九〇年、三〇〇人のインディアンが虐殺され、彼らの組織的抵抗はこれを最

［図12］　これまでにない女性の戦争だから、貴重なガスを賢く使おうという広告　出典：WORLD WAR II AND THE AMERICAN DREAM（［図15］まで同）

後になくなる。アメリカの征服は完了した。この年、国勢調査でフロンティア・ラインがなくなったことが報告される。それはアメリカをアメリカたらしめていたフロンティアの消滅だった。レム・コールハースによれば、摩天楼の時代に、空を切り裂くスカイスクレーパーが新たな西部となり、再びフロンティアが発見された。が、第二次世界大戦において、アメリカの内部には、もうひとつのフロンティアが復活する。国家総力戦の世紀に、後方支援体制が問題になることは言うまでもない。このとき後方はホーム・フロントと呼ばれ、前線は海の彼方だけではなく、国内も前線の機能を果たす［図12］。

戦勝国だったアメリカが、大戦において建築といかにかかわったのか[16]。ルネサンスの時代と決定的に違うのは、飛行機が登場したことだ。上方からの攻撃は、空間の概念を揺さぶる。内部と外部を隔てる物理的な壁は無効になってしまう。マイケル・ソーキンは「爆撃機の視点から都市は再認識された」のであり、「第二次世界大戦は最初の大きな『都市戦争』だった」と指摘する。

例えば、建物の真上がデザインの対象となった。すなわち、カモフラージュである。カリフォルニア沿岸のダグラス航空機工場は、とぎれない郊外風景が続くかのように街路と住宅を屋根に描き［図13］、サンタモニカの工場は全体にネットをかぶせ、カンバスの家や偽の木を用いている。二四時間体制のオクラホマの爆弾工場は、夜間に明りが漏れないよう密閉型の構造体だった。また一九四二年にアメリカは、日本の下町の長屋をユタ砂漠に再現し、焼夷弾の効果を実験している。日本の都市に対する空爆の予行演習というわけだ。破壊のために建設された木造の日本住居群

［図13］　カモフラージュするダグラス航空機工場

は、「プレファブ・ターゲット」と呼ばれる。その設計を担当したのは、フランク・ロイド・ライトの帝国ホテルをきっかけに日本で活動した建築家アントニン・レーモンドだった[17]。戦時中、彼は他にも基地や飛行場など、アメリカの軍事施設を多く手がけている。もし日本が戦争に勝利していれば、戦犯ものの建築家だった。

　戦争は「インスタント・シティの時代」だった。典型的なのは、戦争のおかげで工場や造船所が急成長したカンパニータウンだろう。真珠湾の奇襲の後、アメリカは直ちに戦時経済体制に突入し、既存の工場は生産を戦争必需品に切り替え、さらに大規模な工場が数多く新設された。また、軍事用資材の確保のために、巨大娯楽産業である映画館の新築やポップコーン製造機の生産も制限された[18]。もっとも、映画というメディア自体は戦争のプロパガンダとして積極的に利用されたのだが。

　軍事産業に付随する仕事の需要が増大したことは、膨大な人間の移動をうながし、その住宅供給が社会問題になる。例えば、戦前は二万三〇〇〇人が住む静かな街だったリッチモンドは、一九四一年以降、造船業でにぎわい、ゴールドラッシュが起きたかのように、爆発的に労働力が流入する。しかしながら、税金で潤うはずの市は、政府関連の産業や住宅計画が免税になっていたために、少ない予算では新たな問題に対処できなかった。ゴミ問題、火事や伝染病の頻発。そして超過密にもかかわらず、市内では労働者の二〇パーセントの住宅しか供給できなかったために、遠くから通う車によって交通渋滞がおこる。一九四三年の末までに最大級の公共住宅計画が行われ、ほとんど一夜城のように、七万二〇〇〇人が暮らすバラックの住宅群がリッチモンドの南側に広がっていく。興味深いのは、戦前には雇用の機会が少

〔図14〕造船所に勤める黒人労働者の住宅、一九四四年

なかった黒人も特別列車にのって大量に流れ込んだことだ〔図14〕。が、住宅局は白人との隔離政策を行い、黒人に特別の区域と建物をあてがう。その結果、リッチモンドには戦時中のゲットーが形成され、労働者同士が互いに反目しあうことになる。『ライフ』誌で「デトロイトはダイナマイトだ」と書かれたように、デトロイトでは人種問題から暴動が多発した。黒人による雇用均等の要求は高まり、一九四一年には「我々忠誠なネグロアメリカ人は、祖国のために働き戦う権利を要求する」スローガンを掲げ、一九四二年には最大の黒人新聞が「国内における我々の敵に対する勝利と、国外の戦場における我々の敵に対する勝利」を求める「ダブルV」のキャンペーンを行う。マーガレット・クロフォードによれば、戦時中の住宅政策によって、黒人が市内に残り、白人が郊外に向う戦後の都市パターンが準備された。アメリカは外部の敵と戦闘しながら、内部に分裂の危機を抱える

共同体による内外の分割、そして共同体内部の再分割。ルネサンスのユートピア的都市が内部の均質性を前提としたのに対し、戦争はアメリカのヘテロトピア的な現実をあらわにする。ところで、戦争を指揮する機構が膨れ上がったのに対応して、世界最大級のオフィスビル、国防総省本部が一九四三年に完成した。四万人を収容する都市的な規模をもつこの建物は、ペンタゴンの名で知られているように、全体が正五角形になっている。ここにルネサンス以来の軍事都市の残像を認めることができるかもしれない。だが、核の時代の戦争機械は、五階建ての鉄筋コンクリート造の巨大な頭脳に変貌している〔図15〕。

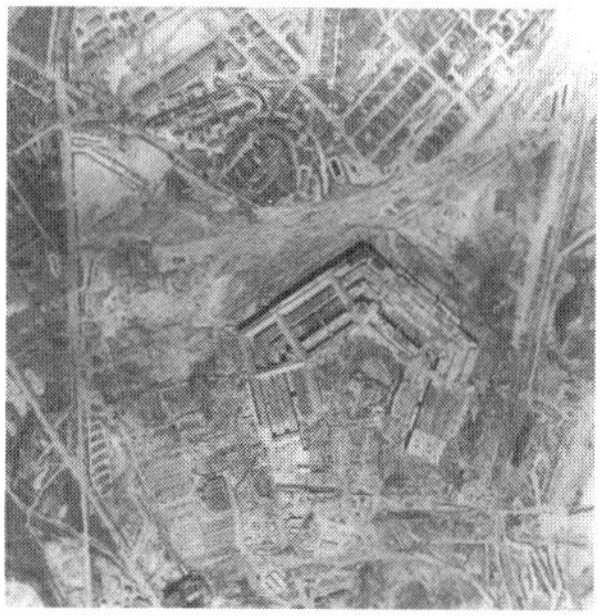

［図15］　ペンタゴン、上空から見ないと普通のビルである

［図16］　マンハッタン・プロジェクト、ハンフォード、一九四四年　出典：PICTURING THE BOMB

移民都市　アメリカと日本の場合

一九四二年、原爆を開発するマンハッタン・プロジェクトのための施設が構想された[19]［図16］。そして実験所と工場を中心とする鉄条網に囲まれた秘密都市が建設される。一九四三年から入居を開始し、ヨーロッパからの科学者も受け入れた。アメリカ国内の隠れた移民都市である。科学者は常時IDカードの着用を義務づけられ、手紙は検閲され、外出禁止だった。電話もない。外界から隔離された空間である。しかし、内部には、教会、学校、スーパー、野球場、映画館などを設置していた。もっとも、軍事警察とFBIが常駐するなかでの「日常」生活だったが。

テネシー州オークリッジのサイトXでは、もともと一万三〇〇〇人を予定していたが、最高七万五〇〇〇人が住んでいた。一九四五年までに、軍は一〇〇〇の家族用住居のほか、大量の人間を収容するための寮やトレーラーハウスを用意した。ハンフォードのサイトWでは、プルトニウム圧縮の巨大な工場を建設したが、その危険性から一万七〇〇〇人の関係者は三二キロ離れたリッチランドに住む。ロスアラモスのサイトYでは、四〇〇人の科学者の実験所を想定したが、結局七〇〇〇人が働く。新兵器のためには未曾有の建築物も必要となり、八〇〇メートルもの長さをもつウラン235を集める気体拡散工場などが作られた。マンハッタン・プロジェクトには、最大時、三七の施設で二〇万人が働いていたという。

一九四二年、すべての日系アメリカ人に強制退去命令が出され、アリゾナやコロラドなど、内地の荒野に一〇の収容所が次々と開く。屈辱的な真珠湾攻撃から、わ

［図17］ マンザナールの収容所
出典：MANZANAR, ANSEL ADAMS, JOHN HERSEY 表紙

ずか四日間の内に「西部防衛司令部」が設置され、「我が国内の敵国人民をことごとく集め、内国地帯に強制撤去させる」方針が決まった。そして「アメリカの国防に危害を及ぼすと認められる者」を強制的に立ち退かせる大統領令を発布する。しかし、同じ敵国だったイタリア人とドイツ人はそうした扱いを受けていない。戦争前から存在していた日本人移民に対するアンチ・ジャップの感情が一気に噴出したのである。当時の日系人を題材とした映画『愛と哀しみの旅路』（一九九〇年）でも描かれたように、約一一万の日系人が移動を余儀なくされた。ロサンゼルスのリトル・トーキョーの場合、いったん鉄道でサンタ・アニタ競馬場に送られ、一万八〇〇〇人が厩舎に詰め込まれた後、バスなどで各地の強制収容所に運ばれた。

　最初に開設したマンザナールの収容所は、鉄条網に囲まれ、四つの監視塔から銃をもった兵士に見張られながら、整然と並ぶタール紙張りのバラックに一万人が住む[20]［図17］。アメリカ国内に人工的な監獄都市が出現する。全体は9×4＝36の街区から成り、それぞれに一六のバラックが建ち、一四が居住施設、残り二つの大きいバラックは集会所や共同炊事場として使われた。各バラックは部屋に仕切られ、家族が住む。一五〇のベッドがある病院、学校、教会、寺院、ＹＭＣＡも存在し、マンザナール新聞も刊行されている。商業の経験者も多く、すぐに住民らの消費者協同組合も結成された。温度差が激しく、砂嵐が舞う大地にいながらも、日本人は庭や畑をつくって暮らしたという。マンハッタン・プロジェクトの秘密都市と同様、檻のなかで日常生活が営まれていた。これも戦争が生む単一機能の都市であり、そのモデルは極限の生活を送る軍隊の野営だった。

最初のアメリカへの日本人移民は明治維新の頃だった。宗教移民がサンフランシスコに入港したり、会津若松の一団がカリフォルニアで茶畑と桑畑を開墾した村を営んでいる。国内でも人口過剰が問題となり、移民が奨励されていた。世界貿易センタービルの設計者ミノル・ヤマサキの両親も、そうやってシアトルに渡ったのだろう。ロサンゼルスのリトル・トーキョーは、一八八五年に船乗りがレストランを開いたのが始まりだった[21]。日本人は増え続け、一八九〇年代に一〇〇人が記録され、一九〇三年から翌年にかけては二〇〇〇人以上が流入する。そして一九〇七年に六〇〇〇人、一九三〇年に三万五〇〇〇人と膨らみ、日本人町の骨格が形成された。また積極的に荒地を開墾して土地を手に入れ、農場を育成する。

一九〇二年、カリフォルニアではアジア人排斥同盟が結成され、学童隔離問題が起きていた。アメリカ全体では一九〇七年に三万人以上もの日本人が移民として入り（ほとんどが男性）、一九一〇年以降は、主に写真見合いで結婚する花嫁として三万人の女性が移住する。この写真結婚も奇妙な習慣として、アメリカ人の嘲笑の対象となった。だが、一九二四年にいわゆる「排日移民法」が決定し、日本からの移民は認められなくなる。ところで、空っぽになったリトル・トーキョーには、誰が住んだのか？　軍事産業が各地から雇用したものの、居住地を見つけられない黒人が移り住んだようだ。つまり、日本人のゲットーは黒人のそれに変わる。爆撃機は国家の内外を隔てる壁の意味を無効にしたが、アメリカは多民族国家であるがゆえに、内部の再分割を避けられなかった。こうして内部の分裂と外部の戦闘が新たな前線都市を生む。

一方、海の向こうでは一九三二年三月、満洲国の建国宣言が発布された。だが、溥儀を後に皇帝としながら、外面上のみ独立国を装った日本の傀儡国家であり、事実上は植民地だった。現在の中国では、これを偽満洲国と呼ぶ。関東軍参謀の石原莞爾は、日米開戦が必然だと信じ、豊かな資源が眠る中国東北部の大地は、来るべき総力戦を遂行する際、経済的な自給自足のために必要だと考えた。またこの企てには、欧米の帝国主義を排して「この地に冠絶せる極楽浄土」となるアジアの理想国家を築くというユートピア思想、すなわち漢・満・蒙・日・朝の「五族協和」や農民民主主義という一方的な大義名分も付与されていた。かくして日本の生命線であるフロンティアに、次々と移民が送り込まれる。

満洲への先発隊は、一九三二年秋に出発した四九二名の第一次開拓団、一九三三年の第二次開拓団であり、小銃を手にした軍隊の性格が強い武装移民だった[22]。現地人から徹底した反抗を受けたからだ。もっとも満洲国が誕生すると、すぐに日本各地の農村や諸団体では移民の案がもちあがる[23]。天理教も現地に幾つかの天理村を建設した[24]。一九三六年には総計五〇〇万人を動かす「二十カ年百万戸移住計画」（第一期一〇万、二期二〇万、三期三〇万、四期四〇万）が国策として決定。当時の日本に存在した二〇〇万戸の貧農の約半分にあたり、失業者の吸収も考慮されていた。さらに巨大移民計画は、その二〇年後に五〇〇〇万の人口になると予想された満洲国において、ヘゲモニーを掌握するために一割を日本人が占めるべきだと計算した戦略の結果である。

移民は全国から募集し、面接の後、健康な者を選ぶのだが、ほとんどは貧しい農村の次男・三男の家族だった。彼らは日本という共同体を拡張させる前線の村を建設する。だが、「希望の大地」でも、決して楽ではない生活を強いられる。先遣隊が現地を整え、続いて本隊が出発するのだが、すべてを自力で開拓したわけではない。あらかじめ中国人に行わせたり、満洲拓殖公社が現地の農民から土地や家屋を開拓用に強制買収したからだ。農業にも、「苦力（クーリー）」と呼ばれる中国人や朝鮮人の労働力が必要だった。しかし、極貧の村であることに変わりはない。開拓村は、中国東北部の前線として配され、国境のすぐ向こうのロシアが攻め込んだときは、最初に被害を受ける場所だった。実際、敗戦の直後、気がついたらまわりの日本軍は先に逃げており、遅れた開拓村が悲劇に見舞われたという証言は少なくない。それが残留孤児の問題を起こした。

開拓村の計画はどんなものか。長野から移住した一団の『大日向村第一年度建設情況報告』（一九三九年）によって概観しよう。第一集落の全体は縦五七五メートル、横一八八メートルの長方形であり、中央に街路樹を植える一六メートルの大道路が東西に貫通し、その両側に二四戸ずつ計四八戸の個人家屋が並ぶ。一戸分の敷地は一二〇坪、丸太と土壁による一五坪の平屋が建てられ、厳寒の地のためにオンドルやペチカを設けた。集落内の七〇〇坪の空地にも公共施設を予定し、学校、病院、神社などは幾つかの村で共有する。国家が指導し、同じような村が多数つくられた。忘れてならないのは、前線であるがゆえに、設置を義務づけられた防御施設である。集落は四方を土堤と水溝で囲まれ、二方向にのみ門を置く。当時、たびたび襲撃を受け、各戸に銃が配られ、城壁には銃眼がうがたれたり、電流を通した鉄条網を付加したり、自警用の兵器を借りるという措置がとられた。

　極限の前線都市は他者の居住も管理する。例えば、治安の悪い地区では、分散した中国人の家屋を焼き払い、強制的に移住させ、集団村落を作らせた[25]。これは彼らが「匪賊」と連帯することを防ぐためであり、指紋を採取された住民は、囲まれた要塞に住まわせられた。四隅に望楼と砲台をもつ集団村落は、内部に置かれた派出所の武装警官により監視され、さらに一〇戸の牌を単位とする保甲組織などの密告奨励制度によって相互監視も強化される。中国人と朝鮮人のあいだのみならず、中国人同士も引き裂くために、四四万以上の牌を徹底させた。理想の満洲国は、外なる敵に加えて、内なる敵によってもばらばらに引き裂かれていた。ともあれ、当時、南洋の前線に送られた数百万の兵士を合わせると、日本は近年の海外ツーリズムをはるかに超えた、人間の移動を行っていた[26]。

　一九四五年の春、アメリカの最高裁では、日系人の強制移住に関して違憲判決が出る。抑留されていた日本人がリトル・トーキョーに戻るのを許されたとき、もはや戦局は明らかだった。日系人はマンザナールの三年半の生活を終える。

　その夏、神風の国では二〇万人以上もの命を奪う、マンハッタン・プロジェクトがもたらした閃光が走る。たったの一撃でひとつの都市が消滅してしまう。大量死の時代への突入。このとき人類史上初めて、我々の都市は絶対に防御不可能になった。

〈註〉

（1）大友克洋『THE MEMORY OF MEMORIES』（講談社、一九九六年）
（2）S.KOSTOF “THE CITY SHAPED” THAMES AND HUDSON, 1991.
（3）ただし、人体に基づく象徴性（例えば、五角形は人体を広げたもの）やウィトルウィウスの影響は、J.R.HALE “RENAISSANCE FORTIFICATION” THAMES AND HUDSON, 1997に詳しい。なお、戦争都市の記述は、主に中嶋和郎『ルネサンス理想都市』（講談社、一九九六年）や、A.FARA “IL SISTEMA E LA CITTÀ” SAGEP EDITRICE, 1989を参考とした。
（4）H.W.KRUFT “A HISTORY OF ARCHITECTURAL THEORY” PRINCETON ARCHITECTURAL PRESS, 1994.
（5）猿谷要『物語アメリカの歴史』（中央公論社、一九九一年）
（6）ノディエ「青靴下のジャン=フランソワ」（『ノディエ幻想短篇集』篠田知和基編訳、岩波書店、一九九〇年）
（7）『コロンブス航海誌』（林屋永吉訳、岩波書店、一九七七年）
（8）V.VERCELLONI “LA CITE IDEALE EN OCCIDENT” PHILIPPE LEBAUD, 1996.
（9）J.W.REPS “THE MAKING OF URBAN AMERICA” PRINCETON UNIV.PRESS, 1965. および、L.MUNFORD “THE CITY IN HISTORY” PENGUIN BOOKS, 1961.
（10）S・コストフ『建築全史』（鈴木博之監訳、住まいの図書館出版局、一九九〇年）
（11）L.BENEVOLO “THE HISTORY OF THE CITY” THE MIT PRESS, 1980.
（12）Y.BOTTINEAU “IBERIAN-AMERICAN BAROQUE” BENEDIKT TASCHEN.
（13）C・ギブソン『イスパノアメリカ――植民地時代――』（染田秀藤訳、平凡社、一九八一年）
（14）J・ダイヤモンド『銃・病原菌・鉄』（倉骨彰訳、草思社、二〇〇〇年）

(15) 猪口邦子『戦争と平和』(東京大学出版会、一九八九年)

(16) D.ALBRECHT (ed) "WORLD WAR II AND THE AMERICAN DREAM" THE MIT PRESS, 1995.

(17) 三沢浩『アントニン・レーモンドの建築』(鹿島出版会、一九九八年)

(18) M.VALENTINE "THE SHOW STARTS ON THE SIDEWALK" YALE UNIV. PRESS, 1955.

(19) R.FERMI, E. SAMRA "PICTURING THE BOMB" HARRY N.ABRAMS, 1995.

(20) "MANZANAR" TIMES BOOKS, 1988 や、G.Y.OKIHIRO "WHISPERED SILENCES" UNIV.OF WASHINGTON PRESS, 1996 を参照。マスミ・ハヤシも日系人の強制収容所跡の撮影を続けている。

(21) イチロウ・マイク・ムラセ他『リトル・トウキョー 100年』(新潮社、一九八七年)

(22) 桑島節郎『満州武装移民』(教育社、一九七九年)

(23) 山田昭次編『近代民衆の記録6　満州移民』(新人物往来社、一九七八年)

(24) 拙著『新宗教と巨大建築』(講談社、二〇〇一年)

(25) 山室信一『キメラ　満洲国の肖像』(中央公論社、一九九三年)

(26) 言うまでもなく、移民や難民など、人々の移動は現代も続く。セバスチャン・サルガドの壮絶かつ美しい写真集 "MIGRATIONS" APERTURE, 2000 が示しているように。

防空都市

世界最終戦争へ

一九四一年一二月八日、日本軍は真珠湾を攻撃し、開戦を迎えた。

石川栄燿は『戦争と都市』（一九四二年）において、「我々大和民族は大いなる覚悟と共に永き『戦争時代』に入つた。恐らく此の後10年20年は戦争を呼吸し、戦争を血とし肉として、生活しなければならないのであらう。……今や世界の民族はその好むと好まざるとにかかはらず『戦争』の中にゐる」と記していた。開戦直後の高揚感がうかがえる文章だが、それを「世界秩序完成」へのプロローグとみなす思想の背景としては、石原莞爾の最終戦争論の影響が挙げられる。ハルマゲドンへの予感。当時、石原は、将来において世界を統一する最終戦争が起こることを説き、航空機が主要な兵器となり、国民すべてが前線に押しだされる国家総力戦を迎えると述べていた。

最終戦争はいつ起こるのか。石川は、飛行機の航続距離の発達によって推定しうるという。各国が基地を確保し、そこから航続距離の半径を描く。そのエリアが世界を一周するようになったとき、「世界最後の秩序決定の日が始まる」のだ。交通手段の進化が仮想の国境を広げ、それが衝突する。石原も、武器の発達が世界最終戦争をうながすという。それゆえ、長期的なヴィジョンをもって、防空対策を行うために、都市を改造し、戦争に備えるべきだと説く。例えば、官庁の整理、学校の移転、工場の分散、人口のコントロールなどである。新しい戦争への意識は、都市の変容を要請する。

石川の著作も、防空都市のあり方を論じたものだ。彼は、都市機能を集中させるのではなく、分散的なネットワーク配置を推奨する[図1]。国土計画としては、「抑制分散処理」が必要とし、大都市の拡大を抑制する一方、地方の振興を行い、人口二〇万規模の工業都市を三〇キロメートル程度の距離で配置すること。都市形状としては、中心をなくすために、工場と住居を並べる帯状都市、その応用として曲線都市や帯状都市を提案している。もっとも、石原の予言にもかかわらず、太平洋戦争が日本に突きつけた現実は、圧倒的な準備不足と言わざるをえない状況だった。ちなみに、帝国主義の侵略戦争を警戒した中国の毛沢東も、工場や研究施設に対する分散の思想を徹底させ、都市の人口規模を計画的なコントロールによりおさえていた。

空襲の世紀

一九四二年四月一八日、東京は初の空襲を経験した。空母ホーネットより六機が来襲し、爆弾六個、焼夷弾四五二個を投下する。それは真珠湾攻撃に怒り狂うアメリカの報復の序章だった。当初、昼間に一万メートルの高度から軍事施設に対する

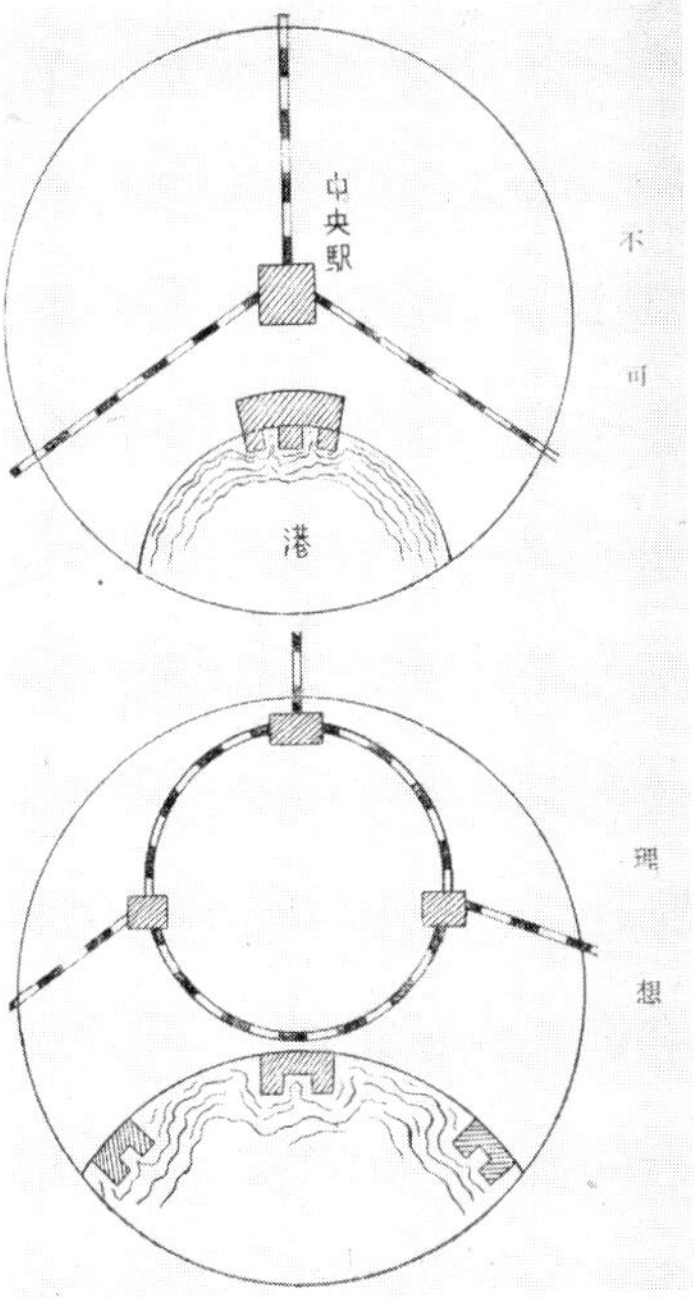

[図1] 交通の集中よりも分散を理想とする都市
出典：戦争と都市

精密な爆撃を行っていたものの、やがて夜間の超低空飛行による焼夷弾の絨毯爆撃という民間人への無差別殺戮を開始する。一九四四年の終りから東京の空襲は本格化した。特に一九四五年三月九、一〇日の大空襲は、B29が機関砲を外して焼夷弾だけを搭載し、徹底的に下町を焼き払う。明らかに木造の密集地帯を燃やすことが目的だった。一夜にして八万人以上が殺され、三九・五平方キロが焼失する。ある生存者は、このときの惨状を以下のように証言している。

焼けた町には、おびただしい死体がころがっていました。命を失った人間は、物でした。固く焼けぼっくいのような物、ミイラのような物、むくれ上がって風船のような物、ボロ雑巾のような物、痛んではっきり見えない目に、ぼんやりとすぎて行く私の町の変わり果てた姿に、私は悲しみも驚きも感じなくなって、子供を胸にコトコトとリヤカーに引かれていきました。

アメリカ側の三月一〇日の任務報告書によれば、「敵機の要撃は微弱」、「対空砲火も、後続機がぞくぞくと目標上空をおおうに至って、微弱になり、正確度も失われていった。敵のサーチライトも、攻撃当初は有効であったものが、徐々にその効力を失っていった」と報告している。迎撃をほとんどできなかったことがうかがえよう。

四月、五月も連日のように夜襲が続き、豊島、荒川、王子、四谷、麴町、大森、品川、目黒、渋谷、世田谷、杉並、京浜工業地帯など、東京の各エリアが壊滅する。明治神宮も全焼した。三月から五月にかけて、九万三〇〇〇人が亡くなり、二八二万人が罹災している。被災家屋は七七万七〇〇〇戸だった。空襲によって、あらゆる国民は前線にさらされ、悲惨な市街戦に巻き込まれる。物理的な攻撃だけではない。八月に入ると、ポツダム宣言の降伏交渉ビラや原爆投下警告ビラを空から何十万枚もばらまき、情報戦により精神的に揺さぶる。名古屋、大阪、神戸、横浜も狙われ、空襲は敗戦の日まで続く。東京は灰燼に帰した。この都市は近代化しながらも、木造家屋の密集地帯という致命的な弱点をもっていたからである。

二〇世紀の戦争は空からの攻撃という新しい状況を都市に生みだした。

第一次世界大戦において、都市は最初の空爆を経験した。もはや壁による防衛は有効でない。兵士が激突する前線だけではなく、市民が住む都市が戦場になる。ロッテルダムやワルシャワは大きな被害を受けた。ロッテルダムの街並みが新しいのは、空襲によって都市がリセットされたからである。一方、ワルシャワは破壊以前の街並みを積極的に復元した。またスペインの内乱では、バルセロナが爆撃されている。空襲は、物理的な被害だけではなく、人々の心に大きな傷を残し、戦意喪失を招く。そこで各国は防空を重視する。ドイツの航空大臣ゲーリングは「防空は我が国民に対する死活問題である」と語った。

ベルリンは第一次世界大戦において空襲を受けていない。当時のイギリスやフランスの爆撃機にとって、ベルリンは遠過ぎたからだ。しかし、その後、航空技術は発展する。だからこそ、今度は確実に都市が狙われると意識し、空爆を恐れたのだろう。ドイツでは、一九三九年の開戦前、軍備を整えるよりも先に防空に着手した。もっとも、敗戦国のドイツは積極的な軍備を禁じられていたために、まず自衛としての防空を手がけたのだが。

当初、空襲は大部隊によって目標を狙いやすい昼間に行われた。だが、防空の体制が整うと、少数の戦闘機による夜襲が中心となる。爆撃の対象となったのは、都市の主要施設、駅、工場などである。それゆえ、防空は建築と都市の問題でもあった。未曾有の状況に対して、どのような都市を構想すべきなのか。当時の防空論を幾つか見ていこう。

ドイツの組織的な防空

濱田稔の『ナチス独乙の防空』（一九四二年）は、ドイツの事例を参考にしながら、日本の防空を啓蒙する。ただし、偽装の詳細は、戦時中の同盟国に配慮し、あまり触れていない。著者は、大日本防空協会から支援を受けて、一九四一年にドイツとイタリアの防空を視察した。同書は「大東亜戦争の勃発と共に我国の防空も愈々真剣となつて来た」という一文で始まり、「敵機は未だ姿を見せないが、若し来襲するものあらば我々は直ちに立つて国土の防衛に任せねばならぬ」と警告する。そして「木造家屋の集団は誠に頭痛の種である」から、「戦後東亜共栄圏の確立によつて、我国も資材に恵まれる時機が来れば、防空を十分に考慮した既存都市の改造、

［図2］ガスマスクをした婦人消火班の活動　出典：ナチス独乙の防空（［図3］同）

新都市の造営等、百年の大計を行ふべき」だという。

濱田によれば、日本は燃えやすい木造の都市だが、ベルリンのほとんどの家屋は五階建ての煉瓦造であり、「不燃都市の偉力」を発揮していた。爆弾や焼夷弾は建物の上部を破壊するものの、人命に関わるほどの被害はあまりないという。実際、最初の空襲から一年で、死者は三〇〇名程度。四五〇万人の大都市にとっては、わずかな数である。道路が家屋に対して広いことや高層であることも、防火の面では有利である。ただし、鉄筋コンクリートの方がもっと耐爆に優れているとして、新築には推奨された。

ナチスは様々な対策を考えている。一九三三年に防空協会と国立防空研究所を設立、一九三五年に防空法を制定した。防空の最高指揮官は、航空大臣にして空軍総司令官のゲーリングである。当時、「防空は七割までが組織だ」と語られたように、組織づくりが重要だった。そして末端の国民に対する防空教育の徹底［図2］。宣伝のために、雑誌『サイレン』が刊行され、関連映画は四〇以上も制作された。例えば、「婦人も防空へ」のポスターは、明るく微笑むヘルメット姿の女性を描く。その教育システムでは、一つの中央防空学校、一七の高等防空学校、五〇〇〇の中等防空学校、四五〇〇の国民防空学校が存在していた。参加者は五日間の講習を受け、最終日の実習では消火訓練を体験する。そして市民が行う「自衛防空」の要員は、隣組のように、数人のチーム（組長、消火班、伝令、補助看護婦）を組む。空への意識が国民を組織として再編成する。またベルリンやハノーバーなどの大学でも、「建築防空」の講座が設置された。

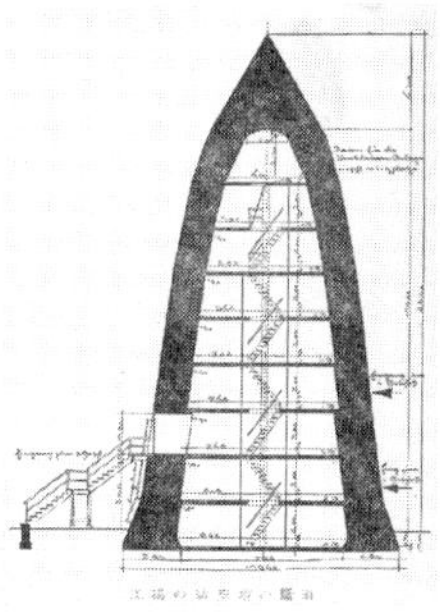

［図3］ 工場の防空塔。五〇〇人を収容する九階建てのシェルター

防護室と工場防空

建築に関わる法規を抜粋しよう。新築に際しては防護室を設けること、屋根裏や物置を片付けること（一九三七年五月）。既存建物に応急防護室を設けること（一九三九年八月）。防護室は隣組の手によって主に地下につくり、煉瓦のアーチや丸太の支柱などで補強し、爆弾と毒ガスから市民を守る。窓には耐弾補強を行う一方、隣家への壁に穴を開け、非常口も確保された。ただし、鉄鋼や木材の資材制限もなされた。防護室の設置にあたっては、防空協会の建築家が各家屋に出向き、地下のどの部屋を改造すべきかや補強の方法を助言している。ベルリンには二六の建築相談所が設けられた。

夜襲に対しては、光のコントロールも問題だ。煉瓦造は窓が小さいために、灯火管制に適応しやすい。ただし、漏光しやすい窓ガラスの周辺だけを黒く塗ったり、二重窓の内側にだけ黒い紙をはるなど、簡単な措置があった。交通の照明における工夫は興味深い。自動車には、前面のみを照らす特殊遮光のランプ。本来軍用のものだ。街路樹や標識には白色の水性塗料、交差点には紫外線ランプや蛍光塗装を使い、二カ月おきに塗り換える。

余った地下室を徴用し、通行人のための公共防護室もつくられた。これは五〇―二五〇名を収容し、繁華街では二〇〇メートルおきに設置する。公園や広場には公共の防空壕を配した。一部では、直撃弾にも耐えうる鉄筋コンクリート造の耐弾防護室が計画された。例えば、数百名の全従業員を収容する、工場の防空塔［図3］。

しかし、塔状のかたちは目立つために、高層工場の階段室を防護室に改造したり、普通の家屋の形式に変わったという。こうした家屋型は三角屋根だけを飾りとしてつけているが、「屋根のない建築はアメリカの建築で、ヒットラーの建築では無い」からという説明は興味深い。ナチスは屋根のある郷土の建築を掲げ、屋根のないモダニズムへの対抗意識を表明していたからだ。

戦争において兵器を生産する工場は特に狙われた。防空の重要な課題である。国境に近い工業地域は、場所が不利なので、防空飛行隊、高射砲、妨害の気球などを備えていたが、新設の工場は分散配置を行ったり、樹林のなかに隠していた。生産の効率性を考慮すれば、集中している方がいいのだが、防空の観点から専門の工場を各地方に置く。いわば、決定的なダメージを避けるために、中心をつくらず、分散させるインターネットと同じ発想である。また平地では、工場に偽装網をかけるものもあった。都市計画については、新都市を分散的に配置すること、郊外へのスプロールにより大都市化を抑止すること、密集建物の除去などを方針として挙げている。

イギリスの科学的な防空

第一次世界大戦において、ロンドンは集中的に空襲を受けた。イギリスは七三トンの爆弾が投下され、八五七人が亡くなり、二六五八人が負傷している。恐るべき飛行船の攻撃。しかし、その後、一回の空襲で三五〇〇トンの爆弾投下が可能になった。当然、死傷者は飛躍的に増えることが予想され、ロンドンは防空の対策に熱

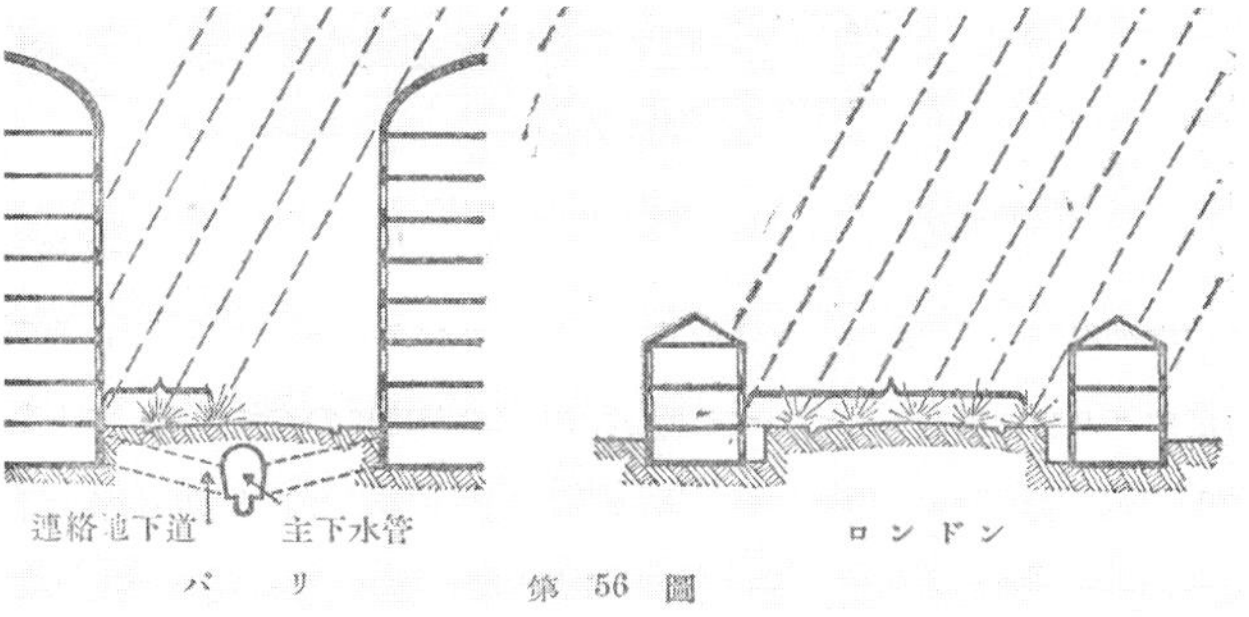

［図4］ パリとロンドンの比較 出典：テクトン 防空の計画（［図6］まで同）

心だった。興味深いのは、一九三八年にモダニズムの建築家集団テクトンが避難所の計画を依頼されたことである。彼らも防空論の冒頭において「空襲は将来戦に於ける決定的要素となり得るであろう」と表明した。

もともとテクトンは、フィンスベリー区の地下室を公共避難所に使えるかどうかの相談を受け、それが不適当だと判断したことから、独自の分析と計画に着手した。特徴的なのは、その科学的な態度である。対象を分析するために、データを収集し、問題解決の道を導く。そしていきあたりばったりの防空処置、あるいは根拠のないまま信じられている防空の迷信を批判した。さすがはロンドン動物園のペンギンプールの設計者である。これもペンギンの動作を観察し、そこから特徴的な造形を決定した建築だった。テクトンは、近代主義の建築家として防空の計画にも向きあったのである。

例えば、テクトンは、居住人口のみを計算するのではなく、昼間の就労時の人口分布を考慮して、避難所を配置すべきだと主張した。これは立派な都市論である。現在ならば、コンビニの出店計画をどうするか、といった問題に読みかえられるだろう。他にも、次のような防空の現状を批判していた。貯水池や下水の近くにあり、水が流れ込む危険性が高い防空壕。補強や換気がいい加減な地下の避難所。三〇〇人用の避難所が三〇〇〇人に使われた事例。そしてテクトンは、小さい避難所を分散させるよりも、耐爆性のある大型の避難所をつくる方が経済的に有利だと主張した。彼らは、とりわけエコノミーの原理にこだわる。またパリの地下避難所はよく参照されるが、ロンドンに比べて、高層化されたパリは爆弾が地面に直撃しにくい

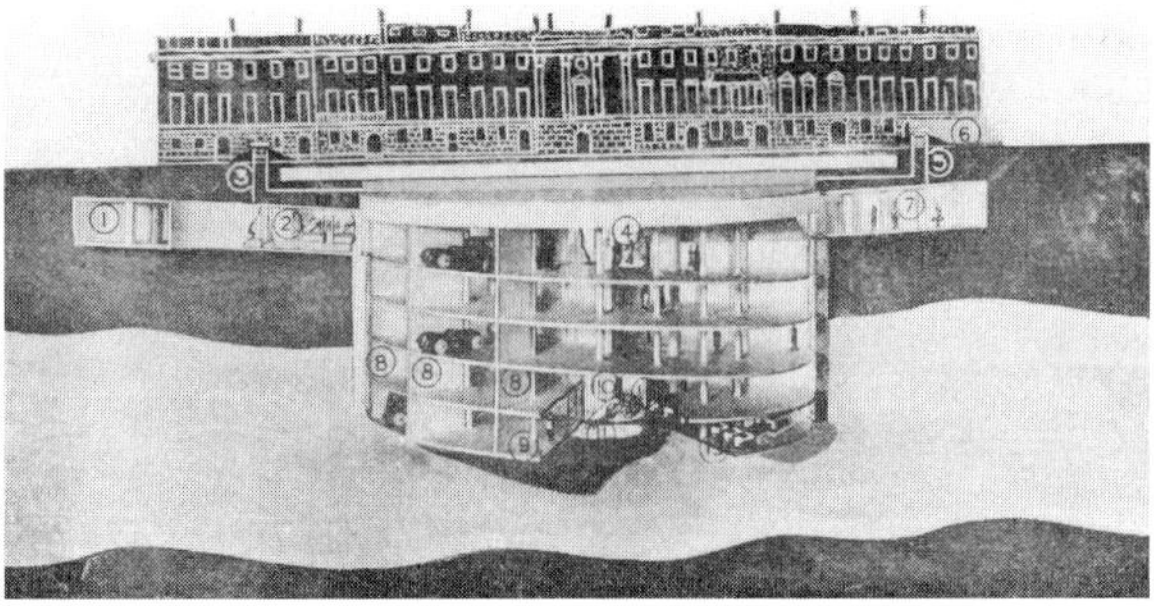

［図5］　円形の地下避難所

といった状況の違いを挙げている［図4］。

テクトンは冷静にデータを示す。爆撃機の飛行距離と搭載量が増えたこと。爆弾の種類。そして爆風の危険度グラフによって、防護室の効果を視覚的に表現する。フィンスベリーの地形、地質、人口、建物、交通、電話、電力、ガス、下水の地図。これらは同時に都市計画のために使われるデータでもある。現在の建築家による都市分析と同じだ。しかし、偶然ではない。戦争は都市の隠れた特徴をあらわにする。防空のためには、都市の状況を精確に把握することが必要なのだ。戦争は都市の隠れた特徴をあらわにする。防空壕もコの字型を互い違いにつなぐ政府計画案を修正し、両側に廊下が連続する形式を提案した。こうして廊下の自由度を確保しつつ、平面を少しズラして爆風の効果を抑える。また集中避難は危険だとされるが、確率的には分散避難と危険度は変わらないと主張した。

テクトンは小さな円形の避難所を連結させたシステムを独自に構想する［図5］。円は、同じ床面積で壁が少なくて済む上に、矩形よりも抵抗力があるからだ。防護室は、防空壕に比べて防毒性が高く、安価で大人数を収容できるという。屋根は最小面積にするのが望ましいが、とがった棟をもつと、爆弾をそらし、速度と破壊力を減少させることも提案している［図6］。当時のイギリスでは、大きな鋼球の内部に避難所をつくり、直撃されても、単に街路をころがるだけというアイデアも真剣に議論されたらしい。だが、彼らは、こうした荒唐無稽な案を批判する。

テクトンはエコノミーの原理から円形の地下避難所を推奨した。七六〇〇人を収容する複層の巨大な構築物である。なぜ円形なのか。前述したように、最小の壁で

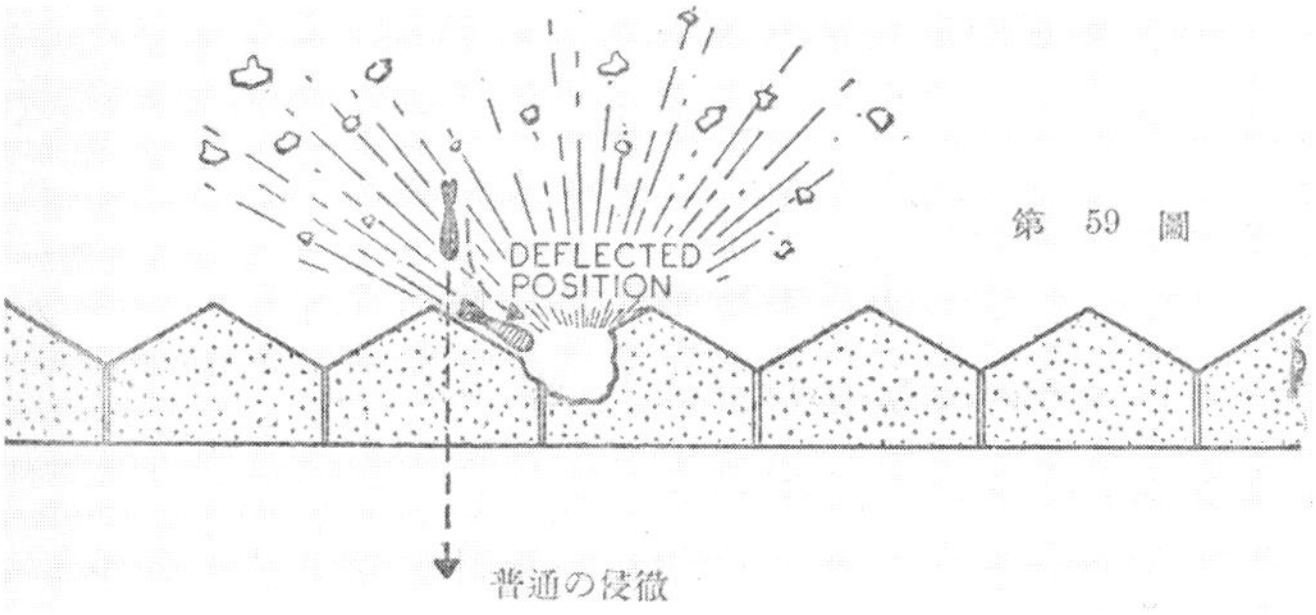

［図6］ とがった棟による直撃の回避

最大の面積をもち、爆弾への抵抗力が強いからだ。しかも移動の問題を考慮し、全体が大きな斜路でつながる。平時には一五〇台の自動車を格納できるという。なるほど、この空間構成は駐車場と似ている。この案は、一人当たりで政府の基準より倍近い面積をもつ。円形の避難所は小さいタイプも提案されている。ともあれ、テクトンの案は、近代において効率性の追求から、円形プランの学校、監獄、病院が構想されたことを連想させるだろう。

日本のデザイン的な防空

ヨーロッパ諸国は第一次世界大戦において空襲を経験した。しかし、日本は何度か参戦しながら、一九四二年四月に爆撃の洗礼を受けるまで本土空襲がなかった。もっとも、空襲を受けた場合、日本の木造都市がいかに脆弱であるかは認識していた。それゆえ、早い時期から準備は進めており、一九三六年に建築学会が都市防空の調査委員会を設置、一九三七年に防空法を制定している。一九三九年に防空協会と防空研究所を設立、同年に防空建築規則も公布し（一九四二年改正）、補助金を出して防火改修事業を始めた。例えば、鉄筋コンクリート造の建築については、ある規模を超えた場合、屋根を耐弾構造にすること、床面積の一割以上は防護室をつくることなどを規定している。一九四〇年九月一日、建築学会、警視庁、防空協会の共催により、震災記念国民防空講演会が行なわれている。防空建築学の時代だった。

一九三三年以来、東大の建築学科では、内田祥三、濱田稔、武藤清、星野昌一、

［図7］ 東大建築学科教室の第二回火災実験　出典：建築と火災

高山英華、岸田日出刀、藤島亥治郎、関野克らの教授陣が総出で、木造都市における防火研究プロジェクトに参加していた。同年には、実際の木造住宅を建て、その火災実験も東大構内で行う［図7］。家屋の耐火実験は各地で試みられた。言うまでもなく、これらの対策は主に建築の構造や材料に関わるものだった。戦時下においては、芸術ではなく、工学としての建築の側面が強調される。

だが、東大でデザインを教えていた星野昌一も、戦争と関わっている。当時の肩書きを見ると、陸軍航空技術研究所・陸軍築城部本部・海軍施設本部嘱託・内務省専門委員になっていた。彼の立場としては、そうした状況においても、建築をデザイン論に引きつけたかったのではないか。一九三八年以降、東大の建築学科では偽装を研究し、一九四〇年には偽装研究班が陸軍築城部本部に設立された。続いて、陸軍航空科学技術研究において上空からの認識の基礎実験が行われ、陸軍、建築学会、内務省の偽装指導要領が作成される。つまり、星野はこうした一連の研究に携わっていた。

星野の著作『防空と偽装』（一九四四年）は、いかに建築をカモフラージュするかを考察した。序文を寄せた岸田日出刀は、「敵機は来る。防空対策の急速な完備が緊要となる」と書き、これまでの偽装は「色の遊戯」に過ぎないものだったが、「星野昌一教授によつて、我が国に始めて科学的研究から究明された偽装理論の確立が完成した」と評価した。星野によれば、日本は変化の多い地形であり、それは位置判定を簡単にするという不利な点と施設を隠匿するのに有利な点の両方をもつ。また常緑樹が多いことは、偽装の効果を上げるという。木造都市の不燃化を急いで

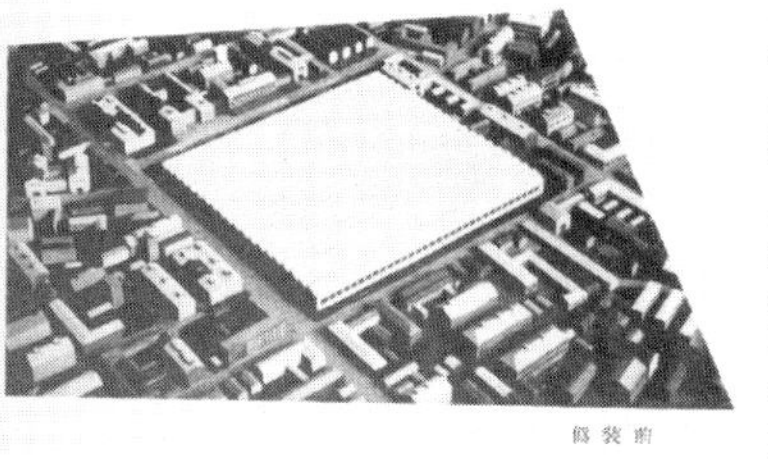

［図8］　偽装する前の大工場
出典：防空と偽装（［図9］同）

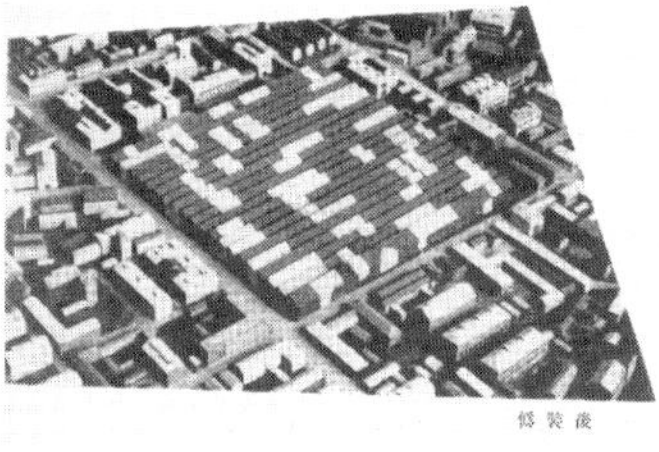

［図9］　偽装した後の大工場

進めるのは無理であり、それゆえに日本は偽装が必要だった。彼は、都市の攻撃よりも工場の破壊の方が被害は大きいと述べ、工場の偽装を重視する［図8・9］。実際、大規模な工場には偽装の命令が出されていた。

『防空と偽装』は、海外の興味深い事例も紹介している。ハンブルクでは、池の一部を丸太などでおおい、街区・道路・橋に偽装し、中心街をわかりにくくした。夜の空襲では水面の反射を頼りに位置を確認するため、実際にイギリス軍は誤爆している。第一次世界大戦でも、セーヌ川と同じカーブのある川に、灯火により、偽のパリを作ろうとしたらしい。これも夜間の爆撃に対しては効果があったに違いない。また南京では、建築をすべて鼠色に塗ったり、中山陵に竹格子を組んだり、石橋に迷彩を施したという。偽の都市、あるいは都市の隠蔽など、空からの視点を伴う近代の戦争は都市の偽装を必要とした。

今風に言えば、星野の手法はデザイン心理学とでも呼べるだろう。天候、明るさ、環境に影響されつつ、人が高い場所から、いかにかたちと色を認識するかを様々なデータをもとに分析しているからだ。爆撃機の高さと視角、建物の距離と大きさによって、対象の見えがかりの面積＝「視面積」を算出するなど、科学的な態度をとっている。ともあれ、偽装とはいえ、これは空から見たときの建築をどうすべきかを問題にしているのだ。空に対する五番目のファサード。地上の人間が見る四方の立面にもうひとつの次元が加わった。そうした意味で二〇世紀以前には考えられなかったデザイン論である。

星野によれば、偽装の方法は、迷彩、遮蔽、植樹、偽態、埋設、偽工事の六つに

［図10］　黒く迷彩した国会議事堂

分類されるものだが［図10］、さらに単色迷彩（小さい建築に対して簡単に実施可能）、分割迷彩（大きなヴォリュームを細かく分節する）、技巧迷彩（周囲の地形に応じて色彩を決定する）に分かれる。「遮断」は、板、偽装網、竹格子などで建物をおおうもの。「植樹」は、地形や環境を偽装するが、経費はかかる。「偽態」は、かたちを操作することで、違う施設と誤認させるもの。「埋設」は、建築の影をなくすことができるため、完全に近い手法だという。そして「偽工事」は、本体を隠しにくいとき、類似した仮設構築物をつくり、攪乱させるものだ。九〇年代の建築が、見えないデザインを試みたのを連想させる。

配置については、整然と並列したもの、幾何学的なもの、大となヴォリュームなどが防空上は不利とし、小規模のものを雑然と置くほうが目立りにくいと指摘している。形態については、円形や長い建物は目立ちやすいダメなデザインとし、細かい単位の組み合わせが望ましいという。ただし、大きな円形のヴォリュームも、小さな遮蔽物をあちこちにつけることで、陰影を分割する手法を紹介している。飛行場の防空は重要課題でありながら、規模が大きいために偽装が難しく、周囲の環境と同化する着色を提案していた。

なお、全一一巻の『防空指導全書』シリーズの『防空建築と待避施設』（一九四四年）でも、星野の理論を紹介しつつ、偽装を詳しく解説している。

住宅の戦争

戦争は住宅の状況も一変させた。

［図11］　標準規格二号住宅　出典：戦ふ国民住宅

宍戸修は、その著作『戦ふ国民住宅』（一九四三年）において、今や「国民住宅も他の総てのものと同様に戦力増強の為めに動員されなければならなくなつて来た」という。「戦時住宅」とは、「勤労生活、戦時生活を目指し最小の資材労力等を以つて最大の需要に応ぜんとする」ものだ。つまり、戦時体制への突入により、応接室、サンルーム、テラスなど、十分な設備がある文化住宅から、一〇坪程度の二三室しかない小規模な戦時国民住宅に変化したわけである。法律による制限もかかった。一九三九年の木造建物建築統制規則は、のべ一〇〇平方メートル以上の住宅をつくることを禁止する。一九四三年の工作物築造統制規則では、五〇平方メートル以上のものは許可が必要となり、それ以下の住宅も標準規格に従わなければならない［図11］。ただし、神社は法律の適用外だった。

当時、技術院は、二三条からなる「臨時日本標準規格居住用建物」の規則と、一号から七号までの標準規格住宅を定めていた。これは一戸建て、二戸建て、長屋、共同住宅を網羅し、床面積、居室数、高さ、設備、構造や仕上げなどを指示している。宍戸が提案する戦時国民住宅も、ミニマムが基本方針だった。各部屋が独立した機能をもつ余裕はなく、昼は建具をおき、夜は取りはずして寝るなどの複合利用を推奨する。そして詰め込みプランを紹介した。例えば、四人家族の「最小限居住室構成」は、併用の寝室として六＋三＝九畳が必要であり、これに茶の間三畳、生活室六坪を加え、全体では一二坪の規模となる。六人家族ならば、一五坪である。こうした日本の最小限住居の系譜は、物資不足の戦後においても続く。

防空建築規則によれば、隣地境界線あるいは道路の中心線より三メートル以内の

［図12］　上方に光を通さない防空スタンドによる警戒管制中の照明　出典：住宅・学校・工場の照明、一九四二年

木造住宅は、外壁に対して細かく防火の仕上げが指定された。「防空は常時国民の行ふ可き義務となり日常生活の一部」になった。戦争という日常。ゆえに住宅の防空も論じる。例えば、灯火管制を減光・遮光・隠蔽に分類し、警戒の度合いに応じた明るさを記している［図12］。防護室は資材の制限や消火作業の妨げになることから、木造住宅につくることは難しいと判断し、簡易避難所の設置にとどめるべきだという。むしろ住民の素早い消火活動をうながす。偽装は、小住宅において不要だが、集団住宅や工場の近くの住宅街は必要だという。

同じ頃、内田祥文は東大の防火研究に関わり、『建築と火災』（一九四二年）を書いている。世界でもっとも火災の多い国は日本であると述べ、一般的な防火論を展開しているが、「戦争火災の原因―焼夷弾」の項目も含む。もちろん、地震国という前提条件をもつが、刊行時期を考慮すれば、同書が戦時の防空を意識していたのは間違いないだろう。内田は、戦時下の火災では原則として避難は行わず、各人が各戸の家を守り、火災を防ぐことを確認している。実験に即した理論書でありながら、人に頼る精神論的な部分もあるのは興味深い。そして荷物を持ち出すと飛び火の原因となるので禁止すべきだという。ちなみに、この本は「建築新書」のシリーズとして刊行されたものだが、相模書房は刊行に際して、「高度防空国家体制」が求められている今こそ、工学が重要なのだと強調している。

最後に終戦直後に刊行された濱田稔の『都市復興と建築』（一九四七年）［図13］を紹介しよう。著者は、「薪の都市」が焼けて自らも「家なし」の一人だが、「復興」が「復讐」になるべきではないと述べる。そしてバラックは本書の内容ではないと

［図13］『都市復興と建築』表紙

いう。濱田は、前述したように、ナチスの防空を紹介するなど、防空研究の一責任者だった。したがって、戦時中に防火改修は一部でしか行われなかったこと、防火工事が値切られたこと、防火雨戸を十分に活用しなかったこと、理論がちゃんと実施されなかったことなどの反省点を記している。それは防火対策が役立たなかったという風評に対する反論でもあった。

濱田はこう述べている。「我等の眼前に実在する焼野原は如何にも広大である。併し乍ら之らを我々の希望するが如き合理的設計を以つてして十五年を以つて建設が終るものとすれば、寧ろ短期間なりとの感が深い」、と。彼は、木造をやめて不燃建築をつくり、整然とした都市を完成させるというヴィジョンを掲げている。つまり、皮肉なことに、敗戦により、真の防空都市を描くための真っ白なキャンバスが現れたのだ。

〈主要参考文献〉
石川栄燿『戦争と都市』日本電報通信社、一九四二年
『目でみる東京百年』東京都、一九六八年
『日本の空襲3　東京』三省堂、一九八〇年
早乙女勝元『東京大空襲』岩波書店、一九九二年
今井清一『大空襲5月29日』有隣新書、一九九五年
濱田稔『ナチス独乙の防空』理化書院、一九四二年
碓井憲一『テクトン　防空の計画』東光堂書店、一九四二年
星野昌一『防空と偽装』乾元社、一九四四年

石井桂『防空建築と待避施設』東和出版社、一九四四年
宍戸修『戦ふ国民住宅』聖書房、一九四三年
濱田稔『都市復興と建築』相模書房、一九四七年
内田祥文『建築と火災』相模書房、一九四二年

二章

戦争とデザイン

直線か、曲線か——伊東忠太と岸田日出刀を中心に

焦土の幾何学

「あーきれいだ、絵画的だなー[1]」。

　疎開先の山梨から東京に戻り、強い夕日を受けた褐色の焼跡をみて、甚《はなは》だけしからないことだと思いつつ、東京帝国大学教授の岸田日出刀はこうした感想を抱いた。彼にしてみれば、戦前の「街の姿のあまりの醜さを毎日みせつけられてウンザリしていた」し、防空の観点から木造都市の危うさをさんざん警告していたわけだから、むしろさっぱりしたというのが本音だったのだろう。それは理想の近代都市を実現するチャンスだった。建築家でもある彼は「欧米の整然とした都市」と比較して、「日本の都市の混乱ぶりとあるまじき猥雑さを何よりも悲しく思った。それはただ家が建ち並び、その間を人の群が蟻のやうに集つて右往左往するだけのものである」と批判していたからだ[2]。

　戦災により、醜い過去の街はなくなった。この際、岸田は高層化と不燃化を推進し、広場を含む、都市計画を造形しなければならないと説く。「よりよい街区」についてのはっきりした説明はないが、おそらく矩形の街区が続くものと思われる。

［図1］ワグナー、ウィーン22区の都市計画　出典：オットー・ワグナー

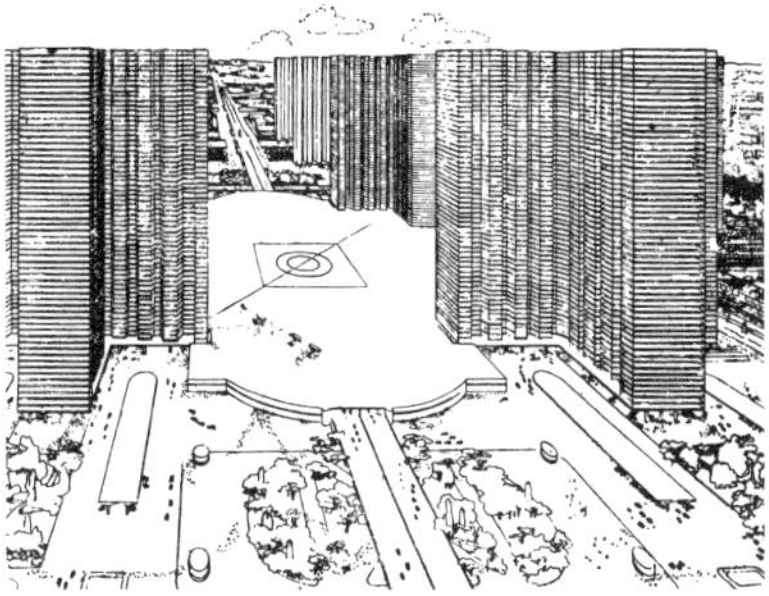

（右）［図2］　ル・コルビュジエ『ユルバニスム』ロシア語版表紙、高層ビルが並ぶ都市計画が描かれている
（左）［図3］　ル・コルビュジエの構想した現代都市

彼は二〇代のときに、近代建築家のオットー・ワグナーを研究していたが、その都市計画も影響を与えただろう。岸田の整理によれば、「都市計画上に於ける、故意の不規則をワグナーは極力不可とする」とともに、「大都市として新しく表出さるべき美しさは、秩序と統一に外ならずとする」[3]。実際、岸田の研究書に収録されたワグナーの理想都市（一九一一年）は、軸線をもつ広場を中心に整然とグリッドの街区が広がっている［図1］。

ただし、ワグナーの案が石や煉瓦造による五、六階程度の建物から構成されていたのに対し、岸田は都市の混乱や衛生の問題を解決するために、より高いスカイスクレーパーの導入を提案した。ここで彼はル・コルビュジエのパリ改造計画を参照している。その計画は、密集した既存の建物をすべて取り壊し、十字形平面の高層建築を建てることにより、十分な緑地を確保して快適な都市生活を構想するものだ［図2・3］。これをパリに実現することはおよそ不可能かもしれないが、焦土と化した東京ならありうる。岸田はそう直感し、焼け跡を美しく感じたのかもしれない。彼は東京という白紙のキャンバスに描かれるべき、整然とした幾何学の都市を幻視した。

ル・コルビュジエは『ユルバニスム』（一九二四年）において、くねくねと曲がったまぬけなろばの道を批判し、真っ直ぐ目的をもって進む人間の道は直線の街路であるべきだと主張していた[4]。そして人間は合理的な幾何学を好むから、道路が直交したグリッドの都市計画が良いという。なるほど、曲線は中世の非合理性に対応するが、直線は近代の機能主義にふさわしい。キャサリン・イングラハムは、このろ

［図4］伊東忠太、朝鮮神宮　出典：過去の構成

ばがモダニズムに対する抵抗、ごてごてとした装飾、のろまな歴史主義といったもののの回帰的な形象であり、「直交性は文化を自然に対してヘゲモニー的な優位に保ち、文化における自然の痕跡を消し去ることを目論む」と指摘した(5)。こうした価値判断は言葉にも内在するだろう。そもそも、フランス語のdroit(e)は、直線や直角のことであるが、正義や権利も意味している。英語のstraightも、直線、正しさ、異性愛などを指す言葉だが、out of straightは「曲がって」、「ゆがんで」、「不正に」を含意し、curveは曲線のみならず、ぺてんやごまかしという悪い意味をもつ。近代の美学は曲線を排除しなければならない(6)。

岸田日出刀の美学と直線

岸田は、建築に関連してはっきりと直線に言及し、肯定的に評価した。しかし、それは必ずしもモダニズムの建築を指して述べたのではない。例えば、伊東忠太の設計した朝鮮神宮（一九二五年）［図4］がもつ「直線の巧みなコンビネーションで構成された建築美」を論じながら、こう述べている。

> 平安朝以後の神社建築の中には、大陸的建築手法の感化影響を多分に受けたものがある。線も直線の外に曲線が自由自在に駆使され、……外観上の華麗さは眩ゆいばかりに輝くものも少なくないが、さうしたものにはあまり深い感激を覚えることはできない。
> ……線には各種各様のものがあるが、その基本は直線であり、線がこの基本形

［図5］　伊東忠太、震災記念堂　筆者撮影

式から遠ざかれば遠ざかるほど、我々への引力は弱められると考へてよかろう。曲線から直線へ、楕円から円へ、不整四辺形から正方形へ、そこに現代が見出される(7)。

つまり、曲線から直線への移行が、建築の現代化（朝鮮神宮やモダニズム）と仏教以前の起源回帰（伊勢神宮など）を同時に示している。そして岸田は同じ本のなかで、靖国神社の鳥居をとりあげ、「水平に二本、垂直に二本の直線を素材として構成されたこの神明鳥居の美しさと神々しさは、我々に数しれぬ啓示を与へてくれる」と言い、「形と構造との原形と極致」をもつと述べた。直線という属性が日本古来の神社建築と結びつく。反対に、曲線は仏教建築の固有性となり、大陸文化の影響だとされる。彼は師である伊東に傑作が多いのは神社だと指摘し、いささかファナティックなまでに称賛している。例えば、靖国神社の神門については、「護国の英霊を祀る社殿への神門として、規模雄大・手法簡明で荘重の気品に満ちている。……わたくしはこの神門の建築としてのすばらしさに心打たれる」と、伊東の神社全般については、「妄りに新意匠を弄ぶといふやうな点は微塵もみられない。あくまでも古式に忠実であり、……傑れた古式神社の建築がもつ荘重森厳な雰囲気に満ち溢れており、礼拝する人の心を打たないではおかない」という(8)。

日本建築の美しさは古代から続く神社建築の直線性にあるかのようだ。こうした岸田の考えは伊東から影響を受けたものなのか。岸田は伊東の伝記をまとめており、忠実な弟子といえるだろう。例えば、戦災で焼失した明治神宮の再建（一九五九年）

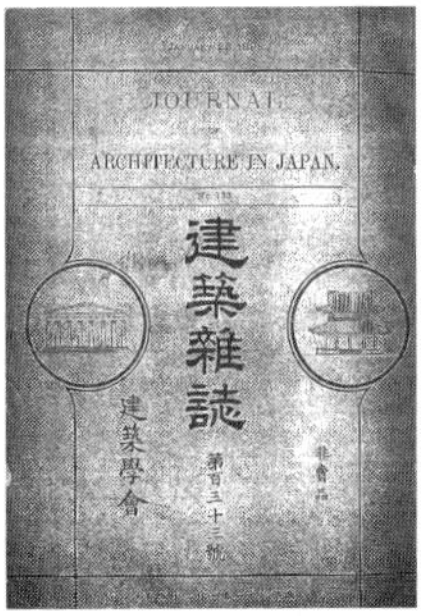

（右）［図6］　法隆寺金堂　出典：建築雑誌一三三号、一八九八年
（左）［図7］　法隆寺とパルテノン神殿を並べた『建築雑誌』の表紙
（左頁右）［図8］　楕円の曲線をもつ巻斗の分析図　出典：建築雑誌九五号、一八九四年
（左頁左）［図9］　楕円と放物線をもつ唐破風の分析図　出典：建築雑誌九六号、一八九四年

において、木造と鉄筋コンクリート造のどちらを選ぶかで論争が起きたときも、岸田は伊東の神社木造論を継承して木造に決定させたことがある。(9)明治神宮の参道のデザインをめぐっても、直線にすべきかどうかが議論された。しかし、ポストモダン以後、伊東忠太の作品は、シンプルな神社よりも、築地本願寺（一九三四年）や震災記念堂（一九三〇年）［図5］など、装飾が多い仏教的なものの方が注目されており、岸田とは異なる評価が流通している。戦前への反動もあるのだろうが、どうやら伊東は過剰な部分をもっており、単純に岸田の紹介した像に還元できないようだ。次に伊東の言説を検証してみたい。

伊東忠太の進化論と曲線

よく知られているように、伊東は最初に「法隆寺建築論」（一八九三年）を書いて、「日本建築史学」を創始したとされる［図6・7］。同論では、結論のひとつに「柱は『エンタシス』の曲線より成る」を挙げて、柱の膨らみ、すなわちギリシアの古典建築にも通じるエンタシスに注目し、東西交渉の結果として高く評価した。(10)当時、日本建築史の必要性を感じていた辰野金吾は伊東の論を絶賛し、強い期待を寄せている。言うまでもなく、このエンタシスは曲線的なものである。後に彼は、「エンタシスの如き微妙なる曲線は芸術的感覚がきわめて鋭敏であり」、中国もかつては直線ばかりの時代があったことなどを指摘し、曲線の繊細さにこそ日本性を見出していた。例えば、法隆寺の特徴的なディテールである雲斗《くもと》（雲形の曲線をもつ、柱の上に設けた部分）や雲栱の曲線は大陸から伝来したものではなく、聖徳太子が

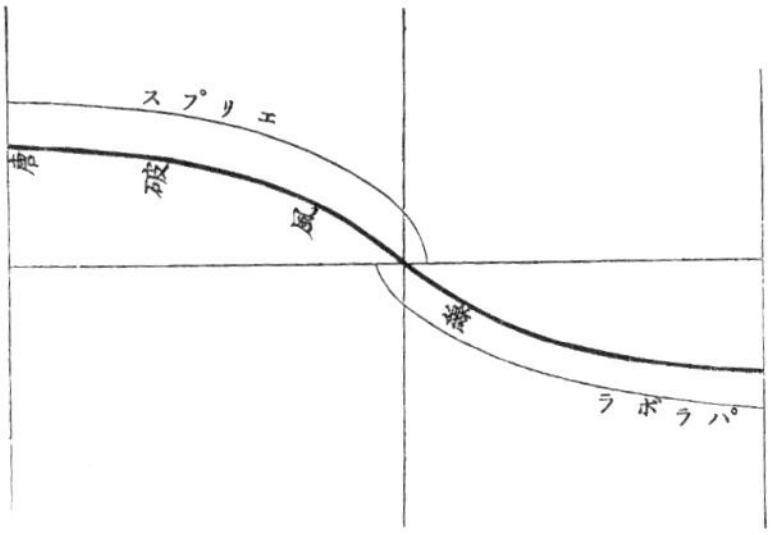

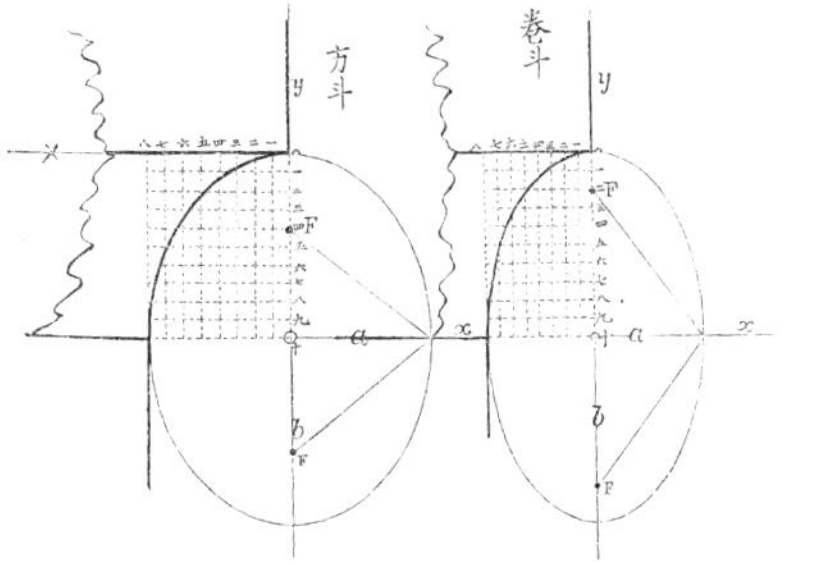

「新たに図案なされたもの」と推測する。そして忍冬唐草模様はギリシアで誕生したが、一〇〇〇年をかけて文化的に不毛な地帯を含む大陸を経由し、日本にたどりつき、「芸術的才能の豊な我国民によつて洗練され、一層美化された」という。[11]

とすれば、伊東は当初、曲線に関心を抱いていたのではないか。法隆寺論の翌年、やはり彼は『建築雑誌』において「日本建築術に於ける曲線の性質を論す」を連載している。議論の内容を見よう。[12]まず彼は、霊妙な風景や日本の山河は「形態奇趣に富み」、曲線から構成されていると指摘して、日本建築の曲線への注意をうながす。次に曲線は直線よりも数学的に「高次の線」とし、美術において重要なものと位置づける。彼によれば、「我が日本建築の外形は大概千遍一律にして変化極めて少なし、之れ我が日本建築に於ける最大弱点」だとして、神明造はプリミティブな形式だという。が、「幸にして我国建築術に於ては曲線の応用頗る啓発し、往々甚た高尚なる曲線を其間に見る、而して其精の凝る所粋の聚る所は、発して絵様となり彫刻となり、燦然たる光彩を建築界裡に放つことを観察すへきなり、余故に以為らく我か日本建築術の命脈は僅かに其形式を構成する曲線に依て以て之を維持するもの」と強調する。ただし、ロココや中国のように曲線を濫用するのは悪弊とし、日本はそれを巧みに回避するという。

伊東は、ほとんどのギリシアの模様が楕円の弧から成るという説を紹介し、日本建築も「高次の曲線」から構成されることを証明しようとする。つまり、西洋美術の古典であるギリシアと学問の王者である数学を接続させることにより、日本建築がもつ世界的な普遍性を論じるのだ。具体的な分析を見よう。[13]彼は曲率の観点から

［図10］ 神魂神社（大社造）、一五八三年　筆者撮影（［図13］まで同）

［図11］ 円成寺春日堂・白山堂（春日造）

曲線を三つに分類し、日本建築の細部にそれを「発見」する［図8・9］。第一に円周であり、破風《はふ》（屋根の切妻についている合掌形の装飾板）などに使われる。第二に曲率に変化のあるもの。二次方程式としては、肘木（斗《ます》と組み合わせた荷重を支える横木）が放物線、垂木や虹梁《こうりょう》（やや反りをもたせて造った化粧梁）が楕円、さらに高次の方程式としては、茅負《かやおい》（軒の先端で垂木に支えられる横木）が懸垂線の一部であるという。第三に反対曲率のあるもの。唐破風、雲形肘木、懸魚（破風の拝みの下や左右につける装飾）などに認められる。そして重量を平等に配分するために、肘木は曲線形になったとみなし、十九世紀の建築家ヴィオレ・ル・デュクの構造合理主義的なゴシック解釈を連想させる。つまり、伊東はエンタシスの問題をさらに擬似科学的に発展させたのだ。現在の日本建築史では、こうした説明は採用されないが、それだけに彼の思い入れがうかがえる議論といえよう。

　曲線の展開は伊東の進化論的な歴史観と結びつく。彼の整理によれば、神社の建築史は、直線的な大社造や神明造の時代を経て、春日造や流造が登場する「曲線形適用の時代」に移行した[14]［図10・11］。そして近世の八棟造は最も複雑に発達し、最も意匠に富むと高く評価しており、近代における神社の標準設計は変化と進化を阻害するものとして批判する[15]。伊東は、明治以降の日本建築のカオス的な状況を決して否定的には考えていなかった[16]。むしろ、「百鬼夜行のやうでないならば、それは建築の停頓である」とし、建築が元気であり、将来に発達する兆しと捉えている。進化論的には、多様性が確保されていれば、適者が生き残るというわけだ。

　ところで当時、「曲線形適用の時代」以前に曲線がなかったとする単純な図式へ

［図12］ 石山寺多宝塔、一一九四年

の疑問がなかったわけではない。武田五一は屋根の膨らみや円柱をみれば、古代が「全くの曲線を使はない時代とは認められない」と攻撃した。[17] これに対し、伊東は「創立の際には決して曲線形に葺く」ことはなかったと述べ、「自然の丸木を使つた結果で曲線が出来たのと、意匠の上から曲線を考案」したものは違うと、苦しい答えを出す。

伊東によれば、日本に曲線をもたらしたのは、仏教建築である。古代は「曲線の適用なく、乾固なる水平線、鉛直線及斜線を以て寧ろ階調（ハーモニー）」に欠けていたが、「仏教と共に曲線を伝ふるや、建築の形式全く一変して彼の乾固なるものは此の優秀なる寺塔の建築となり」、「我か建築術は仏教渡来に由て始めて大成せり」という。[18] そして以下のように明言した。

本邦仏教渡来以前に在ては未だ曾て『アーキテクチュール』の真正の意義に適するか如き芸術あるをなく我邦に建築術を起したるものは実に仏教にして、我邦建築の観るへきものは殆んと常に仏教的のものに限り、我邦建築の沿革は即ち仏教建築の沿革に外ならさる。

裏返せば、古代の神社は芸術的な「建築」ではない。しかし、後に神社は別のレベルの日本的なものを設定することにより、自然的なものとして回収されるだろう。他にも伊東は、天平時代の装飾を論じながら、「日本の総ての種類の芸術が皆仏教渡来を発足点」とすること、正方形と半球を組み合わせ、「直線と曲線の妙配合」

［図13］コンドル、司法研修所のイスラム風室内装飾、一八九六年

をもつ多宝塔［図12］は日本の仏教建築において「最も形の優秀なるもの」だと書いている。[19] つまり、仏教のもたらした曲線の導入により、日本の建物は「建築」に進化したのだ。

伊東が構想したのは、単に史実を時系列的に並べた「沿革」ではなく、明確な切断線をもつ「歴史」である。基本的には、フェノロサや岡倉天心らによる仏教美術の再評価から日本美術史が始まったことに影響を受けたのだろう。仏教を通して、美術は世界に接続する。そこに単純な直線から複雑な曲線へという進化論が重ね合わせられた。そもそも最初に導入した西洋美術史的な分析手法は、仏教建築に使いやすかったものではなかったか。当時、伊東や塚本は、構造の研究よりも、あまり建築的と言えない、模様や装飾の分析を積極的に試みている。[20] そして様式論や装飾論が主導した日本建築史は、将来の「様式」を模索していた建築家にも役立つものだった。実際、明治後半の歴史主義建築にとって、細部を埋める装飾は大きな問題である［図13］。が、法隆寺再建論争で文系に敗北し、文献実証主義に傾く日本建築史は、やがて直接にはデザインに使えない学問に変わっていく。そして現在の日本建築史は、もはや直線／曲線を神社／寺院と対応させず、直線的／曲線的という単純な説明も使うことなく、日本的なるものの説明にもきわめて慎重になっているようだ。[21]

アールヌーボーと日本的な曲線

明治末、曲線を日本建築の特徴とする考えには追い風があった。世紀の変わり目

［図14］ 武田五一、室内意匠習作、一九〇二年 出典：JAPANと英吉利西 日英美術の交流1850－1930、世田谷美術館、一九九二年

にヨーロッパを席巻したアールヌーボーである。国会議事堂のデザイン問題に触発され、一九一〇年に日本建築界をにぎわした討論会「我国将来の建築様式を如何にすべきや」から興味深い意見を拾いだしてみよう。三橋四郎は、近頃の西洋では旧来の建築様式とは違う「『ヌーボー』式や或は『セセッション』式と云うものが流行し始め」たが、「日本の趣味が余ほど這入って居る」と指摘した[22]。曲線に言及していないものの、曲線的な装飾を特徴とするアールヌーボーが日本的だと考えられた背景には、日本は曲線を多用するという前提があったとみなして良いだろう。西洋の文化を受け入れるばかりの日本建築界にとって、日本的なデザインを輸出したかもしれないアールヌーボーは痛快な様式だった。ただし、日本の建築様式をアールヌーボーにせよと主張したわけではない。実際、この議論の頃、アールヌーボーは終息し、より直線的なセセッションが流行していた。

アールヌーボーと日本趣味を結びつけた他の意見としては、松井貴太郎が「（西洋の新様式の）其曙光は必ずや日本趣味に、触れたるものだらうと思ふ、……光琳趣味は、彼等の手に入つて、仏国に新芸術（アール・ヌーボー）が生れた」と述べている[23]。曾根達蔵は前述の討論会において、「欧米各国が日本の影響を蒙つて居る」事例としてアールヌーボーを挙げている[24]。世紀末にパリへ留学した塚本靖は、現地でアールヌーボーの知識を得ているが、前述したように、法隆寺など、曲線の強い装飾や模様の研究を行った。また武田五一は一九〇〇年にヨーロッパに留学して、アールヌーボーに感銘を受け、日本で最初にデザインに導入したが、同時に円や正方形などの幾何学を用いて、古建築のプロポーションを分析している[25]［図14］。アー

［図15］　H.KISHIDA "Japanese Architecture"

ルヌーボーは西洋にとっては過去との断絶を意味したが、日本にとっては仏教系デザインとの連続性を感じさせたのではないだろうか。いわば、直線は西洋的、曲線は東洋的というオリエンタリズムを受け入れ、素直に喜んでいる。おそらく、曲線は世界につながる回路だった。

　やがてモダニズムの勃興とともに、直線が曲線的なアールヌーボーに勝利し、曲線を注目する傾向はすたれていく。が、昭和期に建築史家の藤島亥治郎は、古建築における曲線を重視していた。[26]「日本建築は本来が直線の構成であるのだが、直線ばかりだと退屈でとげとげしいから、伊勢神宮の「御屋根の凹曲面」のように微妙な曲線を加味すべきだと述べている。ただし、エジプトや古代西アジアは単調な風景に単調な建築が合うという。彼によれば、パルテノンは双曲線、法隆寺は双曲線や放物線が使われており、「高次の代数式で示されるほど美しい線である」。そして「意匠的に劣ると云はれるローマ建築は直線・円・楕円の程度の線以上は出ていない」とみなす。この後、議論は黄金比研究で知られるジェイ・ハンビッジのダイナミック・シンメトリー論の紹介に移行するが、基本的には伊東忠太による日本建築の曲線分析に影響を受けたものだろう。

モダニズムと直線の伝統

　岸田日出刀は「欧州近代建築史論」をまとめて学位をとった後、一九三〇年代から特徴的な日本建築論を展開する。英文による外国人向けの日本建築紹介の本［図15］では、こう書かれていた。[27]「日本建築で用いられる線は直線に基づいており、屋根に見られるような曲線は大陸からの影響されたもので、純粋な日本趣味ではない」。最も日本趣味の建築は古代の神社、中世の茶室、現代の民家である。直線は平面において顕著であり、木造にとって最も合理的なものであり、立面や断面もそれに従う。そして日本の屋根は中国の屋根よりもやわらげた曲線を用いたと指摘する。同様の論旨は『日本建築の特性』にも認められる。[28]「日本建築の造形上の一つの大きな特徴として、わたしはその『直線性』といふことを特に指摘したい」という。それが「日本精神」の表現にもなる。彼は「簡素明快」な伊勢神宮を絶賛し、法隆寺は確かに素晴らしいが、「純粋な日本的の美しさといふ厳密な篩を通さうといふ段になれば、多くの難点がそこに見出されよう」と論じた。つまり、仏教的なものを日本的なるものから注意深く排除している。

ある時、外国の新聞記者から出た「神社と仏寺の建築的表現はどこがちがふか、我々には全く同じとしか感じられぬが」という質問に対し、岸田はこう答えた。[29]

神社建築の形体上の表現の特徴は、素木造りで直線を主とし、金銀萬彩の装飾を一切附けず、その全体の輪郭も部分的の取扱も、つとめて素朴簡明を旨とする。これに反し仏寺には曲線を豊富に応用し、更に色彩や装飾をふんだんに使ひ、全体として複雑華麗を旨としている。

彼は明快に神社と寺院を二項対立的なものとして位置づけた。確かに伊東も直線と曲線を軸に神社建築を整理していたが、岸田は神社と寺院のビルディングタイプ

［図16］　岸田日出刀、監獄建築の計画
出典：岸田日出刀　上

の違いに対応させて、思い切った単純化を試みている。それは異国の眼から見れば、神社も寺院も、日本も中国も、すべて同じ枠組に回収されてしまうことを恐れたからにほかならない。デザイン論における神仏分離である。中国の影響を受けた装飾の多い曲線的な仏教建築に対し、神社建築は日本の純潔を維持し、単色性・開放性・無装飾・直線的なものだ。言うまでもなく、それはモダニズムの美学に直結する。

　こうした岸田の議論はブルーノ・タウトの著作と共振している。一九三三年にタウトは日本を訪れ、精力的に日本建築論を執筆した。到着の翌年に発表した『ニッポン』では、日本の建築史を二系統に分け、天皇―神道的な建築（伊勢神宮、桂離宮、農家など）と将軍―仏教的な建築（寺院、屋敷、日光東照宮など）の構図を描き、前者を日本的とし、後者を中国からの輸入品だと論じている[10]。伊東の構想では、法隆寺を媒介して日本建築は国際性を獲得したが、岸田やタウトの場合、伊勢や桂離宮がもつ真の日本性が反転して真の国際性になるだろう。伊東は法隆寺とパルテノン、タウトは桂離宮とパルテノンを比較した。ちなみに、ル・コルビュジエは自動車とパルテノンの写真を並列している。

　直線と曲線の強引な二分法は、日本建築の内部に巣くう悪しき他者を中国に押しつけるものだった。純粋な日本建築という虚構を成立させるために。かつて伊東は、ファーガソンの名著とされた建築史において、日本文化はすべて中国の模倣であり、特に語る必要がないと書かれたことに憤慨した。ゆえに日本と中国の建築を分離させねばならない。伊東は曲線に魅せられながらも、その過剰な使用は中国的なもの

［図17］ 紫禁城、北京 筆者撮影

とした。若い頃の岸田も曲線を多用する表現主義の建築家メンデルゾーン風のデザインに感化されており、卒業設計のロマン的な監獄（一九二三年）や安田講堂（一九二五年）など、初期の作品にも影響がうかがえる[31]［図16］。とすれば、彼の直線崇拝は、青年時代に愛した曲線の記憶を抑圧するものでもあった。

当時、岸田以外にも直線を日本的なものとみなす考えは流布していた。一九四〇年代に書かれた幾つかの日本建築史を見よう。足立康の『日本建築史』の冒頭は、五十鈴川のほとりにあって「崇高森厳の気にうたれる」伊勢神宮の描写から始まるが、仏教伝来以前を「純日本建築様式発展時代」と位置づける[32]。続いて「上古の日本建築は、植物的材料を用ひ、単純で清楚で、且明朗である」こと、「輪郭は殆ど直線形より成り」、「屋根の形は主として直線形」であること、そして「必要と美の一致」が見られるという。彼は遺構を中心にした様式史的な立場をとれば、どうしても仏教建築史に傾くのを認めながらも、その前段階の特徴を日本的なものとして論じている。伊東が建築史を創設した頃、視野の外にあった失われた上古の建築が、いまや日本的な「建築」として持ちあげられた。関野克の『日本住宅小史』も、「上古屋根は直線的であつたが、仏教建築の影響を受けて、屋根自体並びに軒に反りを生じた」と指摘した[33]。

田辺泰の『日本建築の性格』では、「上代の神社建築は、その造形構成に於ては実に純一無二なる日本精神の象徴」であり、「直線的な意匠」を特徴に挙げている[34]。同書は総論の後、ビルディングタイプ別にまとめているが、最初に「神社建築の性格」、次に「寺院建築の性格」という構成をもち、前者に「原日本的性格」を指摘

［図18］一条院黒書院とミースのIITアルミニウム記念館を並べたページ。出典：現代建築の日本的表現

した。今なお通史として使われる太田博太郎の『日本建築史序説』も、伊勢神宮は「曲線の使用は全くなく、直截簡明な構造意匠である」とし、後の改訂で増補した「日本建築の特質」の章では「日本の建築は、その表現が直線的」と断定する[35]。彼が中国建築との比較を繰り返しながら、日本建築の特徴を抽出しようとしたことは留意すべきだろう。他者として規定されているのは、大陸であり、中国なのだ。西洋からは同系統とみなされてしまうために、日本建築史は中国との差異を強調するのに必死だった［図17］。そして中国をおいてけぼりにして、日本建築は西洋発のモダニズムという時代の先端への接続を試みた。

戦後すぐに星野昌一が書いたデザイン論も、こうした考えを継承している。彼は『建築意匠』において、日本建築と現代建築に共通した直線的構成は機械生産に便利であるが、曲線の多い東洋建築は煩雑な労働と技術を要するために民主的なものには合わないという[36]。ここでは民主主義と生産論が加味されている。なお、星野は東京大学で教えており、同書の序文は同僚の岸田が書いていた。一九五〇年代にジャーナリズムをにぎわせた弥生的なものと縄文的なものによる伝統論争は、直線と曲線の対立構図を変奏したものと言えるかもしれない。前者は従来の日本的なるものであり、伊勢神宮や丹下健三に代表される明快なデザイン、後者は伊豆の民家や白井晟一などの異形のものに対応していた。弥生・縄文時代の建築が、直線・曲線という属性によって特徴づけられるわけではない。が、縄文の土器は生命力あふれる曲線的な装飾をもっていた。つまり、曲線的なものを日本外部に割り当てるのではなく、さらに起源を遡行した日本の無意識的な古層において発見することも可能

［図19］京都御所の「障子と格子」出典：過去の構成（［図20］同）

［図20］金閣の裏側における「部分的構成」

だろう。

過去と現代を接続する岸田日出刀の写真

一九五〇年代に刊行された西川驍『現代建築の日本的表現』でも、「日本美の特徴とするものは単一の直線構成がモンドリアンの平面構成から、立体的な面の組立（茶室）と同じ表現を示し、やがて近代建築のスケルトン構造との偶然な類似と影響へと連繫し、日本の古典建築と近代建築の接触が始まる」と指摘していた(37)。興味深いのは、巻頭において一条院黒書院とミースのIITアルミニウム記念館の写真を見開きで並置していることだ［図18］。なるほど、軒から下に限定すれば、黒書院は水平線と垂直線だけで構成され、モダニズムの極北であるミースの作品ときわめて類似した印象を与えるだろう。それはいわば写真という近代的な表象空間において捏造されたモダニズム的な日本建築だった。

建築において写真を媒介した近代的なまなざしの流布には、岸田日出刀が大きな役割を果たしていた。彼はライカを愛用し、四部作の建築論集にも関連する写真を挿入したり、写真集を刊行している。特に重要なのは対比的な題名をもつ『過去の構成』（一九二九年）と『現代の構成』（一九三〇年）であり、戦後には『京都御所』（一九五二年）も出版された。本人が自信作と称する『過去の構成』は、「日本の古建築を見直す」ために、学術的な建築史にとらわれず、「現代人の構成意識ともいふべき観点から展望を試み」、西洋ではなく、過去の日本建築から「『モダーン』の極致」を発見したものと述べている(38)。そして自らの撮影した大胆な構図の写真を掲

［図21］「鉄骨を見上げる」　出典：現代の構成

載しながら、空間の構成を解説した。例えば、「障子と格子の黒と白の対照が面白い」京都御所の写真や、「部分的構成」を切り取ると「溌剌として展開する構成の妙」をもつ金閣寺などである［図19・20］。すべての写真が作為的な構図ではないし、必ずしも直線的な構成ばかりを強調したわけではない。とはいえ、本人が狙ったと記しているショットはモダニズム的なものが多く、強烈な印象を与える。

『過去の構成』は伝統的な日本建築に新しい魅力を吹き込み、モダニズムを志向する学生や建築家から絶大なる支持を得た。例えば、堀口捨己は『過去の構成』の視点に触発されて、「現代建築に表われたる日本趣味について」（一九三二年）という論文を書いた[39]。堀口は「『過去の構成』は非常にわれわれも感心しましたね。岸田さんはあのレンズを通して、面白いコンポジションを見る。ことに京都御所なんか、非常にうまく捉えて、僕は驚きましたね。……非常に啓発されました」と回想している[40]。また丹下健三は「学生のころでしたが先生の『過去の構成』には非常に感銘をうけました。とくに大学の先生の室には先生のライカで撮られた御所の一連の写真が引伸ばされて、パネルに貼ってありましたが、わたしはその写真から強い影響をうけたように思います」という。後に丹下は石元泰博と写真集『桂』（一九六〇年）を刊行したが、石元はミースや丹下の建物を撮影した眼で桂離宮に接し、「古い建物というより、ミースみたいな、ああいうかたちに最初から見ていた」と語っている[41]。桂の足元を強調し、屋根を切った石元の特徴的な構図は、晩年の岸田が斜めにのびる線を排斥し、軒の出を嫌って水平線を強調したという証言に通じるものだ。ともあれ、岸田の思惑通り、『過去の構成』は過去を再構成し、古建築を生き

［図22］ル・コルビュジエ『建築をめざして』から鉄の構成　出典：TOWARDS A NEW ARCHITECTURE

覚的なメッセージにより伝わったのである。若い世代を刺激した。それは文章ではなく、写真の視覚的なメッセージにより伝わったのである。

岸田は写真の効果に意識的だったようだ。彼は写真でしか知らなかった近代建築の実物をヨーロッパで実見し、アインシュタイン塔など、幾つかの作品にがっかりしたと述べ、「カメラの技巧でいろいろ建築の効果がちがふものであることを識つた」という。続けて「カメラの眼を苦心して考へることは必要なことではあるが、それが度を越すと一種の欺瞞になるから注意しなくてはならん」と警戒しているが、まさにカメラによる発見的な構図が『過去の構成』の影響力を強めていた。

『現代の構成』は、巻頭にある短い文章を除けば、ほとんど写真集といっていいが、他の書物から転載した写真も多く、より編集的な色彩が強い。ただし、『過去の構成』が各写真に解説を付していたのに対し、『現代の構成』は完全にテクストと写真が分離しており、両者の相乗効果は薄れている。『現代の構成』にいわゆる近代建築は収録されていない。紹介されたのは、「工芸品、ポスター、各種交通機（汽車、汽船、自動車、軍艦、航空機）、兵器、機械及機械的構成物等」であり、ほとんどがデザイナー不詳のものだ[42]。そして彼はこう宣言する。

機械は我々に、現代といふ輝かしい時代を与へたと同時に、過去に於いては夢想だもされなかつた新たな美の領域を展開してくれた。現代の美の宝庫はどこにあるか。単調に打ちつづく軌道とそれに負けじと立ち並ぶその傍らの電柱に、ラヂオ・セットの配線と真空管の配列に、工場に、サイロに、鉄橋に、飛行機飛行

船とそれの格納庫に、自動車・汽車・電車・汽船と軍艦に。otc.etc.

通常は「建築」とされない日常的なデザインから現代的な構成を抽出すること。それも装飾ではなく、直線的なものを。最も建築に近いものは、アオリのない工場やサイロの写真であり、造形のダイナミックさを伝えている。機械の美を表現する建築以外の対象物は、ル・コルビュジエの『建築をめざして』(一九二三年)で選ばれたものと似ており、参考にした可能性が高い［図21・22］。『現代の構成』はその焼き直しと見ることもでき、『過去の構成』程の衝撃はなかったようだ。ちなみに、ほぼ同時期に刊行された板垣鷹穂の『機械と芸術の交流』(一九二九年)も、ル・コルビュジエの影響を受けつつ、多数の機械の写真を紹介し、「機械と美術の接近」は「現代の特殊現象」であり、とりわけ建築において具体化しているという[43]。ともあれ、写真を媒介して、建築と非建築のデザインが衝突する。機械の眼が機械の美学を称えるのだ。

最後に『京都御所』を見よう[44]。岸田は「建築眼を通してみづからシャターを切つたものばかりであるから、たとへ写真技術そのものは拙くとも、普通の京都御所の写真とはどこかちがふいい点もあらうかと、ひそかに自負もしてゐた」と述べ、京都御所に様々なモダン・デザインを発見する。例えば、「まっすぐ」な砂利道が中心軸に続く「御所のヴィスタ」は「整然として一分のすきもなく、清純の気に満ちている」とし、「紫宸殿高縁の下」には「今流行のピロティ」を見出す［図23］。また写真の構図も、階段や基壇、手すりや回廊をクローズアップしたり、近景の列柱と

（右頁右）［図23］ ピロティに見立てられた「紫宸殿高縁の下」 出典：京都御所（［図25］まで同）
（右頁左）［図24］ 「紫宸殿の南階」
（左）［図25］ 岸田の最も好む風景のひとつである「紫宸殿と渡廊」

遠景の建物を重ねたり、白砂の向こうに白と黒を交互に反復する渡り廊下の幾何学的なパターンを意図的に選ぶ［図24・25］。確かに、京都御所は全体的にシンプルであり、複雑な組物をもたないが、岸田の切り取る建築美は近代性がさらに強調された。

実は戦時中に京都御所は延焼を恐れて、岸田の最も愛した渡り廊下の部分を取り壊し、もはや出版した時点では、それを見ることができなかった。材料も処分され、復元の目途もない。彼は「有機的連関」をなくし、「清純高雅な建築的雰囲気」を損なったがゆえに、焼けなかったにもかかわらず、「京都御所はなくなつてしまつていた」と断言した。そこで彼は、一般の拝観が許されるようになり、大衆化した京都御所の現在ではなく、過去の写真を収録し、「失はれた京都御所の美しさ」を偲ぶ。焦土になった東京は岸田にとって都市美を獲得する千載一遇のチャンスだった。しかし、空襲を受けなかった京都は、皮肉なことに「建築美の精髄」を救おうとして、それを喪失する。東京の終りは再生への徴候となり、反対に京都の存続はひとつの美の終りを告げた。だからこそ、戦後の『京都御所』は、写真の中でのみ存在しえた岸田のユートピアになったのである。

〈註〉

（1）岸田日出刀「高層建築」『焦土に立ちて』乾元社、一九四六年
（2）岸田日出刀「日本の都市」『焦土に立ちて』
（3）岸田日出刀『オットー・ワグナー』岩波書店、一九二七年
（4）ル・コルビュジエ『ユルバニスム』樋口清訳、鹿島出版会、一九七八年

（5） C・イングラハム「直線性の重荷」五十嵐光二訳、『10＋1』一五号、INAX出版、一九九八年

（6） ただし、日本語だと、悪い意味で「杓子定規」、良い意味で「人間が丸くなった」という表現がある。

（7） 岸田日出刀『過去の構成』（相模書房、一九三八年、一九五一年）

（8） 岸田日出刀『建築學者　伊東忠太』（乾元社、一九四五年）

（9） 拙稿「神社はなぜ木造なのか」『近代の神々と建築』（廣済堂出版、二〇〇二年）

（10） 伊東忠太「法隆寺建築論」（『建築雑誌』八三号、一八九三年）。なお、『伊東忠太著作集1』に収録された同じ論では、「各部の手法一般に自在にして雄健なり。其の曲線は勁健にして無限の趣味を有す」という項目が増えている。

（11） 伊東忠太『法隆寺』（創元社、一九四〇年）

（12） 伊東忠太「日本建築術に於ける曲線の性質を論す」（『建築雑誌』九二号、一八九四年）

（13） 伊東忠太「日本建築術に於ける曲線の性質を論す」（『建築雑誌』九五、九六号、一八九四年）

（14） 伊東忠太「日本神社建築の発達」（『建築雑誌』一六九号、一九〇一年）

（15） 伊東忠太「神社建築の形式は一定すべき者なりや」（『神社協会雑誌』一九〇二年一号）や、「将来の神社建築」（『神社協会雑誌』一九一二年一号）でも、神社の新様式を待望していた。しかし、後にこの考えは廃棄される。

（16） 伊東忠太「予の日本建築史観」（『日本建築の研究　下』原書房、一九八二年）

（17） 『建築雑誌』一七四号、一九〇一年

（18） 伊東忠太「本邦仏教各宗の建築」（『建築雑誌』一二六号、一八九七年）。同じ号に掲載された、塚本靖「伊東工学士の日本仏教各宗建築論を読む」も、「仏教建築の輸入は即曲線色彩の輸入」であり、「本邦建築美術」の始まりとすることにおおむね同意している。

(19) 伊東忠太「天平時代の装飾模様に就て」(『建築雑誌』一六四号、伊東忠太「多宝塔」『日本建築の研究　下』)
(20) 例えば、塚本靖「法隆寺装飾論」(『建築雑誌』九四号)や、「蛇形装飾」(『建築雑誌』三六二号、一九一七年)など。
(21) 例えば、『日本建築様式史』(美術出版社、一九九九年)
(22) 「討論:我国将来の建築様式を如何にすべきや」(『建築雑誌』二八二号、一九一〇年)
(23) 松井貴太郎「日本趣味を論じて将来の日本建築に及ぶ」(『建築雑誌』二八三号、一九一〇年)
(24) 「討論:我国将来の建築様式を如何にすべきや」(『建築雑誌』二八四号、一九一〇年)
(25) 武田五一「建築の格好に就いて」(『建築雑誌』一六二号、一九〇〇年)
(26) 藤島亥治郎『建築と文化』(誠文堂新光社、一九四一年)
(27) H. KISHIDA "Japanese Architecture" MARUZEN COMPANY LTD, 1936.
(28) 岸田日出刀『日本建築の特性』(内閣印刷局、一九四一年)
(29) 岸田日出刀「神社と仏寺」(『壁』相模書房、一九三八年)
(30) ブルーノ・タウト『ニッポン』(森儁郎訳、講談社、一九九一年/初版一九三四年)
(31) 「岸田日出刀」(編集委員会編『岸田日出刀　上』相模書房、一九七二年)
(32) 足立康『日本建築史』(地人書館、一九四〇年)
(33) 関野克『日本住宅小史』(相模書房、一九四二年)
(34) 田辺泰『日本建築の性格』(乾元社、改訂版一九四六年)
(35) 太田博太郎『日本建築史序説』(彰国社、一九六二年/初版一九四七年)
(36) 星野昌一『建築意匠』(資料社、一九四九年)
(37) 西川驍『現代建築の日本的表現』(彰国社、一九五七年)
(38) 岸田日出刀『過去の構成』(相模書房、一九五一年)

（39）日本建築学会編『近代日本建築学発達史』（丸善、一九七二年）
（40）「岸田日出刀」編集委員会編『岸田日出刀　上』（相模書房、一九七一年）
（41）石元泰博＋藤森照信＋石崎順一「戦後モダニズムの軌跡」（『新建築』一九九九年五月号）
（42）岸田日出刀『現代の構成』（構成社書房、一九三〇年）
（43）板垣鷹穂『機械と芸術の交流』（岩波書店）
（44）岸田日出刀『京都御所』（相模書房、一九五四年）

空からのまなざし——視覚的無意識としての近代都市

プロローグ　ある空中散歩

一八五八年の冬、ナダールは飛んだ。操縦士のゴダールと気球に乗って。雨まじりの空を八〇メートルほど上昇し、すぐに降下したのだったが。これがただの飛行であれば、気球は一八世紀から実験されていたのだし、すでにブランシャールがドーバー海峡を横断していたのだから、さして特筆すべきことはない。だが、ここで注目すべきなのは、気球に乗り込んだその人、フェリックス・ナダールが写真家だったことだ。気球の放出するガスのために、彼は一八五七年に初めて気球に乗りあわせて以来、幾度も失敗を重ね、とうとうこのときパリ近郊の村、プチ・ビセートルの撮影に成功する。天気のすぐれた日ではなかったが、農家、旅館、憲兵隊の兵舎、そして道にとまる絨毯《じゅうたん》屋の荷車や屋根の上の鳩がしっかりと写っていたのである。かくして気球に乗った写真家は、世界初の「映像」を獲得する。それは気球と写真、すなわちふたつのテクノロジーが合体した記念碑でもあった。

今日ではおそらく肖像写真家として知られるナダールだが、「この光景を写真に収めたいという思いは生半可なものではなく、絶対的なものだった」と後に回想し

（右）［図1］ドーミエの風刺画「軽気球上から写真を撮るナダール」一八六二年
（左頁）［図2］ナダールによるパリの航空写真、BIBLIOTHÈQUE NATIONALE, PARIS 出典：LA VILLE（［図7］まで、および［図9・10・12］同）

ていうように、新たな視覚の領野を開拓するのにはきわめて貪欲な人物だった。[1] 彼は「航空写真」の特許を得て、一八六〇年代にパリの航空写真を次々と発表し、それを当時の新聞は大きく採りあげた［図1］。そして一八六三年、ナダールは三〇〇人の針子が縫いあげた膜材をもつ、高さ六〇メートルの大きな気球「巨人号」を飛ばし、パリ市民の関心を集める。柳の枝で編まれたゴンドラの部分には、寝台、食料庫、バルコニー、そしてカメラを設置した撮影室、現像の暗室テントを積んだという。結局、この空飛ぶカメラ・オブスキュラは失敗するのだけれども、ナダールは同年に「空気より重い機械による飛行術推進協会」を友人のジュール・ヴェルヌらと創設し、後の飛行機の登場を予告した。一八八〇年代の終りには、ナダールの息子らが、完全にパリを垂直に俯瞰した写真を撮影している。

それでは一体どのような写真が撮られていたのだろうか？ 例えば、その初期、一八五八年に撮影されたパリの航空写真を見てみよう［図2］。いささか傾きがちに、ときには構図からはみでながら、エトワールの凱旋門をとらえた連続写真。ただ写っているだけの、あまりにも凡庸な空中写真であることに失望を覚えるかもしれない。しかしながら、これはあくまでも、それから一世紀半の時間を経過した我々の感覚なのであって、当時の視覚的な衝撃をおとしめるべきではない。逆に言えば、そのへたな絵ハガキのような映像を、われわれが当たり前のものとして知り過ぎているせいなのである。なぜか。それは写真という本来的に大量の複製が可能な媒体を通して初めて、立ち現れてきた映像であり、後に生まれた世代にとっては最初から慣らされてしまったものだからだ。

近代都市のイメージにまとわりつき、反復される視覚的無意識。現在は気軽に飛行機に乗れる時代になった。それでもなお、われわれは未来都市のように自家用ヘリを持っているわけではないから、圧倒的に写真やTVなどのメディアを介して、俯瞰の映像を受容しているはずだ。ましてや飛行船もまだ実現していない一八六〇年代、誰もが気球から実際にパリを見下ろしていたわけではないことは明らかである。エッフェル塔が登場するのには、もう三〇年待たねばならない。つまり、ナダールの航空写真は、空から都市を俯瞰するという新たな映像を人々にあたえ、確かに衝撃的だったのだが、同時にそれが写真であるがゆえに、イメージとして急速に消費もされていった。

もはや高い塔や山の頂きにカメラの機材を運ぶ必要がなくなった、気球と写真の出会い。これは絵画によって代用されるものではない。なぜなら、気球は空中で停止することが難しいからだ。つまり、依然として気球は操ることが容易ではなく、基本的には風まかせの乗物だったのであり、ナダールの「巨人号」も自由気球だったために、遠くドイツにまで飛ばされたのである。とすれば、時間をかけて真下に広がる風景を描くのではなく、空から瞬間をとらえること。それは写真だからこそ獲得できる映像だ。創始期には数時間を必要とした露出はダゲレオタイプによって二〇分～三〇分、イーゼリングによって五分、そして一八五一年からはコロディオン湿板法によって最短五秒の撮影が可能になっていた。こうした露出時間を短縮する努力が、航空写真を準備したのである。鳥になって、大地を、都市を、はるか上空から見下ろすこと。おそらく人類が太古から想像し、夢に抱きながら、一度とし

（右）［図3］ベルラーヘ、南アムステルダム拡張計画、GEMEENTEARCHIEF, AMSTERDAM
（左頁右）［図4］アウト、ロッテルダムの公営住宅、ARCHITECTUURINSTITUUT, ROTTERDAM
（左頁左）［図5］ドランシーの航空写真、ACADÉMIE D' ARCHITECTURE, PARIS

て実見することのなかったヴィジョンが、強烈な視覚的イメージとして共有可能になったのである。そのとき近代都市は胎動していた。それゆえ映像化され、複製され、流布されるという未曾有の視覚体験の根源に、イメージとしての近代都市は刷り込まれている。ナダールが気球からプチ・ビセートルの三軒の建物を撮影したことは、近代的な視覚の獲得として記憶すべき事件なのだ。

展覧会1　都市（LA VILLE）展

都市の表象を題材とする展覧会を紹介しよう。一九九四年にヨーロッパで開かれた「都市（LA VILLE）展」と、その二年後、これをもとに再構成された東京都現代美術館の「近代都市と芸術展」である。(2) おそらくこれだけの規模で、近代以降の絵画や写真に表象された都市と、建築家による様々な都市プロジェクトを同時に集めた展覧会は他に類がないだろう。本稿で論じる俯瞰という近代的なまなざしは、「都市（LA VILLE）展」のカタログから示唆を受けたものである。手始めに、この展覧会とカタログをテクストとして、芸術と都市を横断する切断面を提示しつつ、近代の表象を再考しよう。

展覧会では、セルダのバルセロナ拡張計画（一八五九年）やオスマンによるパリ大改造の完成を踏まえて、一八七〇年を起点に近代都市を概観する。先に論じたように、パリの航空写真が登場するのもこの直前だから、おおむね妥当な時期だろう。日本の場合、ちょうど明治維新の時期にあたるのは興味深い。さて、一八七〇年代以降の都市プロジェクトを注意深く眺めていくと、ほとんどの作品があたかも飛行

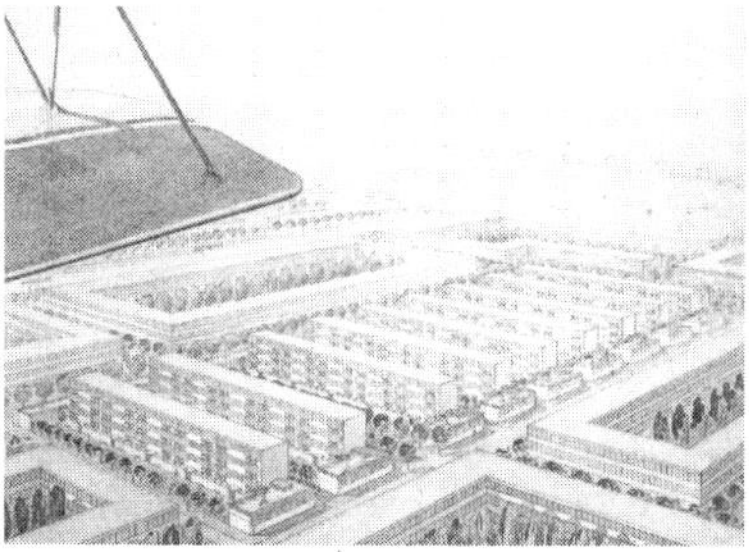

機から眺めたかのように描かれていることに気がつく。ほんの一例であるが、地平線の彼方を見通すかのような、ルイ・ボニエの「1900年パリ万国博覧会の配置計画」(一八九四年)、ダニエル・バーナムの「シカゴ計画」(一九〇七～一九〇九年)、サーリネンの「キャンベラ新首都計画」(一九一二年)、そしてベルラーへの「南アムステルダム拡張計画」(一九〇〇～一九一七年)[図3]などだ。小高い丘や塔の上からの構図とは考えにくい。もちろん芸術側でも、おそらく写真をもとに版画をおこした「気球より見たロンドン中心部」(一八八四年)や、水彩の「1886年のケルン市」と「1896年のケルン市」などを初期の事例として挙げられよう。

こうした俯瞰は、ジャンルの枠を越えた都市に対する認識のフレームのひとつとして、特に建築家を強く束縛したのではないか。最もわかりやすい例、アウトの「ロッテルダムの公営住宅」(一九三一年)では、御丁寧にも画面の枠内に飛行機の翼が水彩で描かれている[図4]。これをほぼ同時期に撮影されたドランシーの航空写真(一九三四年)と比較すると、アウトがこうした構図を下敷きにしたことは明らかだ[図5]。またヤシンスキの「ブリュッセル中心部官庁街の計画」(一九二九年)やヒルベルザイマーの「ベルリンの新オフィス街計画」(一九二八年)は、フォト・モンタージュによって、プロジェクトを既存の航空写真にはめこむ[図6]。さらに航空運輸を含む、交通ネットワークの問題を考察したエナールの「飛行機から見た未来都市」(一九一〇年)には、飛行船と飛行機が描かれている。ダイナミックな構図によるマルキの「飛行機から見た建物」(一九一九年)も、題名が空の視線であることを明記していた。

［図6］　ヒルベルザイマー、ベルリンの新オフィス街計画、THE ART INSTITUTE OF CHICAGO, DON DE GEORGE DAN FORTH

丹念に観察すると、数々の図面に気球や飛行船が浮いているのだ。例えば、明らかに飛行する物体の視点から描かれたエブラールらの「国際交流センター」の新都市（一九一二年）［図7］やレオン・クリエの「ラ・ヴィレットの新地区案」（一九七六年）には飛行機、アガシュの「キャンベラ新首都計画」（一九一二年）やフライ・オットーの「未来派の首都」（一九六三年）には飛行船、そしてフィリオーニの摩天楼（一九三一年）やハンス・ホラインの「渓谷の都市」（一九六四年）にはヘリコプターが飛ぶ。要するに、当初から「航空写真は近代性の表現と親密に結ばれていた」のであり、当然、その表現は都市プロジェクトに反映されていた(3)。それは計画が古典的なものであろうと、アヴァンギャルドなものであろうと、共通するフレームとして機能しており、近代都市を構想するための視覚形式だった。

ところで一九世紀の初頭には、三六〇度のスクリーンをもつ円形のパノラマ館が初めて登場し、カメラ・オブスキュラによって精緻に描かれた、やや中空から見降ろしたパリの市街の風景を見せていたという。ナダール以降の航空写真的な都市認識の祖型は、ここに求められるかもしれない。

そして一九〇〇年のパリ万国博覧会では、一〇台の映写機を用いて、円環状につないだスクリーンに「シネオラマ・エアバルーン・パノラマ」という気球映画を催している（この時、ナダールの回顧展も行われた(4)）。しかも布をドーム天井に張り、上部に観客席を設け、気球から都市を眺める仮想体験が味わえるよう演出されていた。おそらく一八九五年にリュミエールが工場から出る労働者や「列車の到着」の有名な映像を撮影したように、他の表現分野と比べて移動する対象こそが、初期の

［図7］エブラール他、国際交流センター、下にプロペラ機が見える、GALLERIA NAZIONALE D' ARTE MODERNA, ROME

映画が最も本領を発揮するテーマだったことは想像に難くない。すでに一八八〇年代から建物の屋上から見たリーズの大通り（一八八八年）や、グリーンによって道路を歩行する人物（一八九〇年）が、フィルムとして撮影されている。

発想を逆転させれば、今度はカメラ自体が移動するだろう。リュミエール社は、一八九六年の時点で列車にカメラをのせて、リヨン市の洪水をパン（＝パノラマ）撮影したり、ヴェネチアの街を舟から撮っている。

移動する乗り物は、本来的に絵画というメディアにとって不向きなはずだ。場面を描くのに、あまりにも時間がかかり過ぎるからだ。素早く対象を記録すること。さっと雰囲気をつかみとったような印象派や、スナップ写真のようなロートレックの絵画が、一九世紀に登場したのは偶然ではないだろう。ともあれ、そのメディアは写真や映画にならざるをえない。次に移動する気球から都市をフィルムで撮影するのは、必然的な展開だった。かくして映画のパン撮影は、一九〇〇年のパリ万博における実験的な映像展示を契機に流行したようである。[5] また万博自体も格好の撮影の対象になったようで、「エッフェル塔のパノラマ」は、上昇するエレベータからだんだんとパリを俯瞰していく。ちなみに「エッフェルの怪人」、サントス・デュモンが、幾度も飛行船を製作してはパリの空を飛び、エッフェル塔のまわりを周回して市民をにぎわせたのも、この頃である。そして一九一〇年代の初めには、映画において航空機から眺める大鳥瞰のショットが登場した。

空を飛ぶ、未来派とル・コルビュジエ

リスタの「航空絵画のヴィジョン」によれば、絵画の領域では、一九一〇年以降、航空ショーのポスターが都市を俯瞰する構図を用いており、さらに第一次世界大戦によって画家は空からの視線を導入するようになった[6]。戦争の文学を称賛した未来派や渦巻派はダイナミズムを求めて航空絵画を描く。デペーロやドットーリは操縦室に乗り、空からのスケッチを試みる（写真ではない！）。未来派の建築家サンテリアも「屋根は利用されなければならない。……ファサードの重要性は削減されなければならない」と主張し、垂直方向の視線への関心を示す。九二九年には、以下のような未来派航空絵画宣言が発表された。

われわれ未来派は宣言する。

一、飛行の不安なパースペクティヴは比類なき新しい現実を構成する。そこには地上的パースペクティヴによって伝統的に構築された現実と共通するものはまったくない。

二、この新しい現実の諸要素にはいかなる不動の点もなく、同じ絶え間ない動きから構成されている。

この宣言には視覚の前線を求める意欲がみなぎっている。しかし、もともと印象派の第一回展がナダールのアトリエで開催されたという関係を考えれば、モネが

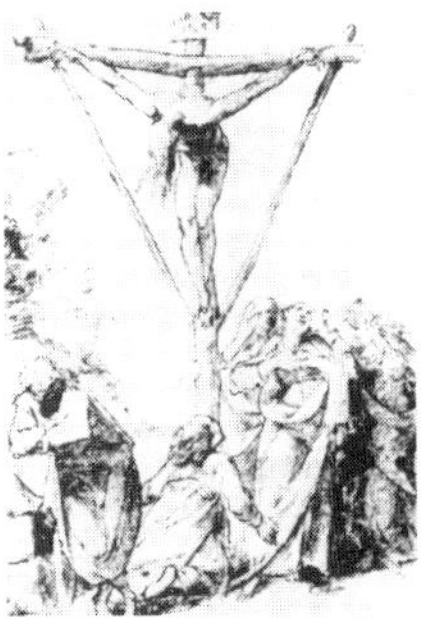

［図8］ ロッソ・フィオレンティーノ、十字架上のキリスト。ウフィッツィ美術館　出典：写真と芸術

『カピュシーヌ大通り』（一八七三年）で斬新な俯瞰図を描いたのも、写真の映像に触発された可能性が強く、当初から絵画は写真や航空の技術に影響されていたといえよう。

こうした視覚の変容は、単に伝統的な透視図法の否定だけで説明できるものではない。一八四四年に世界初の写真集『自然の鉛筆』を刊行したタルボットは、建物上階から見降ろした街の写真について、こう語っている。「なにしろこの装置は、それが見えるものはなんであれすべて記録するので、たとえ煙突の口や煙突掃除人であっても間違いなく、まるでベルヴェデーレのアポロン像に対するのと同じような公平無私な態度で詳細に描写するだろう」、と。この驚きはひとえに、人間の眼であれば無視するであろう、些細なディテールすら記録してしまう透徹した機械の眼に向けられている。そして機械の眼によって、徹底した俯瞰が実現したことも付け加えるべきだろう。

写真が絵画にもたらした影響のひとつとして「鳥瞰」を重視するシュテルツァーによれば、写真以前の時代に、これほど完全な俯瞰は描かれなかった[7]。一五世紀以来、確かに高い視点から風景画や室内画は制作されたが、実際は一部だけが俯瞰になっており、残りは水平の眺めに切り換わっていたという。例えば、一六世紀のオランダの風景画家パティニールの場合、湖は俯瞰により広大さが示されるが、山はそういかないので水平に描かれている。またロッソの磔刑図では、キリストは斜め上から見降ろしているのに、他の人々は普通に横から見ている［図8］。異なる視点が混在しているのだ。おそらく人間の視覚は、完全な俯瞰が見慣れないものであり、

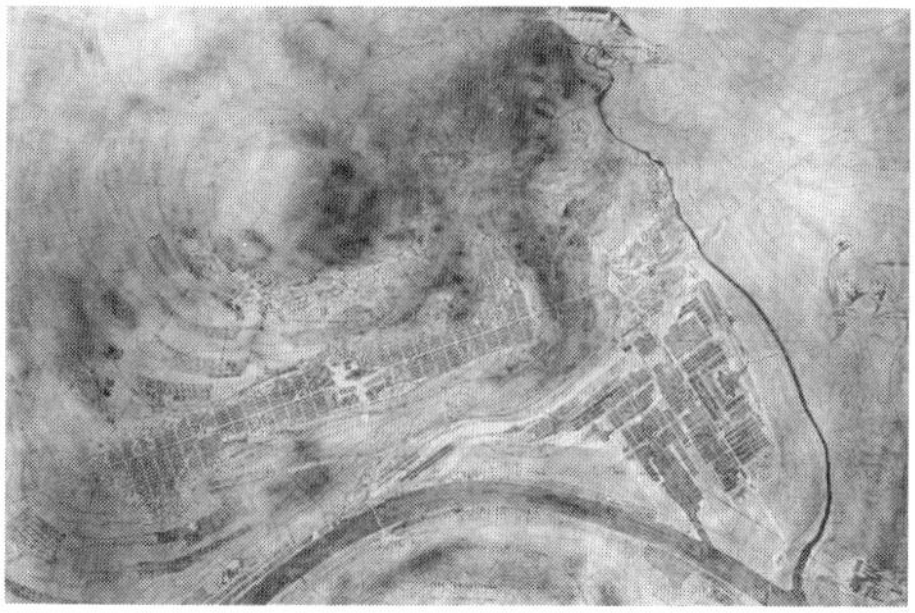

［図9］ ガルニエ、工業都市、配置図、MAX BOURSIER, VIOLÈS

また見降ろした縮寸の表現が困難であるために、透視図法の原理を貫くことができなかった。だが、写真の登場により、既存の視覚の枠組から逃れて、われわれは初めて純粋な俯瞰を映像として手に入れたのである。そしてシュテルツァーが指摘するように、人類は前景のない浮遊した映像の世界に突入した。その原風景はまぎれもない近代の都市だった。ナダールのパリ航空写真。また現存する最も古い一八二六年に撮影された写真は、手前に屋根のようなものが見えるやや俯瞰的な構図をもつ、家の窓から何気なく眺めた街なのである。

予想されるように、近代の航空写真は、すぐに武器としての性格を露わにした。というよりも、逆に戦争によって航空写真は本当に重要視されたのである。すなわち、「第一次世界大戦においてようやく、軍事目的のために、その眺めが普及する」のだ。(8) 気球に乗ったナダールの頃は八〇メートルから四五〇メートルの高度であり、真に垂直に見降ろした写真はなかったようだが、飛行機の登場と第一次世界大戦は一八〇〇メートル以上もの高さからの航空写真を可能にしている。もっとも空からの正確な俯瞰が戦争や地図作成に役立つことは、ナダールもすぐに思いついていた。「写真はただちに映写機を使って拡大される。将軍の眼前に戦場のすべてが再現される。軍事行動は最大もらさず検討でき、戦を有利に導くためのあらゆる優越が保証されるのだ」と、彼は書き残している。実際、一八七〇年の普仏戦争において、ナダールは軍事気球隊を組織し、勇敢にもプロシア軍の陣地を偵察していた。

ガルニエによる「工業都市」（一九〇一―一九〇四年）の全体配置図のリアリティは、もちろん実在の地形をモデルにしたことも一因だろうが、航空写真を参照した

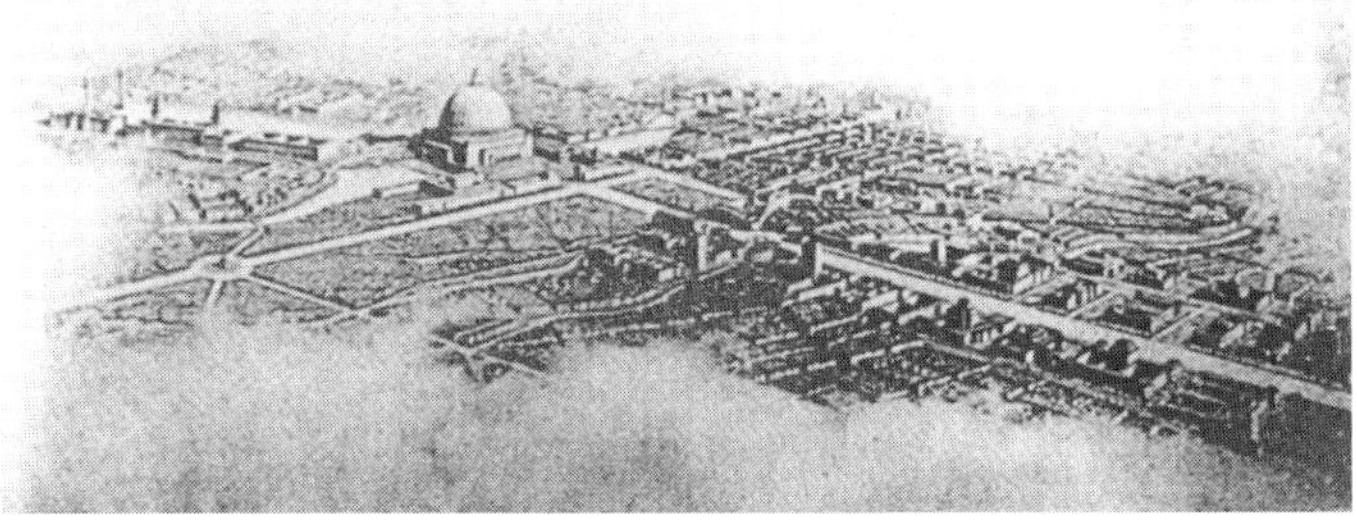

［図10］　シュペーア、大ベルリン計画、LANDESARCHIV, BERLIN

かのようなドローイングだからこそ持ちえたのではないか［図9］。また雲のあいまから見下ろすシュペーアの「大ベルリン計画」（一九四一年）［図10］や丹下健三の「大東亜建設記念営造計画」（一九四二年）も、明らかに飛行機の高度を意識して描かれたものだ。しかも後者は富士山という日本的な構図である。やはりシュペーアの計画を映像化した『石による言葉』（一九三八年）は、冒頭に飛行機からのショットを用いている。

空からの視線とは、空からの攻撃を暗示するものに他ならない。一九〇〇年代、メリエスの映画は空から落下する砲弾のショットを繰り返し、グロスの「爆発」（一九一七年）は都市の空襲に対する不安を劇的に表現し、ロドチェンコのフォト・モンタージュ「未来の戦争」（一九三〇年）は飛行船からの爆撃を題材としている。すでに一九一五年には、軍用ツェッペリン号によるロンドン爆撃が行われた。そこで戦時中、空襲の危険性によって、空に対して建物をカモフラージュする必要が生じた。例えば、アメリカの軍事工場では屋根の上に偽の街並みを描き、中国の南京ではすべての建物を灰色に塗ったり、竹で擬装した建築をつくる。都市破壊の後、様々な再建案が提出されたが、例えば、バザンらの「シュリー・シュール・ロワール市復興計画」（一九四一年）など、ほとんどのものが飛行機（＝爆撃機にもなりうる）からの俯瞰によって構想されている［図11］。これは二〇世紀の宿命であるが、破壊と建設は同じ視線によって構想されているという皮肉が、はからずも明らかになってしまう。

飛行機の文明を謳いあげた建築家、ル・コルビュジエも忘れてはならない。彼は

〔図11〕バザン他、シュリー・シュール・ロワール市復興計画、建築アカデミー、パリ　出典：ヨーロッパの近代都市と芸術

初めて飛行機に乗った一九二八年以前にも、『ユルバニスム』（一九二四年）において、「エッフェル塔の１００、２００、３００ｍの相つぐ展望台において、水平の視線は無限の拡がりを与えられ、そして我々は、それから衝撃をうけ影響される」と記し、高い視点への関心を示していた。また同書の理想都市では、四つの摩天楼に囲まれた中央駅の上に飛行場、下に車の道路を配している。「３００万人のための現代都市」（一九二二年）のスケッチにも、さりげなく航空機は飛んでいる。

ル・コルビュジエにとって、空からの俯瞰のイメージは、明晰な都市の構想に欠かせないものだった。例えば、『三つの人間機構』（一九五九年）における発言を見よう。「鳥瞰によって、精神の行動に重要な革新―明晰な展望―平面で―整理された―がもたらされた。すなわち、平面（二次元での知識）が最高度に詳細化され、断面は現れない（三次元寸法―高さの消滅）」。まったくの垂直視線である。また『四つの交通路』（一九三九年）では、パリの下宿で初めて飛行機の轟音を耳にした一九〇九年の出来事を語りながら、陸路、鉄路、水路に続く、第四の空路について、以下のように論じる。「飛行機というものは空路を生みだしただけでなく、この新しい交通路の高さによって初めて都市計画にその責務の緊急さと広大さを自覚させ、さらに都市に隠された巨大な傷跡を露わにした結果、壮麗さのあらゆる可能性を秘めた事物の新たな次元をも自覚させることができた。飛行機は我々に鳥観をもたらしたのである」。そして「飛行機は、人間が都市を建設したのは人間を満足させ、幸福にするためではなく、人間を犠牲にして金を稼ぐためである、ことを暴いた」と述べて、飛行機の視点から都市の現状を批判した。続いて、彼はこう訴える。

［図12］ ル・コルビュジエによるサン・パウロの計画、右下に飛行機が見える

「飛行機は見た。飛行機は告発する。われわれも今は写真乾板に記録された証拠を握っている以上、どんな犠牲を払ってでも都市を救わなければならない」、と。

ある時、サン・パウロに到着したばかりのル・コルビュジエは、パイロットにこう頼んでいる。「サン・パウロの中心地に向かってまず地上すれすれに飛んでくれたまえ。都市のプロフィールをつかみたいのだ」［図12］。他にもアルジェやチャンディガールの上空を飛び、彼は都市の設計を行う。確かに多くのスケッチは、そのまま飛行機の窓から見た大地の姿を思い出させる。つまり、彼は新しい時代の視覚形式をはっきりと認識していた。「飛行機は、高所にたって、新しい意識状態、現代の意識状態を創設する」と指摘したように。

展覧会2　未来都市の考古学

一九九六年、都市をめぐるもうひとつの展覧会「未来都市の考古学」が、やはり東京都現代美術館において開催された。これは鵜沢隆の監修により、ルネサンスから現代までの実現されなかった都市プロジェクトを展示したものである。

その注目すべき起点となるのは、一五世紀のピエロ・デッラ・フランチェスカによる理想都市だろう［図13］。時代の新たなテクノロジーである透視図法を駆使して描かれた絵画は、画布の中心に置かれたモニュメントに向かってすべての線が収束し、中央を格子のある広場としている。同じ構図は、一六世紀にセルリオの『建築七書』が舞台美術として表現した理想都市にも受け継がれた。いずれも前面性が強い。かつて美術史家のパノフスキーは『象徴形式としての遠近法』において、パー

［図13］　フランチェスカの理想都市
出典：未来都市の考古学（［図版15］まで同）

スペクティヴという表現の枠組を時代精神に関連づけて論じたが、「視野のピラミッド」が極端に上を向いたり（虫瞰）下を向いたり（鳥瞰）することはあまり想定していない。むしろ、人間の眼の高さから見たものを前提としていた。またルネサンスの戦争都市は、幾何学として美しいが、空からの攻撃を考慮する必要はなかっただろう。ほとんど水平方向に飛来する砲弾のみが重要な問題だった。つまり、水平の視線が都市を規定していたのである。なお、古くから存在する平面図とは、実際に見られる場面ではなく、きわめて理念的な視線によるイメージだった。

「未来都市の考古学」展では、次なる時代の折り目を一八世紀のルドゥーによる「ショーの理想都市」（一七七三―一七七九年）に設定している。[9] この有名なドローイングは、やや斜め右方向に俯瞰しながら遠くに地平線を望み　しかも画の中心と都市の中心線は一致しない［図14］。空からの視線なのだ。これは影響関係を説明できないので、ほとんど歴史の偶然としかいえないが、世界初の気球が飛んだのも、この頃だった。[10] 一七八三年六月五日、モンゴルフィエ兄弟が熱気球の公開実験を行い、すぐにパリの上空でも別の人物によって飛行が成功する。そして同年、最初の有人飛行が国王の前で繰り広げられた。[11] 当時はデュ・バリー夫人と親密に関わり、王室建築家の称号を得ていたルドゥーだから、これを知らなかったとは思えない。もちろん写真はなかった。けれども実際に人間が気球に乗って眼下を見渡すこと。そうした想像を多くの人間が共有できるようになったことの意味は大きい。したがって「ショーの理想都市」の視点が気球からのものだと仮定してみるのは、あながち的はずれなことではないかもしれない。

［図14］ ルドゥー、ショーの理想都市、BIBLIOTHÈQUE NATIONALE DE FRANCE, PARIS

空からの視線を意識して、ルドゥーは全体を円形の都市にデザインしたのかもしれない。もはやルネサンスのように、幾何学的な都市は防御を目的としていたわけではなかった。鳥瞰図に寄せられた「広大な円環がわれわれの目の前に開け、展開する。それはすべての色彩を輝き立たせる新しい地平である。強力な天体は豪胆にも自然をみつめる」という彼の文章は、まるで上昇する気球からの描写のようだ。これ以前にも、フィッシャー・フォン・エルラッハの『歴史的建築の構想』（一七二一年）に、バビロンの都を斜めに俯瞰する構図は存在していたし、空から望む都市の地図がなかったわけではない。だが、それを実際に見たものは誰もいなかった。想像と理論だけがとらえた視界である。ともあれ、「未来都市の考古学」展では、CGの画像によって「ショーの理想都市」をヴァーチャル体験できるようにしていたが、歩行モードのみならず、飛行モードの操作が可能になっていたのは興味深い。空中からのシミュレーションは、この理想都市の本来の見え方を復元しているように思われるからだ。同展では、他にも多くのCGが使われた。

ヴェスニン兄弟の「レニングラード・プラウダ・ビル」（一九二四年）、レオニドフの「レーニン研究所」（気球の形態が建築化）や「重工業省コンペ案」（一九三四年：CGのみ飛行機が登場）などの作品も、空を旋回する視野を提示した。おそらく、これは真に近代以降の視覚体験だったのである。つまり、ルネサンスのパースペクティヴがもつ静的かつ舞台装置的な前面性に比べて、飛行する物体は視覚の中心を分裂させ、カメラはどこからでも撮影可能な装置として遍在する視点をもたらした。

やはり「未来都市の考古学」展とカタログを題材にして、飛行機の問題に触れて

［図15］メーリニコフ、重工業省コンペ案、A.V. SHCHUSEV STATE RESEARCH MUSEUM OF ARCHITECTURE, MOSCOW

おこう。例えば、メーリニコフによる「重工業省コンペ案」（一九三四年）の鳥瞰図には飛行機が描かれているが、そのダイナミズムはまさに飛行機からのまなざしによって生まれている［図15］。そしてレオニドフの「モスクワ文化宮」（一九三〇年）には飛行船、シチューセフらの「クリストファー・コロンブス記念塔」（一九二九年）には飛行船と飛行機、ブラムの「線状都市」（一九三四年）には飛行機、ライトの「ブロードエーカー・シティ」（一九三四―一九三五年）には円形をした謎の飛行物体（UFOか？）が浮かぶ。ヘンドリックスの「摩天楼に架かる空港計画」（一九二〇年頃）と未来派のクラーリによる「都市の空港計画」（一九三一年）は、いずれもル・コルビュジエと同様、都市に空港を設置している。またフラーの「ワールド・タウン・プラン」（一九二七年）は飛行船で軽量金属製の住居塔を運ぶことを提案し、クルチコフらは「飛行都市」（一九二八年）を構想している[12]。カタログに収録されたガヴィネッリの論文は、二一世紀に向けての、空と宇宙への都市ヴィジョンを指摘した[13]。そのとき重力や上下の概念は根底からくつがえされることになろう。

航空写真から戦後の絵画へ

近代以降の都市は、ウィトルウィウス的な調和された身体を失い、完全性や記憶がない不安定な状態を迎えた[14]。もはや都市は統一されたものではなく、断片化された身体として表象される[15]。そこで、ばらばらになった都市の全体的なイメージは、機械化された眼が代理することによって得られる。航空写真。航空写真は、見たことがなかった都市の全体像をつきつける。都市の鏡としての航空写真。すなわち、われわれは写真という他者のまなざしを介して「見知らぬ自己」を発見している。(16) 初めて肖像写真を見せられた人間がとまどうように。写真こそが近代都市の無意識的な全体性を支えてきた。ベアトリス・コロミーナは写真を含む近代のマスメディアこそが近代建築の生まれた本当の場所であると述べ、ベンヤミンは『写真小史』(一九三一年)で建築は本物よりも写真の方が理解しやすいと語っていたけれども、同様の指摘は都市にも当てはまるだろう。数々の研究書、建築雑誌、旅行ガイドによる写真の反復。ほとんどの場合、建築と都市は、膨大な写真情報の洪水の後にしか体験できなくなってきている。こうした状況を踏まえつつ、再び「近代都市と芸術展」をとりあげ、さらに戦後の絵画による都市の表象を探ろう。

ド・スタールの「屋根」(一九五二年)[図16]やコルネイユの「白い都市」(一九五五年)は、明らかに完全に垂直なまなざしによる都市の俯瞰から触発された作品であり、その視覚がもたらす対象の変容を利用して、素朴な抽象化を試みたものだ。またボイル「ロンドン市街—赤い石畳の研究」(一九八〇年)やエステス「バルセロナの眺め」(一九八六年)は、ともに写真のもうひとつの特徴である、微視的な細部の記録という手法を模倣する。つまり、前者はひょっとすると実物よりも大きく街路を再現しており、一分の一を超えた顕微鏡的なリアリズムの世界、そして後者は人間の眼による現実ではなく機械の眼を再現した航空写真的なリアリズムの世界なのだ。一方、リヒターの「都市風景ＳＬ」(一九六九年)[図17]や「都市風景ＰＬ」(一九七〇年)は、ありがちな航空写真の構図を思わせる灰色の絵画を描き、その凡庸さが都市を空から俯瞰することへの強烈な皮肉になっている。

一九六〇年代以降に起きた近代都市論の転回も、簡単に言えは、空から見る都市計画への批判だった。幾つかの都市の上空を飛んだ体験にもとづいて書かれた磯崎新の「見えない都市」（一九六六年）は、ただ茫漠と広がるロリンゼルスについて「全貌を航空写真におさめるなど無意味に近い」と述べている。そして彼は都市の姿が消去したことを宣言し、もはやテレビ的な記号によってのみ知覚される都市の姿を描く。このような方向性は、状況主義者のドゥボールによる精神地理学的な地図「裸の街」（一九五七年）や、看板や番地の記号が騒がしく踊るデュビュッフェの「ボンヌ・ヌーヴェル通り」（一九六二年）[図18]などにうかがえる。だが、一九九〇年代の作品を見ると、俯瞰的な表現にも新たな様相があらわれる。薄れゆく残像のような都市、ジュノブスの「生命の点」（一九九一年）。歴史的地名のネットワーク

[図16] ド・スタール、屋根、国立ジョルジュ・ポンピドゥー芸術文化センター（国立近代美術館・産業創造センター）出典：近代都市と芸術、1996年（[図版19] まで同）

[図17] リヒター、都市風景SL、個人蔵

[図18] デュビュッフェ、ボンヌ・ヌーヴェル通り、装飾美術館、パリ

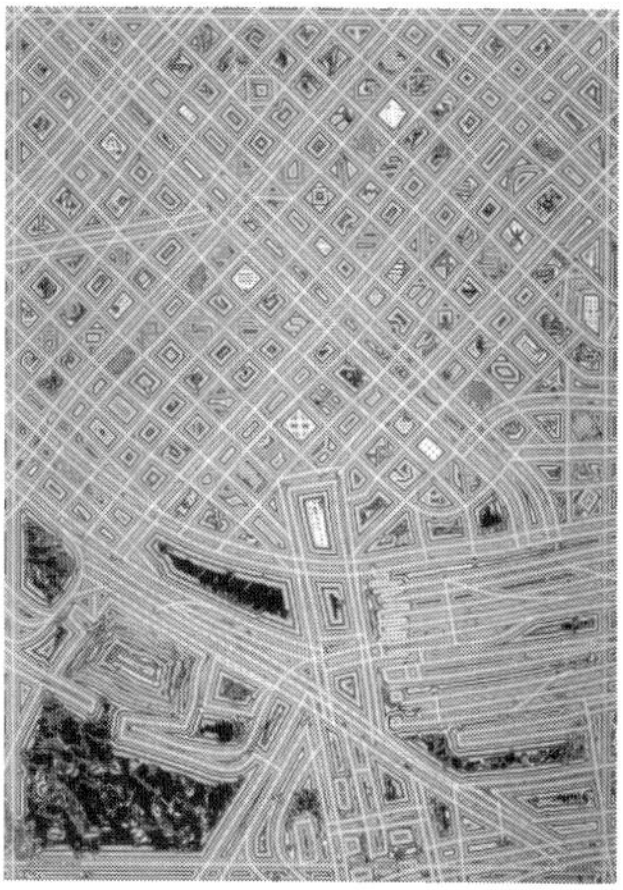
［図19］コルディエ、大都市のトポグラム、作家蔵

がぼんやりと浮かびあがる、クィツカの「トリノ」（一九九一年）。無数に光る点の集積になった都市、シュヴァリエの「都市風景」（一九九一年）。「シミグラム」という方法により偶発的な生命力をあたえられた地図、コルディエ「大都市のトポグラム」（一九九二年）［図19］。これらは俯瞰の構図を現代的に蘇生させながら、新たな都市の無意識を掘り起こす試みである。

展覧会3　都市を抹消し、交通開放系の裸体を想像せよ

最後に筆者が関わったある展覧会を紹介したい。一九九五年二月、すなわち阪神大震災の直後、本郷のNICOSギャラリーにて行われた、エディフィカーレ建築同人展「都市を抹消し、〈交通開放系〉の裸体を想像せよ。」（南泰裕＋槻橋修＋五十嵐太郎＋石崎順一＋奈尾信英）である［図20］。

小さな展覧会だったが、本稿で論じた俯瞰を含めて、いかなるまなざしで都市と向きあうかについての問題を提起したものだ[17]。会場は、一万分の一から一分の一まで、一〇倍ごとに拡大する五つのスケールの世界によって、五つのエリアに分かれる。左回りに各エリアは展開し、最後の一分の一の世界では都市を映像化したＴＶモニターを置き、再び一万分の一の世界に戻り、スケールが循環する構造をもつ。各スケールでは、原・都市的なモデルを探求する。

興味深いのは、スケールと視線の高度が相関していたことだ。つまり、１：１０００の第一位相、交通と集約を抽象的に表現する都

（右）［図20］「都市を抹消し、〈交通開放系〉の裸体を想像せよ。」展ポスター、一九九五年 デザイン：槻橋修
（左頁右）［図21］ 南泰裕、1:10000から1:1000の都市、1:10000の一部が拡大されて1:1000のモデルになっている 筆者撮影（図23まで同） 出典：エディフィカーレ七号、一九九六年
（左頁中央）［図22］ 槻橋修、1:100の都市、アクリルと鉄パイプの模型をワイヤーで吊る
（左頁左）［図23］ 奈尾信英、1:1の都市、触覚感のあるオブジェ

市的なスケールの世界から、１：１０００の第二位相、街区的なスケールの世界までは、俯瞰的な構えによって都市を表現するしかない［図21］。おそらく第一位相のさらに外側には、吉本隆明がいう無限の宇宙の彼方から見下ろす垂直の世界視線が存在し、第一位相の内側から第二位相にかけては、近代以降に獲得した飛行機の視線が対応するはずだ。１：１００の第三位相は、純粋な建築的スケールの世界である。ここでは立方体を構成する四つのピラミッド（理性）と吊り下げられたバベルの塔（錯乱）が対をなし、自律した構築のゲームを繰り広げる［図22］。ある意味では建築家が最も見慣れた世界であり、それゆえ古代から存在する二つの建築の祖型が選択された。この両極のあいだに、すべての都市の建築活動は展開される。

　視線の高度は低くなる。ミッシェル・ド・セルトーが、世界貿易センターの一一〇階からマンハッタンを眺める眼によって作られる全体性、すなわち都市計画的な視線を批判したように。彼は高い場所から降りて、都市を歩くことを提唱する。そうした日常生活的な実践は、都市の新しい現実を発見させるだろう。１：10の第一位相において遭遇するのは、事件（イベント）だ。観賞者は一転して暗室に入り、人物の写真、「立入禁止」と記された等身大の鏡、点滅するフラッシュが錯綜した空間に出会う。鏡に埋め込まれた電球の列を光がゆっくりと走り、断続的に背後からフラッシュがつき、暗闇の中で親子、友人、飼い主とペット、電車で偶然に隣席するサラリーマンなど、様々な人間の関係を撮影した写真を瞬間的に目撃する。そして１：１の第五位相、身体的なスケールの世界では、さらに光を遮断した暗室が続く。ここでは地下のイメージが重なる。

地下の空間も、忘却の彼方にある近代の都市認識の起源に刷り込まれていたものだ。なぜなら、あのナダールは一八六一年にパリの下水道、カタコンベを撮影している。それはアーク灯というテクノロジーが可能にした人工照明による、世界初の地下撮影だった。空に向かったのと同じまなざしで、ナダールは新たな視覚を切り開くために、都市の地下ネットワークに注目したのである。彼によれば、「地下世界は……写真術の無限の広がりを開拓してくれるだろう」。ともあれ、同人展における最後の原寸大の世界では、鉄格子の窓枠、廃墟と化したサラエヴォの図書館、ヴィデオの映像が設置されている［図23］。当時、戦火にあったサラエヴォを想定した鉄の窓枠であり、砲弾に対するバリケードというわけだ。これはいまだ紛争の絶えない都市の現状を告発する。一分の一のスケールで生身の肉体が見えたとき、人種、民族、宗教などの差異は、ときとして都市を戦場に変えていく。

ポール・ヴィリリオは、あるテクストの冒頭において、次のエピソードを紹介している[18]。一九六〇年初頭、黒人のゲットーが反乱を起こしたとき、フィラデルフィアの市長は「たった今から、国境は都市の内部を横断する」と宣言したこと。一九六一年八月一三日、東西を隔てるベルリンの壁が築かれたこと。そしてプロテスタントとカトリックを分離するベルファストの道路について。一分の一とは、そうした都市内の他者が露呈する限界点であり、すぐれて今日的な都市の問題もここに位置づけられる。とすれば、一万分の一から一分の一までの展示による都市の思考実験は、近代以降に展開された都市論を凝縮したものだったといえよう。

〈註〉

(1) ナダール『ナダール 私は写真家である』(大野多加志他編訳、筑摩書房、一九九〇年)

(2) 拙稿「2つの空想の都市美術館」(『新建築』一九九六年九月号)の展覧会レポートも参照されたい。

(3) A.G.ESPUCHE'LA VILLE COMME OBJET TROUVÉ',LA VILLE,C.G.P.,1994.

(4) 伊藤俊治『写真都市』(リブロポート、一九八八年)

(5) 小松弘『起源の映画』(青土社、一九九一年)

(6) G.LISTA'VISIONS AÉROPICTURALES',LA VILLE,C.G.P.,1994

(7) O・シュテルツァー『写真と芸術』(福井信雄他訳、フィルムアート社、一九七四年)

(8) ANNE DE MONDENARD'L'ÉMERGENCE D'UN NOUVEAU REGARD SUR LA VILLE',LA VILLE,C.G.P.,1994.

(9) 鵜沢隆「モデルとしての都市——ふたつの古典主義時代を中心に」(『未来都市の考古学』東京都現代美術館、一九九六年)

(10) 磯崎新+八束はじめ他『幻視の理想都市』(六耀社、一九八〇年)にも簡単な指摘がある。

(11) 天沼春樹『飛行船ものがたり』(NTT出版、一九九五年)

(12) J・L・コーエン「メトロポリスを生き延びるユートピア1870—1935」(後藤武訳『未来都市の考古学』)

(13) C・ガヴィネッリ「『ユー・トピア』から『ノー・トピア』まで」横手義洋・岩谷洋子・五十嵐太郎訳(『未来都市の考古学』)

(14) A・ヴィドラー『不気味な建築』(鹿島出版会、一九九八年)

(15) D.I.AGREST"ARCHITECTURE FROM WITHOUT"THE MIT PRESS,1991.

(16) 西村清和「写真という物語」(『美学』一八五号、一九九六年夏)

(17) 『エディフィカーレ・リターンズ』(トランスアート社、二〇〇三年

（18） P.VIRILIO"THE OVEREXPOSED CITY",ZONE, 1/2, 1986.

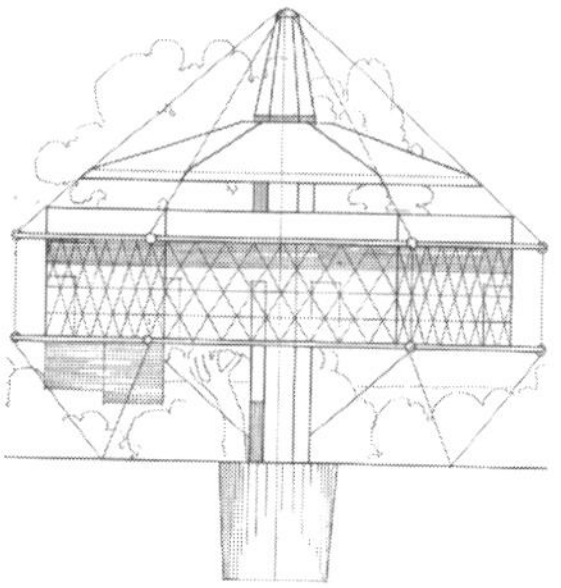

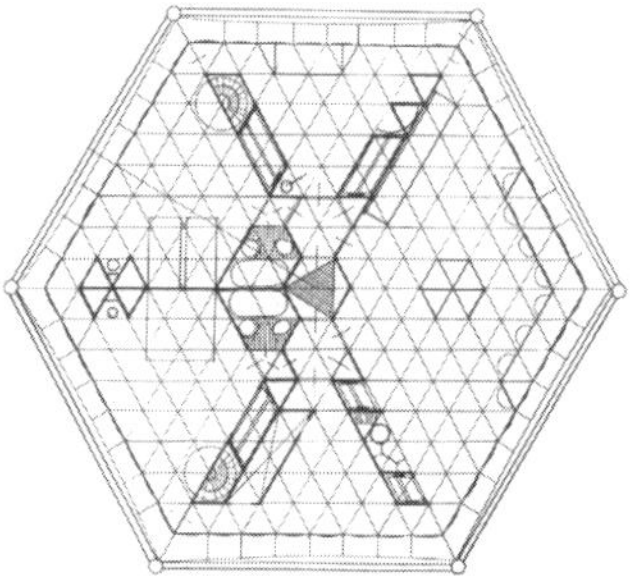

技術の母としての戦争——フラーとイームズ

戦争とフラー

その生涯がほぼ二〇世紀と重なる知の巨人バックミンスター・フラー（一八九五―一九八三年）の展覧会が、世紀をまたいで日本とヨーロッパで開催された。テクノロジーをめぐって思考を続けたフラーを再考するのにふさわしい時期だろう。筆者は二度バックミンスター・フラー展を見る機会を得た。日本では神奈川県立近代美術館を皮切りに巡回し、二〇〇一年にここで一度、そして二〇〇二年にワタリウム美術館を訪問した。基本的に内容は変わっていない。むしろ、変わったのは見る側の意識である。9・11が割り込んだからだ。戦争とフラーの関係を強く意識せざるをえない。

フラーは子供の頃から海を好み、そのキャリアの始まりにアメリカ海軍の通信士官として第一次世界大戦に参加している。二〇代前半のときだ。当時、彼は船や飛行機の写真を多く撮影している。ル・コルビュジエが「東方への旅」においてパルテノン神殿に出会ったとしたら（これはヨーロッパの教養人が行うグランド・ツアーの系譜につながる）、フラーは海に出て、船の生活を体験し、軍艦、潜水艦、戦

（右頁）［図1］ダイマクション・ハウスの立体面と平面図、一九二九年 出典：ユア・プライベート・スカイ（［図4］まで、および［図8・9］同、THE BUCKMINSTER FULLER ARCHIVE, THE BUCKMINSTER FULLER INSTITUTE AND THE ESTATE OF R. BUCKMINSTER FULLER）

（左）［図2］ウィチタ・ハウス

闘機のことを学んでいた。こうした考え方は建築に応用され、「宇宙船地球号」の思想にも展開するだろう。第一次世界大戦に関わった建築家としては、未来派のサンテリアが戦死したり、表現主義のメンデルゾーンが前線にてアインシュタイン塔の最初のスケッチを描いているが、フラーは技術的なレベルでつながっている。

フラーは、量産住宅やエコロジーなどの視点から何度も再評価されてきた。例えば、ダイマクション・ハウス［図1］は、標準化されたローコストの高性能住宅であり、吊り構造の円形のプランは、家の既成概念を転覆させるラディカルなデザインだった。が、こうした傾向も戦争と無関係ではない。効率的なシェルターの生産システムは、戦争中に着手している。一九四〇年頃、フラーは、イギリスの戦時救済組織から被災したホームレスのための緊急避難シェルターのデザインを依頼された。ダイマクション展開ユニットは、航空通信部隊のためにつくられ、アラスカやイランで使われている。

戦争が終わる頃、ダイマクション・ハウスの考えを展開させ、航空機工場においてウィチタ・ハウス［図2］は開発された。プレハブ住宅の先駆的な試みである。そもそも彼の住宅は、風洞実験を繰り返し、風の流れと形状の関係を綿密に研究している。光にあふれた軽量の住宅を世界に建設しようというライトフル・ハウス（一九二八年）などの模型を見ると、風で向きを変える可動のヴェンチュレーターがデザインの要になっていた。これは常識的な建築ではない。むしろ、移動する乗物の発想に近いものであり（彼は本気で移動する建築も考えていた）、だからこそ一連の住宅は革命的な斬新さをもっていた。

大戦時、フラーは戦略的な世界の認識から、ダイマクション ワールド・マップという地表を正一二面体に投影し、分割する世界地図を考案した［図3］。それは観念的な既存の地図にとらわれない世界のリアルな認識を模索する。それがワールド・ゲームにつながっていく。これは地球全体のエネルギーのバランスを視野に入れた思想を広めるために考案したワークショップである。この人類が生き抜くための最良の戦略を探るシミュレーション・ゲームは、一九六五年に始まった。彼はサバイバルの時代の建築なのだ。

ヘタなスケッチ

戦争は、敵のすさまじい破壊をもたらす兵器の大量消費である。と同時に、無駄をできるだけなくす究極の経済性を味方に要求するものだ。皮肉だが、後者は資源をより効率的に活用するという意味で、人類が生き抜くためのエコロジーと相通じるだろう。最小限によって最大限を行うというフラーの基本原理もそうだ。戦争とエコロジー。ゆえに、彼の活動は二〇世紀のテクノロジーの両面性を体現している。もっとも、幾何学的な造形によって、この思想を表現したことは、彼の特徴である。

正直に言えば、フラー自身のスケッチは決して美しいものではない。例えば、ライトフル・ハウスのそれは稚拙でさえある［図4］。造形も美的に洗練されているとは言いがたい。例外的に美しいのは、彼のアイデアをもとに、イサム・ノグチの制作した4D輸送機の石膏モデルである。やはりアーティストが関わっているのだ。展覧会のカタログの編者クロード・リヒテンシュタインらも認めているように、彼

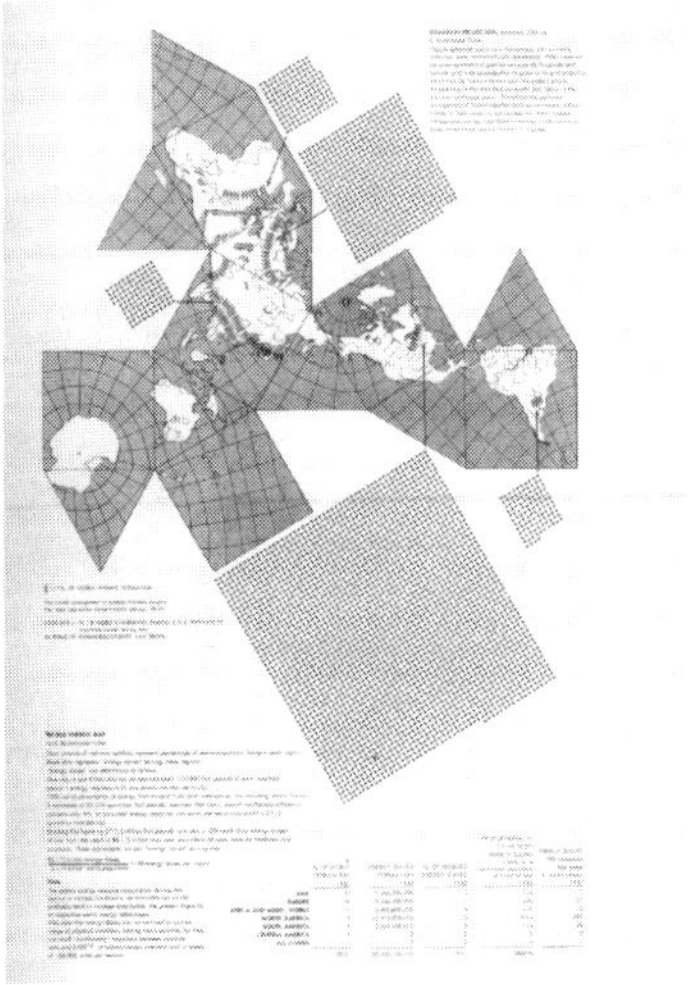

［図３］ ハーバート・バイヤー
ダイマクション・ワールド・マップを用いた世界エネルギー地図

［図４］ ライトフル・ハウスのスケッチ
1928年初め

のスケッチは「一般の建築家のそれに比べれば素人並み」である。実際、彼の巨匠ぶりからすると、ヘタだ。しかし、改めて彼の経歴を確認すれば、芸術学校にも行ってないし、建築のドローイングも教育されていないから、当然かもしれない。工場や海軍で働いたりしているわけで、ボザール出身の建築家と比較するのは酷だろう。

フラーのスケッチは美しくすることや、芸術性を高めることを最初から放棄しているかのようだ。しかし、それゆえに、他の建築家とまったく違う個性をもちえたのではないか。彼は芸術的な美の創造を目指したわけではなく、テクノロジーの夢を追求した。それが同時代のヨーロッパの建築家と決定的に違う点である。フラーは早い時期の一九二七年にル・コルビュジエの『建築をめざして』の英訳本を読ん

［図5］　合板の添え木　図版提供：ハーマンミラージャパン株式会社（［図7］まで同）

でいた。この本には有名な言葉「住宅は住むための機械である」が収録されているが、ル・コルビュジエはあくまでも機械のイメージを参照したのであり、美意識を捨てたわけではない。彼の住宅は美しい建築である。一方、フラーは美のファンタジーにとらわれず、愚直なまでに機械としての住宅を考えた。これほどの断絶が両者にはある。こうしたフラーの態度には、アメリカのプラグマティズムの伝統が感じられる。

フラーの住宅がいまだにインパクトをもちうるのは、徹底した合理主義が支配しているからだ。彼は戦争経済委員会に所属し、軍のデザインに関わったように、極限まで無駄をなくす戦争のエコノミーに通じる思想をもつ。なるほど、理論は単純すぎるかもしれない。しかし、それゆえに純粋であり、感動的なまでに美しいのだ。先程、彼の作品は美しくないと書いたが、どういうことか。つまり、意図された美ではなく、事後的に感じられる美しさなのだ。例えば、ニーム近郊の水道橋ポン・デュ・ガールは機能だけを追求した土木構造物としてローマ時代に建設されたが、今や大小のアーチが連なる姿は眺められる美的対象だ。フラーも逆説的に美を排して、より普遍的な美に到達したのである。

戦争とイームズ

戦争は技術の母である。二〇〇一年、日本で開催された「イームズ・デザイン展」（東京都美術館）や「ダ・ヴィンチとルネサンスの発明家たち展」（日本科学未来館）にも、戦争の影はつきまとう。ダ・ヴィンチは兵器の発明に熱中した（彼は

［図6］ 成型合板で製作中のグライダー胴体部分

［図7］ イームズ邸外観

ルネサンス期のフラーではないか）。若き日のイームズ夫妻は、一九四〇年代に負傷兵のための三次元曲面の合板の脚用添え木［図5］、成型合板によるパイロットの座席、飛行機の部品などをデザインしている［図6］。新しい素材や構法を利用した彼らの椅子も、戦時中の技術開発を大衆社会に還元したものだった。一九四八年頃からは、やはり戦争の賜物であるFRPの素材を使い、その強度と自由な造形の可能性を生かしつつ、椅子を制作している。その結果、二枚の極薄成型ファイバーグラスを使う傑作ラ・シェーズの椅子（一九四九年）が誕生した。

戦後、イームズ夫妻は、限られた既存の部材を組み合わせるデザインの手法を意外なかたちで展開した。イームズ邸（一九四九年）［図7］は、彼らの数少ない建築作品でありながら、二〇世紀の重要な実験住宅である。自邸は、驚くべきことに、すべての部材がカタログから選択されている。コストの削減、工期の短縮、建設の簡易化など、合理化のメリットは大きい。実際、鉄骨の組み立ては、一日半で終わった。いかに工業製品を扱うかは、近代の建築家にとって大きな課題だった。そうした意味で、カタログ化された商品を消費する資本主義の大国において、イームズ邸が登場したことは興味深い。アメリカはプレハブ化を推進し、二〇世紀初頭にはメイル・オーダー・ハウスという住宅の通信販売すら始めた。大量生産の時代の傑作を生みだしたイームズは、まさにアメリカ的な建築家である。

イームズは、オリジナルの部材でなくとも、カタログからの選び方によって独特な空間を生む。また現場に鉄骨が到着してから、二階建てに計画を変更したのだが、資材をシャッフルし、鉄骨の梁を一本追加しただけで済んだという。これもパーツ

［図8］ 移動中のフライング・ハウス、一九五九年

の組み合わせを変えるというパズル的な操作である。各々のパーツに独自性はない。だが、その選び方に強力な個性がある。イームズは住宅のカタログを参照していないのだ。例えば、窓やドアは、工場用の規格品を住宅に使う。そして工場用サッシによって、自邸の二・三メートルというモデュールは決定された。イームズ邸が近代住宅のマニエリスムから逃れ、あっけらかんとした空間をもつのは、工場のスケールが導入されているからだろう。これは後のハイテク建築を予感させる作品だった。

フラーの描いた合理主義の世界は、理論的にはよくできている。では、なぜ実現しないのか。人間は複雑な存在であり、いつも合理的にふるまうとは限らないからだ。人は欲望をもち、効率性だけでは動かない。消費社会において無駄なものをそぎ落としたダイマクション・ハウスの生活は物足りないだろう。付加価値が必要なのだ。皮肉なことに、彼のヴィジョンの実現を阻んだ最大の原因は、戦後のアメリカの豊かさだったのかもしれない。一方、イームズの場合、活動の前半は、最新の技術を家具のデザインに応用していたが、後半は玩具や映像など資本主義の楽しいデザインに移行した。

戦後のサバイバル

フラーは豊かな消費社会に対応せず、技術の可能性を追求するために、戦後も軍と関わった。一九五〇年代は、軍のヘリコプターの格納庫となるフライング・ハウス［図8］、海兵隊のためのテスト・ドーム、遠距離早期警報ラインの一部となるレ

［図9］ユニオン・タンクカー社。全長一三〇メートルのジオデシック・ドーム

イダー・ドームを手がけている。そして実験室から様々な構造の冒険が誕生した。ジオデシック・ドーム［図9］は、彼が発明した最小の材料で最大の空間を包む構造体。シナジェティクスは、三角形を基本とした新しい幾何学の構想。テンセグリティは、連続する張力材と分散した応力材による多極的な構造。これらの試みは結果的に幾何学的な美しさを兼ねそなえていた。

二〇世紀の戦争がなければ、フラーという巨人は誕生しなかったのではないか。古典的な知の蓄積が残るヨーロッパではなく、最強の国家であるアメリカにおいて彼が登場したのもうなずけよう。もっとも彼は、軍で開発したものだとしても、すぐれたモデルが「生活器」に導入されれば、「兵器」は放棄されると信じていた。また二一世紀以降も人類が生存するためのエコロジカルなヴィジョンを提唱している。楽観的に聞こえるかもしれない。ともあれ、フラーは、技術によって問題を克服することを信奉した近代主義者だった。

だが、テクノロジーがそのまま造形となり、可視化されるような兵器／機械は時代遅れになっている。今後は、建築家がポール・ヴィリリオのような予言者になるとしても（彼も最初はコンクリートの可塑性を生かしたトーチカに興味をもったが）、フラーのような活躍は難しいだろう。また彼が唱えた合理的なゲームとしての世界モデルは、正しい理論かもしれない。しかし、それは人間の非合理的な行動を排除したうえで成立するものだ。資本主義の欲望、あるいは超越的な神を信仰する宗教を想定していない。ナショナリズムの激突にも対応しないだろう。いや、だからこそ、フラーの単純なモデルが必要なのかもしれない。だが、それはあまりにもユートピア的だ。少なくとも、現在は諸々の複雑性を抱え込んだモデルの構築が求められている。そうでなければ、地球全体が本当の危機に瀕したとき、彼のサバイバル的なデザイン思想は再び脚光を浴びるだろう。

〈参考文献〉
ヨアヒム・クラウセ他編『ユア・プライベート・スカイ：バックミンスター・フラー』（二〇〇一年）
『イームズ・デザイン』（東京都美術館、二〇〇一年）
"THE WORK OF CHARLES AND RAY EAMES"HARRY N.ABRAMS, 1997.

三章

日常におけるサバイバル

サバイバルのための東京リサイクル

読み替えというリサイクル

東京という名称が生まれ、一世紀以上が経過した。しかし、発足当初の明治政府はすぐに壮大な都市計画を実行したわけではない。建築史家の鈴木博之が指摘するように、「明治の東京は、江戸の読み替え作業からはじまった[1]」。例えば、江戸城は皇居になった。大名屋敷は新しい官庁になった。官軍は好き勝手に屋敷を占拠し、自分たちの家にしている。また住み手がいなくなり、荒れた武家屋敷を有効利用するために、桑茶令を出して、東京を桑と茶の畑に変えた[2]。上野や芝など、寺社地は公園になった。斬新な都市計画は、一八七二年の大火を契機とした銀座の煉瓦街や官庁集中計画を待たねばならない。

ダイナミックな都市のリサイクルは有事のときに発生する。

江戸幕府が倒れた政治的な大変動の後は、資金もままならない状態で、緊急に都市を改造しなければならない。だからこそ、まずは江戸のストック（蓄積）を利用し、既存の施設を読み替えたのである。それは速やかに権力の中心を交換し、支配の構造を引き継ぐためにも必要だった。新たなシステムを構築するのは、一段落して落ち着いてからでいい。逆に安定した成長期には、リサイクルに頼らない大きな計画が構想される。丹下健三らの「東京計画１９６０」を嚆矢とする、一九六〇年代の建築家による様々な都市プロジェクトは、高度経済成長の最中で提出された。楽観的な未来志向の時代精神が、ユートピア的な計画を欲望する。

東京は都市を揺るがす事件を二度経験した。関東大震災と太平洋戦争である。前者は予告なく突発的に発生した災害だから、震災後に人々はサバイバルしなければならない。被災者は使えるものを集めて、その場しのぎの生活を営む。一方、後者は国家総力戦ゆえに、戦前から国全体が戦争を予感し、軍事力を増強するために資源統制を進めた。戦時中は前線に全エネルギーが投入される。戦後は震災と同様、厳しいサバイバルが余儀なくされ、進駐軍は官軍と同様、東京を読み替えた。再び、社会の体制が変わる。そこで東京の歴史から、この二つの事件を軸にして都市のリサイクルを考察しよう。

震災の廃墟が生むバラックの街

一九二三年九月一日、関東大震災が発生。直後から八〇カ所以上で出火し、三日間にわたり、東京をなめまわすように燃やしつづけた。陸地測量部の調査では、神田、日本橋、京橋、浅草、本所の各地区は、全面積の九〇パーセント以上ものエリアが焼失している。東京の市域では四二パーセントとなり、世界最大の都市大火となった。近代化を象徴する洋風建築は激しく炎上し、大正時代の９・１は壊滅的な打撃を都市に与えた。

［図1］『クエイク』の表紙

田山花袋の『東京震災記』（一九二四年）によれば、皇居前広場に罹災者は「立錐の地がないほど」あふれ、猛火で明るくなった夜空をみながら需えていた。(3)ここに神田や日本橋から三〇万人以上がつめかけ、社屋を焼失した東京日日新聞編集局の記者や監獄の囚人も移動した。ちなみに、来るべき関東大震災を詳細にシミュレートした小説『クエイク』（一九九七年）［図1］でも、皇居の一帯が開放され、被災者がひらがなの五〇音に従うグリッドに区分けされた状況を想定している。(4)

東京の風景は一変した。花袋によれば、四谷付近では、「戦場か何かでなければとても見ることの出来ないやうなすさまじい混乱と無統一と雑踏とを眼にした……路の両側、電車のレイルの上、公園の疎らな樹の中、そこには避難民といふ避難民が殆ど一杯に満たされてゐた……或ものはテントを張り、或ものはトタンのなまこ板を集め、或ものは簞笥と簞笥との上に傘をさしかけ、またあるものは泥濘にまみれた夜具をつみかさね、てんでに持てるだけの家財道具を持ち出し」ていた。靖国神社には、富士見町の花柳の人たちが逃げ込み、着物、三味線、茶道具、若い美しい妓など、華やかな光景が現れ、花袋は「ここは避難所としては理想的ですな？」と述べている。

広場が少ない東京では公園が避難所になった。(5)人々は上野公園や日比谷公園に殺到する。上野駅も一日には、構内、ホーム、列車内まで、被災者で埋めつくされたが、二日の晩に焼け、火の粉をさえぎる木立に守られた上野の山に逃げた。家を失った被災者は、ここで生活を続け、一〇月末にまだ一万人が残っていた。もとの上野は寺社地だが、浅草観音の境内も多くの避難民が集まっており、宗教空間が活用された。しかし、火を逃れて、隅田川に飛び込んだ人々は、陸にあがれないまま、多くが水の底に沈む。

故郷があるものは危険な東京を脱出した。九月三日、国鉄は避難地までの無賃乗車を許可する。花袋によれば、電車では、すさまじい混雑が発生し、窓から飛び込み、屋根の上に乗り、車輛内はあまりの混雑のために便所に行けず、ビール瓶に用をたしたものもいたらしい。九月の前半に約三〇〇万人が東京を離れた。一方、箱根から東京までのレールは、汽車が通れなくなり、「急に昔の東海道の副路として役立つ」。その上を多くの避難者が歩いたという。また軍艦も出動し、芝浦から被災者を無賃輸送した。アメリカからはテントの病院が寄贈される。

震災は九万人を超える大量死をもたらした。東京は、家屋の全壊・半壊約四万、全焼三七万という甚大な被害を受けている。食料も飲料も配給に頼る罹災者たち。震災は大量のホームレスを生む。そこで木に筵をかけたり、焼けたトタンを囲うバラックがつくられ、日比谷公園や芝公園などにバラック街が出現する。下水用の土管を並べて壁にしたり、墓地の卒塔婆《そとば》を使う者もいた。石垣の崩れたお濠では行水も行われた。平時では許されない行為だが、宮内省も救護班を組織して、皇居前の広場をすべて開放し、一間に五、六人が雑居したバラックが二重橋の内外を占拠する。圧倒的な住宅不足から、行政が動く前に廃墟をリサイクルして、応急の住宅が自主的につくられた。雨が降ると、バラックのトタン屋根は、話ができない程、凄じい音をたてたことや、風の強い日は、板のすきまから風が入るために、古新聞や壁紙を貼ったことを、花袋は伝えている。

バラックは、一種の原始の小屋である。今和次郎は、その面白さに気づき、バラック街の生成過程を観察した。彼は「焼トタンの家」（一九二四年）において、こう記している。

焼けトタンの家は大抵真赤な重い粉を吹いた色をしている。それらがこの頃はその色がだんだん淡くなりオレンジ色にかがやいて来ている。……天気のいい日に生物の表面が特別に愉快に緊張しておる態のようにそれらの家々は生き生きと瓦や焼土の上に生え出たように立っている。……一人のコールターを手に入れることの出来た人は、その体軀を動かして、不思議な生き物の屋根から壁へ、ついにコールターの缶を倒してからからになるまで、山脈や、谷や、断崖などの連接からなっているトタンの面の上へ黒々と塗り付けて、その缶一個だけの分量の模様付けをそれらの家々の衣装付のためにやる。[6]

生命力あふれるトタンの家は、都市という自然がもたらす生物のようだ。震災が都市の野生を露呈させる。彼はバラック装飾社を旗揚げし、後に現代都市の風俗を記録する考現学を創始した。当時、ファインアート的な建築を標榜する分離派が、バラック装飾社の仕事には「建築美」がないと批判して、バラック論争が起きたことも、よく知られていよう。

やがて、市販の木材を用いて大工が建てる簡易住宅に変わり、テントも普及する。東京市は、九月中旬から一〇月はじめにかけて、各公園に身寄りのない罹災者を収容する二万三〇〇〇戸の公共バラックを建設した。一一月末の統計によると、都市計画上、焼け跡に本建築をまだ許可されていないにもかかわらず、復興の勢いは強く、建設中のものを含めて約一二万軒がつくられている。仮屋は五万九〇〇〇軒、新トタンの家は一万一〇〇〇軒だが、特に焼けトタンの家二万六〇〇〇軒はリサイクル住宅といえるだろう。銀座の焼け跡では、仕事をなくした画家や彫刻家が木造のバラックを手がけ、仮設ゆえに自由度の高いユニークな街並みが登場する。[7] 建築家も、本格的な再建に着手するまでは、新しい試みをとりいれやすく、様式建築にこだわらず、個性をいかした幾何学的なデザインを一時的に採用した。[8] かくして一一月には銀座の表通りの半分以上の商店が営業を再開している。

戦争都市のリサイクル

戦時中の都市リサイクルとしては、資材回収と防空改造の二点が注目される。

第一の資材回収は、素材のレベルにおける都市リサイクルである。一九三九年二月に官公庁が金属類回収の打ち合わせを行い、一九四一年三月に金属類特別回収令要綱が閣議決定、同年八月に国家総動員法にもとづき金属類特別回収令が公布された。[9]「回収物件および施設指定規則」から建築に関する事項を抜粋しよう。「鉄を主たる材料とするもの」と「銅又は黄銅、青銅その他の銅合金を主たる材料としたるもの」はかなり重複しているが、前者では、看板、階段、傘立、屑入、広告塔、格子、柵、シャンデリア、洗面器台、棚、暖房装置前飾金物、手摺、欄干、ロッカー、梯子、マンホール蓋、門柱、門扉、物干しなど、後者では、押板、壁張り板、

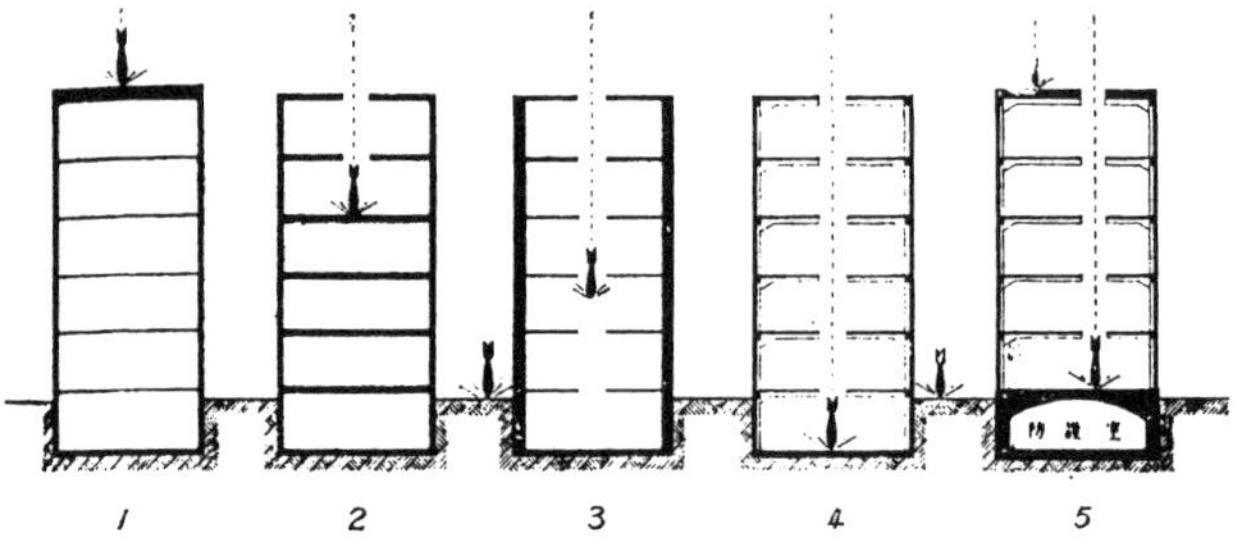

［図2］耐弾構造の種類　出典：建築雑誌一九三七年一二月号（［図3］同）

階段すべり止め、カーテン用金物、戸、扉、表札類、庇葺板、口除用金物、柱、壁、天井の装飾板金物、屋根葺板、郵便受口などを挙げている。建築を分解しつつ、その一部が回収され、「いざ弾丸に、軍艦に」変身した。

一九四二年以降は、小学校の二宮金次郎の銅像、寺院の鐘（音響管制により、空襲警報と混同しないように鳴らすことも禁止された）も各地で供出された。当時、著名人の銅像では、浅草公園の団十郎像、池上本門寺の星亨像、高輪泉岳寺の大石良雄像、赤坂の大倉喜八郎像、板橋の渋沢栄一像の献納予定が報じられている。この頃、新聞には「〝勝利〟へ〝銅鉄無き街〟へ」や「家庭から金属をなくしましょう」といった見出しが繰り返された。当然、金属の使用制限もなされ、例えば、銅を屋根板や建築金物に使うことが禁止されている。都市の物資がリサイクルされて、戦場に送り込まれたのだ。

計画学の西山夘三は、戦時下の国民住宅を新築だけで考えるのは無理があるとして、既存の住宅をいかにリサイクルすべきかを唱えていた[10]。すなわち、「資材・労力の不足から建設基準の引き下げが必至といわれるが、それが一定の限界をこえれば、むしろ新建設を中止して、既存住宅の利用、その再配分を考えるべきではないか」という。それは住宅は粗末でいいという当時の「耐乏生活論」への抵抗でもあった。つまり、水準を下げた家をどんどん建てるだけではなく、既存の大住宅にも、現状に見合う生活を求めること。「既存住宅の動員」や「余裕住宅の開放」というスローガンのもとに、広い家に同居人を入れるのだ。そのために一人当たりの必要面積を三畳、最大面積を六畳として細かい計算式をつくり、「余裕住宅」と「過密

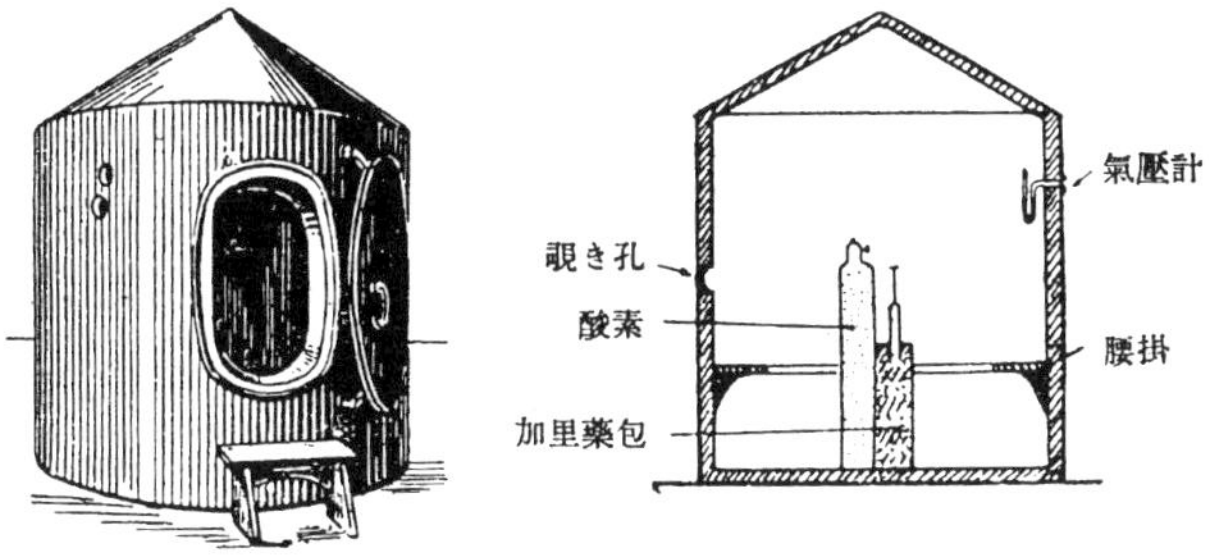

［図3］　移動式防護室

住宅」をならして居住の再配分を計画した。

第二の防空改造は、都市が戦場になりうる状況に最小限の努力で対応する。一九三七年に田邊平學は「投下爆弾と日本家屋」という講演を行い、具体的な防空化の方策をたてる[11]。まず爆弾の影響を予測し、屋上に厚いコンクリートをうつ「防弾屋根」、爆弾の動きを制御する「剛床式」、壁を厚くする「剛壁式」を提案した［図2］。防護室は、階段室や中廊下を利用してもよいが、地下が望ましいとし、「道路の下、公園の下、広場の下、建物の地下室、地下鉄道、其他坑道、塹壕」が使えるという[12]。街の四辻に「移動式防護室」を配置するフランスの事例も紹介した［図3］。木造の日本家屋には、出入口をひとつ残し、障子紙で部屋の隙間に目貼りして防護室をつくること、外壁を鉄網モルタル塗りやトタン板張りにすることをすすめた。そして一九三九年の防空建築規則は、木造家屋の簡易防火構造として鉄網モルタルが推奨された。実際は鉄の入手が難しく、燐酸化合物を木材に注入した簡易防火戸も使われた。後に政府は重要都市を指定し、木造建物の防火改修を実施するために、国庫と市が補助金を支出する方針を決めている。

戦争は技術を活性化させる。他にも様々なアイデアがだされた。煉瓦造は地震に弱いが、防火と防空に有利であるし、木材が不足した状況では見直すべきだという提言[13]。鉄を用いない、竹筋コンクリートの検討[14]。枕木を利用した防空壕の建設法[15]［図4］。「防空改修」の資料も販売され、屋内の灯火管制のための建築マニュアルが用意された［図5］。爆撃機から建築を見えなくする偽装法[16]［図6］。既存施設は増改築のついでに偽装を行うことが推奨された。星野昌一は、防空建築を論じながら、防

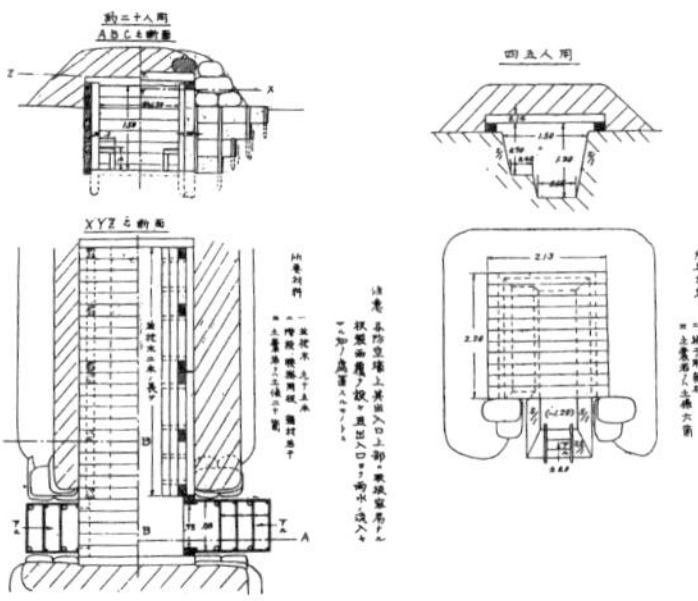

［図4］枕木を利用した防空壕　出典：建築雑誌一九三九年四月号

空と窓ガラスの使用は相いれないものとし、「ここにグロピウス、ミース、ファンデルローエ等の国際的硝子建築の終末が見られる」という[17]。そして日本の若い建築家が「未だ硝子建築の夢を追ふ」ならば、「国を毒する利敵行為」だと強く批判した。

当時の「家庭防空の手引」（一九四一年）は、樽や風呂桶を転用したり、古井戸を改修して家庭の防火水槽に使うべきとしていた。一九四三年から内務省は待避所の設置を打ちだすが、整備要綱の第一に「原則として新たに資材を使用しないこと。手持ち品があれば必要に応じて使用しても差支えない」と記し、リサイクル型の建設だった。「家庭用待避所の作り方」は、屋内外を問わず、適当な所にただ掘る「蓋なしの素掘式」であり、掘った土は壕の両側に土盛りする。既存の土蔵や地下室があれば、それを使う。公共待避所の設置では、コンクリートの建物、溝や堤防が利用された。都市計画の観点からは、延焼を防ぐために、家屋を強制的に破壊し、工場の周囲や交通の要所に空地をつくる。一九四四年以降、こうした建物疎開は大規模に実施されたが、その古材は移転者を収容する住宅、防火改修工事、防空壕、軍需工場の住宅に転用された[18]。廃材も、浴場、食堂、給食用の燃料として無駄なく使われる。無駄がないゼロエミッションのリサイクルだ。そして一九四五年三月の東京大空襲の後、東京都防衛局は耐爆の半地下式のモデル住宅「東京都壕舎」をつくり、町会をとおして、古材の斡旋を始めている。

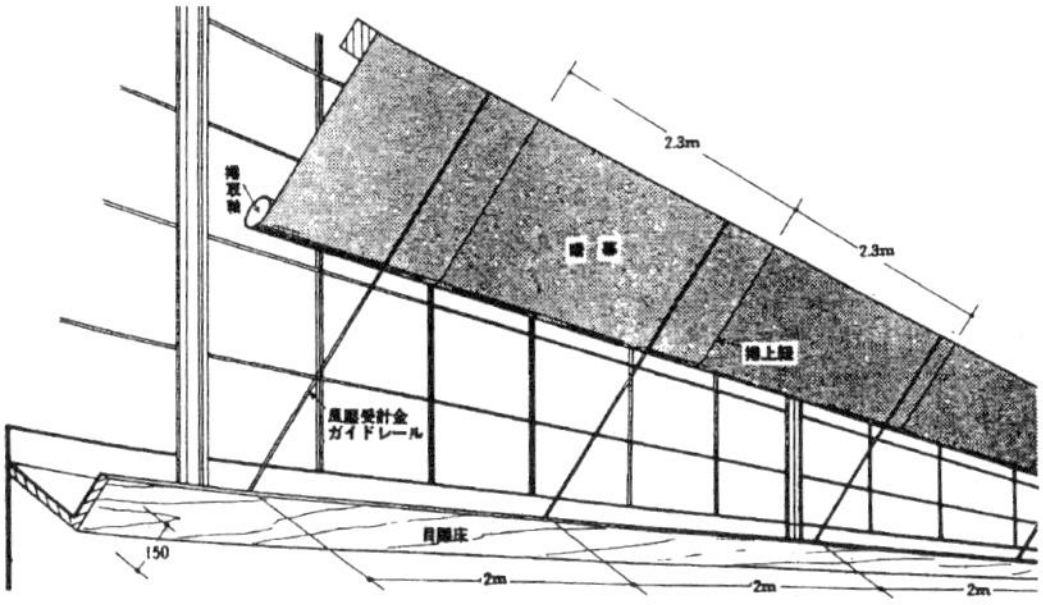

［図5］　工場のための巻込式暗幕の例

バラック、再び

　空襲により、再びバラックは出現した。木造住宅が焼かれ、生きのびた住民は、焼け残りの材木やトタンで小屋をつくりはじめる。戦後は、深刻な住宅不足から、ドラム管や廃車になったバスも居住空間に転用された。大阪では、焼け残りの鉄板を屋根としてかけ、煉瓦と焼け土の壁、焼け崩れた自転車を集めた垣根など、半焼材や板切れの資材を巧みに利用した家が報告されているが、東京も同じような状態だった。[19] こんなエピソードもある。両国の国技館が焼失したために、丸太を縄で縛ってバラックの仮設構築物を浜町公園に組み立て、大相撲を興行し、終了後、それを解体して大阪で再使用した。[20] これは両国の花火の桟敷にも使われる。そして敗戦の数日後にはヤミ市が発生した。

　だが、建築雑誌は、バラック批判を繰り返す。例えば、蔵田周忠は、「バラック商店街の嘆き」と題し、ありあわせのデザインがひどいこと、看板も下品で野蛮であり、文化的に低レベルだという。[21] ただし、ありあわせの材料で数奇屋ができたように、トタンのバラックの可能性も認めている。応急のバラックも大事だが、建築美は文化の象徴なのだから、ちゃんとしたものが欲しいという意見もあった。[22] 中村登一は、「貧困を複雑な装飾で隠蔽した」街並みを批判し、バラックとは「材料のすりかえられた本建築以外の何ものでもない」から、ここで「建築造型の熱情をなげだしてはいけません」と訴える。[23] そして牧野清は「最近の復興商店は店の正面に看板を付ける必要上正面を『フラット』に見せ、屋根の前面に御面を付けた様な建

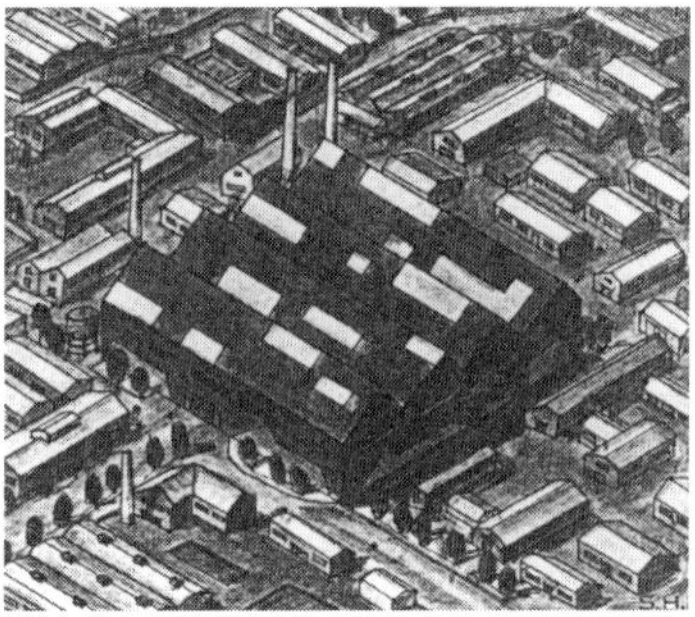

［図6］工場偽装例、工場地帯の迷彩例　出典：建築雑誌一九四一年二月号

築が流行している」とし、側面や背面は無頓着に窓や機能上の配管が取り付けられ、「正面とは意匠上月とスッポンの差が有り、何の関連性もなくバラバラである」という。[24] 彼は、日本の造形における立体感の貧困さを指摘し、戦後の「建築のレリーフ化」を攻撃する。

なぜ建築家はバラックを憎むのか？　近代的な構成を学んだ審美眼からすれば、秩序のない仮設の構築物は醜い。だが、廃材を集めたバラックほど、経済的かつ機能的な建物はない。建築家なしの純粋な建築である。近代の建築家は、それが美しくないにもかかわらず、真に機能的であると直感したからこそ、バラックを畏れたのではないか。極限状態における機能主義は、生やさしい芸術性を破壊する。牧野が槍玉にあげたもう少し余裕のある復興商店も、ヴェンチューリのいう「装飾された小屋」として解釈できるだろう。「装飾された小屋」とは機能主義の否定ではない。これは一般に機能主義とされるものの方が、機能と形態の整合性を無理に表現した「あひる」だとみなす、転倒の思考である。ファサードと背後をそれぞれの都合の良いようにつくることが、より上位の機能主義なのだ。またバラックが忌まわしい戦争の記憶とプラグマティズムを引きずることも、未来の復興にいそしむ建築家に煙たがられる一因になったのかもしれない。

アメリカの占領軍は東京を読み替えた。[25] 例えば、施設の接収である。第一生命館にはGHQ、三菱商事ビルにはGHQ分室、帝国生命ビルには米軍東京憲兵司令部、明治生命館には極東空軍司令部、大正生命ビルには米軍空輸司令部が入った。アメリカ軍が必要な容量を指定し、日本側がリストを提出したらしい。既存施設のボイラーやラジエーターも供出された。そして帝国ホテルや九段会館は将校宿舎、東京宝塚劇場はアーニーパイル劇場、ニュー東京は連合軍将兵ビヤホール、教文館ビルはタイム・ライフ社、市谷の陸軍士官学校はパーシングハイツ、豊多摩刑務所は第八軍刑務所に変わる。戦時中、アメリカは爆撃禁止の重要建築のリストに帝国ホテルを加えていたが、接収を見越してのことだろう。

将校の宿舎用に個人住宅の接収も実施された[26]。東京都の建築課の係員が、警視庁の家屋所有者のリストをもとに現場調査を行い、ABCの三段階に評価する（Aは暖房施設と水洗便所があるもの、Bはどちらかのみ、Cは両方ないもの）。これが進駐軍に提出され、好条件の住宅が選ばれた。また占領軍は、東京の道路もアメリカ流に命名しなおして、帝都の意味を組み換えた。例えば、青梅街道はKアヴェニュー、明治通りは30ストリートという風に。

緊急の復興もリサイクルだった。一九四五年一一月、戦災復興院が住宅緊急措置令を公布し、圧倒的な住宅難を緩和するために、既存建物の転用や余裕のある住宅の開放を実施する。これは日本人のための接収だった。また二、三万戸の公営住宅を公園や校庭に建て、公園予定地の新宿戸山町も都営住宅に変更し、第八軍が南方作戦用に保管していた建築材料で家屋をつくる。今度は戦争の資材が居住のために転用された。防空壕を埋め立てた広場には露店が出現する[27]。空襲による残骸整理では、瓦礫や残土を運河に捨て、八重洲口から数奇屋橋、土橋、築地の三十間堀、四谷見附の堀を埋めたてた。こうした国有地は払いさげられ、追い出された露天商が入ったり、後に高速道路に利用される。埋立地といえば、海に拡張する湾岸地区は、まさに廃棄物のリサイクルによって形成された東京のフロンティアにほかならない。

プラグマティズムとブリコラージュ

リサイクルとは現場のプラグマティズムである。

芹沢高志は、映画『アポロ13』（一九九五年）を例に挙げて、こう説明していた。[28]

アポロ13号はささいなトラブルから月面着陸が不可能となり、地球帰還すらおぼつかなくなる。しかも本船は破棄され、月着陸船のアクエリアスで帰らなければならない。この時点でヒューストン飛行管制センターは、周到に用意された飛行計画を破棄し、現場で新しいプランを練りはじめる。傍らで技術者は、その船は月面着陸用に設計したものであり、地球に戻るためではないと嘆く。これに対し、フライト・ディレクターは「設計の目的より、何に役立つかだ」と答える。生存をかけた究極の状況では、今あるものが何に使えるかが問題なのだ。当初の目的を失った宇宙船はゴミであるが、それを別の目的のためにリサイクルする。早速、ヒューストンでは宇宙船内にある同じ資材を用意し、何が可能かについてシミュレーションを開始した。例えば、濾過カートリッジの口が、本船は四角、アクエリアスは円のために、形が合わない問題。だが、飛行計画書の表紙を破いたり、廃棄物用のバッグを使ったりして、通常やらない作業により、あり合わせのものを組み合わせて、事態を解決する。

好きなだけ資材を準備できる技術者の計画ではなく、限られた材料をもとにした現場の思考。レヴィ＝ストロースは、後者を「ブリコラージュ」（器用仕事）と命名した。いわば日曜大工である。彼はいう。

器用人は多種多様の仕事をやることができる。しかしながらエンジニアとはちがって、仕事の一つ一つについてその計画に即して考案され購入された材料や器具がなければ手を下せぬというようなことはない。彼の使う資材の世界は閉じている。そして「もちあわせ」、すなわちそのときそのとき限られた道具と材料の集合で何とかするというのがゲームの規則である。しかも、もちあわせの道具や材料は雑多でまとまりがない。……いかなる特定の計画にも無関係で、偶然の結果できたものだからである。[29]

そしてレヴィ=ストロースは、建築の実例として、シュヴァルの理想宮を挙げた。これは一九世紀末にフランス南部の郵便配達夫が、配達の際に小石、貝殻、ガラス片などを拾い、ひとりで三三年間かけてつくった幻想的な建築である。彼は錬金術師のごとく、とても建築材料になりそうにないゴミの意味を読み換え、それらを融合し、自己流のモニュメントに変えた。

石山修武は、レヴィ=ストロースの「ブリコラージュ」をこう解釈する。ブリコラージュは、「技術に対するある意味での保守性を保持し、また、それに対して主体性を失わない。つまり、全ての事がらを自分の力で認知し得る日常世界の規範の内で把握するということで、決定的に近代技術者と世界を異にする」[30]。すなわち、建設という行為の主体性がとりもどされていることが重要なのだ。そしてバラックはブリコラージュであるという。これは生産→消費→廃棄という常識的な資本主義のサイクルに対抗し、廃棄されたものを転用しながら、新しい環境を生産するという反近代的なリサイクルを行うからだ。だが、バラックは「全く出鱈目の、出まかせの、ゆきあたりばったりのなりゆきまかせで、また、恐ろしく目的に対して直接的で、それ故に便宜的な方法をとる」がゆえに、建築家から「アレは一段下のモノ」と思われている。もともとバラックという語は兵舎を意味するが、生死をかけた戦争の建物は、見てくれにかまわず、急いでつくられるものだ。しかし、たとえバラックは不格好であろうとも、機能にだけは徹底的に忠実な純建築である。

震災と戦災のときにあらわれた東京のバラックは、廃墟のブリコラージュであり、都市リサイクルの一環だった。しかし、資源の有効利用が唱えられる時代でありながら、阪神大震災の後、あまりバラックが登場しなかったという。資源の再利用がほとんどされず、補修や修繕で再生可能な建物もとり壊された。人々が日曜大工の術を持っていないことも一因だろう。が、布野修司によれば、瓦礫の処理を無償とする期限を行政が早めに設定したために、まだ使えるストックが慌てて処分されたことも大きな原因だった[31]。

一九九〇年代の東京では段ボールハウスが増加した。今が生きていれば、おそらく観察の対象にしていたに違いない。しかし、新宿西口地下街の撤去や少年らの襲撃事件からうかがえるように、それをとりまく環境はやさしくない。テレビ番組のワイドショーでは、病理現象としてのゴミ屋敷報道を繰り返し、反社会性を糾弾する。住人は、ゴミに価値を見出し、その収集にいそしみ、捨てられなくなるのだ。

なかにはリサイクル業を営んでいたが、オイルショックが過ぎると売れ残るようになって、ゴミ屋敷化した事例もある。現代の繁栄に酔いしれ、廃墟の記憶や醜い現実から目をそらすために、「健全な」市民社会はバラック的なるものに敵意を抱くのだろうか。メディアはゴミ屋敷の浄化をエンターテイメント番組に仕立てあげる。だが、都市のサバイバルにおいてリサイクルの極限の姿は現れる。

〈註〉

(1) 鈴木博之『日本の近代10　都市へ』(中央公論新社、一九九九年)
(2) 藤森照信『明治の東京計画』(岩波書店、一九八二年)
(3) 『関東大震災画報　第一・二・三輯』(大阪毎日新聞社、一九二三年)や田山花袋『復刻版東京震災記』(博文館新社、一九九一年)を参照。
(4) A.J.Alletzhauser "Quake" BLOOMSBURY, 1997.
(5) 『関東大震災69年』(毎日新聞社、一九九二年)や、小木新造他編『東京空間１８６８—１９３０』(筑摩書房、一九八六年)などを参照。
(6) 今和次郎『考現学入門』(筑摩書房、一九八七年)
(7) 『都市の破壊と再生』(相模書房、二〇〇〇年)
(8) 銀座文化史学会編『震災復興〈大銀座〉の街並みから』(泰川堂書店、一九九五年)
(9) 山中恒・山中典子『間違いだらけの少年H』(勁草書房、一九九九年)
(10) 西山夘三『戦争と住宅』(勁草書房、一九八三年)
(11) 田邊平學「投下爆弾と日本家屋」(『建築雑誌』一九三七年一二月)
(12) ちなみに、下元連「防毒実験に関する講演」(『建築雑誌』一九三九年二月)は、防毒室をガスが侵入しない中廊下にとるのがいいとした。

(13) 中村綱「煉瓦造を再認識せよ」(『建築雑誌』一九三九年三月)
(14)「竹筋コンクリートに関する資料」(『建築雑誌』一九四〇年一月)
(15)『建築雑誌』一九三九年四月
(16)「建築偽装一般指針」(『建築雑誌』一九四一年二月)
(17) 星野昌一「意匠・計画と防空」(『建築雑誌』一九四二年一二月)
(18) 越沢明『東京都市計画物語』(日本経済評論社、一九九一年)
(19) 山本祐弘「大阪復興建築の表情を描く」(『建築文化』一九四八年三月)
(20) 大河原春雄『東京の都市計画と建築行政』(鹿島出版会、一九九二年
(21) 蔵田周忠「バラック商店街の嘆き」(『建築文化』一九四七年七・八月)
(22)「建築美の喪失」(『建築文化』一九四七年一一月)
(23) 中村登一「街の建築について」『新建築』一九四七年八・九月)
(24) 牧野清「造形美における立体感」(『新建築』一九四七年三月)
(25)(1)の文献と同じ。
(26)(20)の文献と同じ。
(27) 松平誠『ヤミ市』(ドメス出版、一九八五年)
(28) 芹沢高志『月面からの眺め』(毎日新聞社、一九九九年)
(29) C・レヴィ＝ストロース『野生の思考』(大橋保夫訳、みすず書房、一九七六年)
(30) 石山修武『バラック浄土』(相模書房、一九八二年)
(31) 布野修司『裸の建築家』(建築資料研究所、二〇〇〇年)

反フラット建築論に抗して

フラット派批判

二〇〇一年末、建築評論家の飯島洋一が「反フラット論——『崩壊』の後で2」という文章を発表した[1]。この論は世界貿易センタービルの破壊に触れて、アーティストの村上隆が提唱した超平面的な世界観、スーパーフラットには外部がないことや、一部の若手の建築家を「フラット派」と呼び、彼らが内向的であることを批判した。ゆえに、スーパーフラット批判の建築論といえるだろう。彼が若手建築家に言及するのは、これが初めてではない。二〇〇〇年にも飯島の論が話題になっており、今回はその続編にあたるものだ。議論の流れを説明しておこう。

最初の飯島論文「〈崩壊〉の後で——ユニット派批判」は、一人の名前を突出させるのではなく、ゆるやかな組織をつくり、数人で共同設計を行う若手建築家を「ユニット派」と命名した[2]。しかし、ユニット派は「アンチ・モニュメント」かつ「普通」のデザインを志向しているために、理念がなく、何も生まないと否定的に評価する。彼によれば、一九九五年の阪神大震災と地下鉄サリン事件がトラウマになって、そうした若手の態度をもたらしたという。これは議論が少ない現在の建築

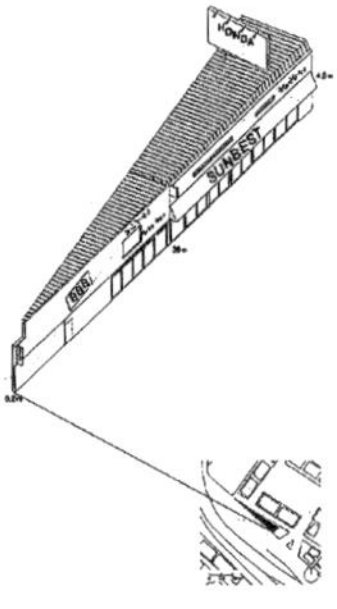

［図1］アトリエ・ワンらの発見した、都市の隙間に充填された極薄のバイクボックス池袋　出典：［図2］

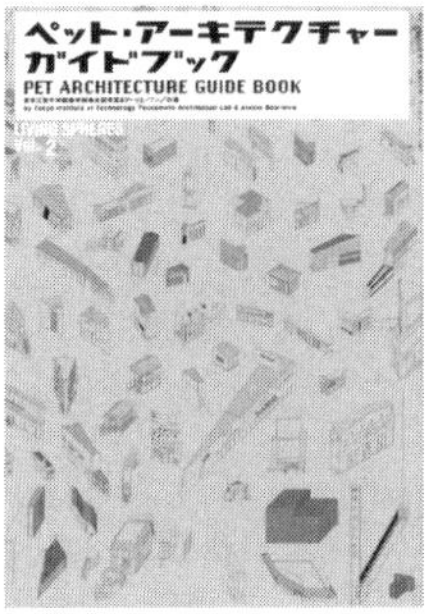

［図2］［図1］のプロジェクトなどが紹介されている『ペット・アーキテクチャーガイドブック』

界に珍しく大きな反響を呼んだ。

筆者も「ユニット派あるいは非作家性の若手建築家をめぐって」において、飯島論文を受けて、以下の点を指摘した(3)。まず、ユニット派の若手建築家が増えていることは、災害のトラウマよりも、一九九〇年代の情報化が大きな要因になっており、世界的な動向であること。ただし、日本の場合、バブル以降の厳しい社会的な状況が、こうした傾向を加速化させ、現在の建築家の行動を導いていること。そして普通さを求めることと、理念や構築に向かうことが、必ずしも矛盾しないことである。「反フラット論」は、基本的にユニット派批判の延長線上にあり、インパクトは減っている。反響もそれ程大きくない。ただし、若手建築家の乾久美子によるコメントは興味深いものだった(4)。飯島が「たかだか、革新の代りに『盲点』とか『隙間』などを求めることがあるのみである」と述べたのに対し、彼女は「革新」と「隙間」を対立する言葉として並べられたことに違和感を表明する［図1・2］。つまり、デザインは革新にかかわるべきものという飯島の考え方を疑問視しているのだ。そして「これはあまりにも希望的な考えである。過去をふりかえってみても、おそらくデザインの発展というのは『盲点』と『隙間』を探すことによるトライアンドエラーの繰返しで、その中にたまたま革新的な考え方がまじっていることにすぎないのではないだろうか。対立する言葉ではない」という。

筆者は、全面的に乾の指摘に同意する。彼女はデザインの立場からと断っているが、建築史の視点から考えても、こうした歴史観は実状に近いように思う。「革新」は当初「隙間」に見えることが少なくない。しかし、後になって重要性が気づかれ、

［図3］千葉学、黒の家、二〇〇一年
筆者撮影

やがて突出して語られるようになるものだ。断絶の強調は、英雄中心の近代建築史が操作したイメージに過ぎない。飯島は、理念と普通さ、あるいは革新と隙間など、素朴な二項対立をもとに議論を組み立てるが、乾が言うように、こうした構図自体を疑うべきではないか。

飯島の「反フラット論」に筆者への明確な反論はない。本文に一切筆者への言及はないし、多くの註をつけながら、筆者の論も参照していない。実際、誰が批判されているのかはっきりしない部分が多い。数人の名前を挙げているものの、「建築界にもこのところ、悪しきエピゴーネンを生みつつあるスーパーフラット」という思わせぶりなもの言いだからだ。千葉学［図3］も「スーパーフラットといって槍玉にあげている若手（僕も入っているのかもしれないけれど）」と書かざるをえないように、なんとなく若手の建築家が批判されている。[5] ただ、筆者もスーパーフラット建築論を何度か書いているので、攻撃の対象に入っていると考えるのが自然だろう。文章は無視しているが、筆者の飯島論文へのコメントを知らないとは思えない。「反フラット論」が、先に筆者の参照した『都市住宅』一九七七年一月号のある座談会に、同じように言及しているのも偶然ではないだろう。こうした文章は門外漢に不親切である。現在は暗黙の了解で通じるかもしれないが、将来の建築史家を悩ませるのではないか。

とはいえ、そこから建築界の状況が照らし出されたという意味において、「反フラット論」は興味深い。ゆえに論点を整理しながら、幾つかの疑問点を挙げ、建築の現在を考察する視点を考えたい。いささか攻撃的な言い回しも使うことになるが、

［図4］磯崎新、孵化過程、一九六二年　出典：一九六〇／一九九〇建築展カタログ

［図5］坂本一成、代田の町家、一九七六年　著者撮影

これはあえて流行に逆らおうとする飯島論文の意義を認めているからであって、自分と意見が異なる論を無視すべきではないと考えているからだ（無視こそが他者＝外部をつぶすことなのではないか？）。筆者は飯島が誠実に書いていることを高く評価している。本論は、単純に飯島と正反対のことを言おうとするものではない。幾つかの視点や構図は共有しつつも、筆者の立場を明らかにするために、その評価が分かれる点を描くことが目的となろう。

反復する一九四五年の廃墟

第一の要点は、飯島が現在の問題の根を一九四五年の敗戦にさかのぼって求めていることだ。焼け野原の原風景である。彼によれば、一九六八年の大学紛争、一九八九年の昭和終焉、一九九五年の震災など、大事件が起こるごとに、日本の共同体において崩壊の体験が「反復＝フラッシュバック」するという。敗戦のトラウマは内部に潜伏し、後にある衝撃が起きると、人々の心に回帰する。関東大震災やベルリンの廃墟はどうなのか、といった疑問がすぐに思い浮かぶ。だが、それは日本人がしっかりとしたかたちで敗戦を総括していないからだという指摘によって、とりあえずこの設定は受け入れられる。

飯島は、一九四五年に立ち会った磯崎新、六八年をリアルに体験した伊東豊雄や坂本一成、そして九五年を過ごした三〇代の若手の建築家が、それぞれの年に対応しているという［図4-6］。こうして異なる世代において建築をつくりたくないという態度が繰り返される。磯崎は、廃墟のドローイングにうかがえるような反建築的

〔図6〕伊東豊雄、せんだいメディアテーク　筆者撮影

な姿勢をもつ。伊東は、中野本町の家やせんだいメディアテークなど、「表現を消す」ようなデザインを志向する。そして若手建築家の場合は、普通さというかたちで、敗戦のトラウマが出現するわけだ。飯島は、ロマン派的な「ニヒリズム、あるいは虚しさがそのように反復されている」という。

　敗戦により、神だったはずの天皇が人間宣言するような価値観の大転換から「懐疑的な感情」が芽生え、磯崎に「アンチ＝反」の精神があるという指摘は、おおむね賛同できる。個人的にこんな会話をしたことがある。結局はつぶれてしまったが、二〇〇〇年のベネチア・ビエンナーレの日本展を企画したとき、筆者らがもとのテーマ「LESS AESTHETICS, MORE ETHICS（美学よりも倫理を）」をもじって、「MORE AESTHETICS, MORE ETHICS」としたのに対し、磯崎新は「MORE AESTHETICS, LESS ETHICS」がいいのではないかと語った。すなわち、完全にもとのテーマをひっくり返したのである。

　最初の飯島論文が一九九五年の特異性を強調したのに対し、今度の反復という見方は歴史のパースペクティブを広げており興味深い。ただし、一九九五年世代のユニット派だけがなぜ攻撃の対象となるのか、という疑問は残る。飯島は、明るい風景のなかでさえ、独自の感性によって二〇世紀の暗い影を読む(6)。それは普通には気づかないものだ。映画『シックス・センス』の少年が、何気ない日常において死者の霊を見てしまうように。だが、建築の動向を象徴的な意味でのみ大事件と接続させるのは不十分ではないか。拙著『終わりの建築／始まりの建築』の冒頭は、一九六八年のパリの五月革命から始めたが、単に社会的な事件を象徴的にまつりあげる

［図7］シンケル、コンツェルトハウス　筆者撮影

ためではない。当時のエコール・デ・ボザールで何が起き、建築の学生にどのような影響を与えたかを具体的に考察したかったからだ。

仮に反復という歴史観に立つとすれば、その差異をもっと考察すべきではないか。例えば、西洋建築史において、ギリシア、ローマ、ルネサンス、新古典主義など、古典主義の様式は何度も反復した［図7］。ルネ・ホッケやドールスのように、マニエリスムやバロックを、一回性のものではなく、繰り返されるものとして考えることは可能である。だが、その意味はすべて違う。同じように見えても、それぞれの差異を明らかにするのが、歴史と評論の仕事である。こうした議論が十分に展開されていれば、飯島がなぜ磯崎を評価し、なぜ六〇年代生まれの若手を評価しないかという点が、より説得力をもつだろう。

飯島によれば、磯崎には未来への懐疑から、「構築することと否定的に眺める姿勢」や「反モニュメント」志向があるという。これは一面において正しい。が、同時に磯崎は非常に構築的な建築家である。それが海外においても理解される大きな理由ではないか。ただ神秘的なジャポニスムではなく、論理的な構築性という普遍的な思考の方法ゆえに、彼は広く受容されている。つまり、強烈な反建築でありながら、きわめて建築的でもある両義性、あるいはアイロニーが重要なのだ。逆に言えば、若手建築家は決してアイロニカルではない。むしろ、前向きだ。そして素直さが特徴である。

また一九四五年に戻って、現状を再考すべきという飯島の主張は同意できる。確かに、現在の日本の風景の多くは敗戦の後に形成された。しかし、建築家に対する精神分析的な説明に終始するだけでは不十分ではないか。例えば、敗戦後にモダニズムが民主主義の担い手とされたこと、大衆化とともに進行した中産階級の個人住宅の増加、いきあたりばったりの急速な都市の復興など、具体的に考慮すべき点が見逃されている。いや、こうした問題をかえって隠蔽してしまう恐れがある。

ちなみに、人為的な建築を否定する非作家的な態度は、ほかにも散見される。例えば、戦前の神社をめぐる言説では、意図的にデザインされた建築というよりも自然の造形であることが高く評価された。一九八〇年代にも、普通さへの言及がなかったわけではない。意外に思われるかもしれないが、鈴木了二は、非作家性のデザインに近いことをすでに語っている。[7] 本駒込の住宅（一九八八年）では、視覚的に刺激の強いデザインとは違う戦略を立て、より普通でより凡庸なものに近づけることを意識していた。他も、共同作業の強調、空隙や殺風景なものへの関心である。だからと言って、若手建築家と同じというわけではない。鈴木の場合、「『普通』ではなくなる寸前の、ギリギリの『普通』が目標である」と語るように、「退屈」にはならない緊張感というある美意識が貫いているからだ。それが絶対的に違う。

スーパーフラットの内部と外部

第二に、飯島はスーパーフラットが「他者＝外部」を徹底的につぶすものと規定する。ゆえに、世界貿易センターに対する自爆テロは、フラット化した社会が「外部」から攻撃を受けた事件だという。そしてアトリエ・ワンやみかんぐみなどの若手建築家を「フラット派」とみなし、以下のように述べる。「この自己慰撫的な

『内部＝フラット』につねにとどまっていて、いっこうに『外部』を見ようとはしない。彼らがリサーチするのは世界についてではなく、身近なコンテクストのみである。彼らがリアリティを感じるのは、そうしたコンテクストの差異の戯れにしかないからだ」、と。つまり、フラットな内部だけを見て、異質な「外部」を見ない態度を批判する。若手が世界ではなく、身近な環境のみを調査しているからだ。

　スーパーフラットに外部はない、というのは一見正しい。だが、実際はもっとハイブリッドであり、内部と外部がねじれているのではないか。飯島は、マクドナルドで食べ、ディズニーランドで遊ぶ生活が世界のどこでも可能になるような「一元化（アメリカ化）」がスーパーフラットを生みだしたと述べている。だが、もともと村上隆は、スーパーフラットが日本のサブカルチャーにおいて顕著になった現象であり、「日本は世界の未来かもしれない」と宣言していた。つまり、飯島は日本発をアメリカ発と読み替えている。そしてアメリカ化とスーパーフラットを同じものとみなしているのだ。この点に留意しておこう。

　日本とアメリカはよく似た資本主義の社会かもしれないが、言うまでもなく、政治、経済、社会、文化のあらゆる側面において大きな違いがある。一九四五年の時点において、両者は敗戦国と戦勝国の対照的な関係だった。戦後の日本は複雑な気持ちでアメリカ化を引き受けながら、独自の復興を遂げる。それは純粋にアメリカ的なものでも、日本的なものでもない。ジョン・ダワーの『敗北を抱きしめて』は、戦後日本モデルと呼ばれてきたものが、実は「日本とアメリカの交配型モデル」だったという[8]。またスーパーフラットの理論を立ちあげた東浩紀は、戦後のサブカルチャーが日本の純粋培養ではなく、アメリカ化の洗礼を経由したものだと位置づけている。(9) 現在の風景は「アメリカ産の材料で作られた疑似日本」なのだ。単純なアメリカ化というよりも、日本とアメリカの交配がスーパーフラットなのではないか。

村上隆は、日本画を学んだ後、アメリカに渡り、現代美術の作家として開花したが、日本の敗戦を強く意識していると告白している。ゆえに、彼の態度をアメリカ化と同一視する議論は乱暴だ。一九四五年に回帰するアメリカへの屈折した感情が見過ごされてしまう。スーパーフラットは外部の視線にさらされることで芽生えるものであり、オリエンタリズムを逆に利用する戦略ではないか。アトリエ・ワンらのメイド・イン・トーキョーという都市観察のプロジェクトも、そうだ［図8］。以前、筆者はこれを評価しつつも、外部の視線を過剰に意識していることを批判的に言及した。(10) 一方、飯島はメイド・イン・トーキョーのような態度を単に内向きのものと考え、他者がいないことを問題視する。すなわち、同じプロジェクトに対し、筆者と飯島は正反対の見方をしているのだ。それはおそらく両者の世界観が異なっていることに起因する。

　他者は外部だけに存在するのではない。「美術」にとっての他者が、スーパーフラット的な文化であり、「建築」にとっての他者が、メイド・イン・トーキョーの建物ではないか。他者は内部にも存在す

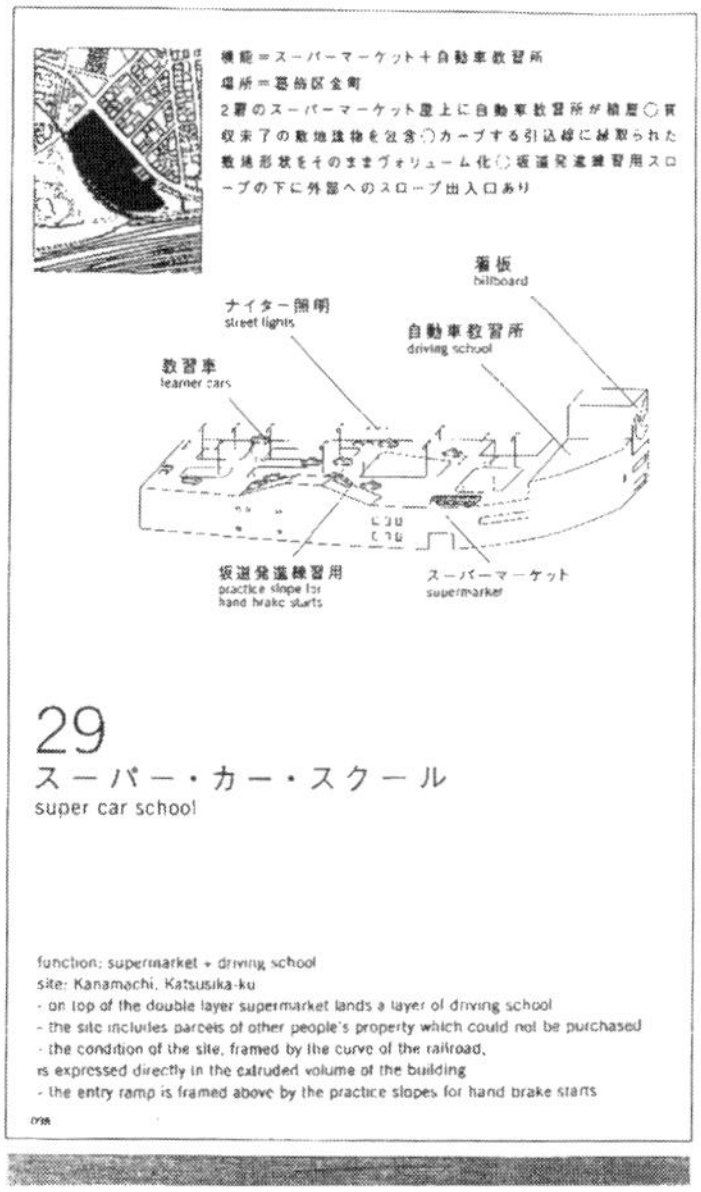
機能＝スーパーマーケット＋自動車教習所
場所＝葛飾区金町
2層のスーパーマーケット屋上に自動車教習所が積層◯買収未了の敷地建物を包含◯カーブする引込線に縁取られた敷地形状をそのままヴォリューム化◯坂道発進練習用スロープの下に外部へのスロープ出入口あり
看板
billboard
ナイター照明
street lights
自動車教習所
driving school
教習車
learner cars
坂道発進練習用
practice slope for hand brake starts
スーパーマーケット
supermarket
29
スーパー・カー・スクール
super car school
function: supermarket + driving school
site: Kanamachi, Katsusika-ku
- on top of the double layer supermarket lands a layer of driving school
- the site includes parcels of other people's property which could not be purchased
- the condition of the site, framed by the curve of the railroad,
is expressed directly in the extruded volume of the building
- the entry ramp is framed above by the practice slopes for hand brake starts

［図8］ メイド・イン・トーキョーのプロジェクトで発見されたスーパーカー・スクール (http://www.dnp.co.jp/museum/nmp/madeintokyo/mit.html)

［図9］　ミノル・ヤマサキ、世界貿易センタービルのアーチ　筆者撮影

る。筆者が日本の新宗教の建築を研究しているのも、これまでの建築の議論においてまったく無視されていたからだ(11)。だが、日常を離れ、海外の街並みや集落の調査をやることだけが、反フラット的な世界のリサーチだというのであれば、それこそ素朴な外部の存在を期待し過ぎていないか。現在は、研究室の調査隊よりも、テレビ番組の方が先に現地を紹介しているような時代である。

戦争の予言者ポール・ヴィリリオは、一九九三年の世界貿易センターのテロ事件の後、「最初のポスト冷戦の戦争」だと指摘していた(12)。そして「一人の人間＝総力戦」という思いもよらない等式が成立し、四〇年続いた「恐怖のバランス」の時代が終り、「アンバランスの時代」に突入すると述べている。内部と外部の分割線は輪郭を失い、すでに冷戦の構図は壊れている。ヴィリリオによれば、情報技術の爆発的な進化を伴うグローバリゼーションは、「歴史の終焉」よりも「空間の終焉」をもたらし、内部と外部の差がなくなる(13)。

絡み合い、自壊するテロと資本主義

飯島は、世界貿易センターを「まさにフラットな建築」だと語る。これが効率性を追求したビルであるのは事実だが、デザインの面において、ミノル・ヤマサキは日本やイスラムの影響を受け、硬直したモダニズムにやわらかさを持ち込もうとしていた［図9］。世界貿易センタービルの頂部と足元にある尖頭アーチ風のモチーフも、その結果である。一方、突撃したテロリストは建築と都市計画を学び、近代的な開発に批判的だった。ヤマサキもテロリストも、単純に正反対の立場ではない。

だが、9・11のテロは、こうした小さな差異を無効にする圧倒的な暴力だった。いやテロこそが世界をきれいに二分し、両陣営をつくりだしながら、その内部をフラット化する方向に動かしたのではないか。アフガンの空爆後も、ブッシュ大統領は北朝鮮、イラン、イラクを悪の枢軸国であると名指しで非難し、関係を修復させかけていた国も態度を硬直化させた。

世界はもっと複雑に絡みあう。マクドナルドを襲撃したフランスのラルザックの農民のように、反グローバリズムは、ヨーロッパの内部にも浸透し、一定の支持層を獲得している。だが、テロ以降、世界的なネットワークによる反グローバリズムの運動はきわめてやりにくくなった。イスラム世界にも、トルコ、サウジアラビア、インドネシアなど、アメリカと親密な国が存在するし、逆にアメリカと反目するキリスト教の国家もある。世界貿易センターでは、イスラムの信者を含む、多くの移民労働者が犠牲になった。そもそも冷戦時代にアメリカがビンラディンらを支援したことや、テロリストがアメリカで飛行機の操縦を学んだことはよく知られていよう。チョムスキーは、アメリカこそが最大のテロ国家であり、過激な宗教的原理主義の大衆文化をもつことを指摘している[14]。

向山恭一は、こう述べている[15]。

「なにか大きな出来事が起きると、人は必要以上にうろたえ、そこに時代の断絶だけをみいだし、歴史の記憶や連続性を見失う傾向にあります。結局のところ、9・11の事件が起こる起こらないにかかわらず、世界は冷戦後の処理をないがしろにしたまま、貧困や飢餓の問題をなんら解決してこなかった。アフガニスタンの窮状はそれを物語っています。しかし、米国をはじめとする先進国のメディアは、9月11日をもって世界が変わったと騒ぎ立てている。そこではバーミヤンの仏像破壊と世界貿易センタービルの倒壊が、同じ土俵で語られることはほとんどありません。私はその点に、米国あるいは先進国中心的な世界観の傲慢さがあると考えています」。

そもそも資本主義は、イスラムの外部ではない。今やイスラム諸国もおおっているのではないか。渡部直己は、こう指摘していた[16]。

「あれにはアメリカ自身の『自爆』といった面がつきまとうのですが、その点でも、誤認を犯している。イスラムにおける女性の問題にせよ、あれだって男性による端的な異性の搾取と管理を本質にしているわけで、『文化』はその本質を隠すにすぎない。資本が本格的に流入すれば、その搾取や管理はさまざまな側面でそのつど本質的な動揺をきたすわけですね。『文明の衝突』なんて口にした途端に、その局所的で具体的な衝突は見えなくなる」。

資本主義は全体化しているのだ。しかし、柄谷行人が言うように、「（1989年のベルリンの壁が崩壊した）結果、平べったい世界ができたかというと、そんなことはない。新たな構造が形成されつつある[17]」。

向山は、以下のように、資本主義とテロの意図せざる共犯関係を指摘する。まず、グローバリゼーションの時代において資本は顔の見えない存在である。犯行声明のなかったテロリストにも顔がない。ヴィリリオも、二〇〇一年九月一一日の出来事は「実体のない戦争」と述べている[18]。そして向山は「ここに両者の同時代性というものが表されていると思います。冷戦後、人々は資本主義の勝利（「歴史の終わり」）に酔い知れました。しかし、……それは資本主義の敗北の始まりでもあります。なぜなら、世界が一つになったことで資本主義は『危険階級』を外部化する空間を失ったからです。そうした意味で、資本とテロはともに『内破する資本主義』を演出している」という。

続いて、向山は、ハートとネグリの帝国論（『〈帝国〉』以文社、二〇〇三年）を引用しながら、このような説明も試みている。冷戦後は、アメリカさえも越えた資本の帝国が出現し、内と外を分ける境界線がなくなり、外が消滅した。ゆえに外部をもたず、危機を放出できないために、その帝国は自らのうちに危機を遍在させたシステムになる。「そうすると、テロリストたちが自爆したように、『帝国』もまた『内破する資本主義』のロジックに従って自壊するほかない。ここでにもテロと資本の共通性」が見られるというのだ。飯島のモデルは、単純な二項対立として、内部と外部の関係をとらえているように思われる。しかし、フラット化した社会が「外部」から攻撃を受けたのではなく、完全にはフラット化しきれない帝国が内部――それは内部化された外部である――から自壊したのではないか。

コールハースの評価をめぐって

こうした認識の違いは、レム・コールハースの位置づけにも関わるだろう。飯島によれば、コールハースの資本主義の論理は、「外部」や「ゴツゴツとしたもの」を否定する発想であり、ひたすらあるものを「平坦」に還元する道につながる。ゆえに、「そうした志向性からはコンテクストを批判したり、あるいはコンテクスト

［図10］世界貿易センターの展望室から見るマンハッタンの高層建築群　筆者撮影

そのものをつくり変えてしまう革新的、あるいは歴史的な出来事は芽生えるべくもない」という。なるほど、コールハースはユートピアを信じていない。だから、素朴なコンテクスト批判はしないだろう。しかし、彼は、資本主義が臨界点を超えると、その足場を形成するコンテクストそのものが壊れていくようなヴィジョンをもっているのではないか。それが彼の魅力である。

例えば、『錯乱のニューヨーク』（筑摩書房、一九九五年）では、資本主義の欲望のおもむくままに自動生成する摩天楼が、いかに反モダニズムだったかを検証している［図10］。『S,M,L,XL』（一九九八年）では、建築の規模が超巨大化すると、古典的な美学やヒューマニズムが無効になる「ビッグネス」の概念を提出した。彼は建築家のしがみついてきたモラルを次々とラディカルに粉砕する。そしてグローバルな資本主義の時代において、建築と都市が変容し、芸術家を気どる英雄的な建築家は時代遅れだと宣言するかのようだ。もはや建築家に未来はないのか？　そこで彼自身は、プラダの企業戦略と店舗設計を一括して行うなど、従来の建築家の枠組を超える職能を切り開く。徹底してアイロニカルである。

ゆえに、「60年代のラディカリズムから毒気を抜き取っただけのレム・コールハース」という飯島の評価は肯定しがたい。コールハースと比較すれば、六〇年代の前衛的な建築家集団アーキグラムやスーパースタジオのユートピア的な提案の方が無邪気に感じられる。現実の世界から遊離した批判にとどまっているからだ。むしろ毒気がないと指摘するならば、コールハースの事務所出身であるユニットmvrdvや日本の若手建築家に対して行うべきだろう。彼らの方法論は、確かにコ

［図11］ラゴスの風景、出典：MUTATIONS

ールハースの影響を受けているが、前述したように、基本的な態度に素直さが認められるからだ。したがって、飯島がコールハースと若手建築家をひと括りにしたことにも、違和感が残る（これこそ「一元化」ではないか?）。

コールハースは、"MUTATIONS"（二〇〇〇年）において、西アフリカのラゴスを分析している。(19) ほとんど知られていない都市を発見し、信じられないような状況を描く。ラゴスには、ビルや高速道路が存在し、近代的に見えるかもしれない。だが、"MUTATIONS"に収録された写真を観察すると、渋滞した高速道路を多くの人間が歩き、風景は混乱状態である［図11］。交通のインフラストラクチャーも未完のままだ。都市が機能不全に陥っているかのようだ。にもかかわらず、ラゴスは機能する。計画者ではなく、使用者の立場から巨大都市が発生しているからだ。例えば、建設が放棄された高速道路のランプは、人々に占拠され、市場や倉庫として有効に使われ、都市を活性化させる。

コールハースによれば、ラゴスは近代化の途上にあるのではない。アフリカ的な方法ですでに近代化を遂げている。しかし、単なるもうひとつの近代でもない。彼は、ラゴスがわれわれに追いつくのではなく、われわれがラゴスを追いかけるのではないかという。計画概念が無効になった極限の都市。近代の資本主義の外部として、ラゴスは存在するのではない。むしろ、その内部にあって、おなじみのシステムは壊れ、都市が突然変異を起こす。資本主義を内側から食い破ること。つまり、フラット化の外部ではなく、資本主義の底が抜け、その奥から「ゴツゴツとしたもの」が頭をもたげているのだ。

［図12］　西沢立衛、ウィークエンド・ハウス　筆者撮影

若手建築家の評価をめぐって

飯島は、若手の建築家には「ただ『小論』の中の差異のみが存在するだけである」と述べて、小さな差異を見出すことに批判的である。そんなことではコンテクストを変えることはできないという。確かに、多くの若手は、一九六〇年代の空想的なドローイングのような楽天的な未来都市の提案に懐疑的である。そもそも、国が若かった六〇年代ならともかく、上の世代の層が厚くなった九〇年代に若手がそうした大計画を提案しても、ほとんど相手にされないだろう。バブルの崩壊や巨大開発を嫌うマスメディアの傾向も、大きな影響を与えている。逆に、六〇年代は社会が大きな夢を求めていたのであり、黒川紀章のような当時の若手建築家は敏感にそれを感じて、壮大なドローイングを描いていた。

飯島の好む表現を借りれば、「『大論』にすがるノスタルジックな『旧世代』」とそれに興味がない「新しい世代」の対立である。しかし、問題はそうした単純な二項対立を疑ってかかることではないか。以前、筆者も、塚本由晴に対し、既存のコンテクストの調査に終始するばかりではなく、新しいコンテクストそのものをつくるような提案もすべきではないかと批判をしたことがある。かつて彼はあまり興味がなかったが、最近は考えが変わったようだ[20]。アトリエ・ワンは新しいコンテクストの提案も視野に入れており、メイド・イン・トーキョーやペット・アーキテクチャーという都市の極小建築調査などのプロジェクトはその予備調査と位置づけている。大論にまったく関心がないわけではない。

［図13］ 佐藤光彦、西所沢の住宅、二〇〇一年 筆者撮影

飯島は、塚本由晴と曽我部昌史の対談を挙げて、両者は同じく日常に興味があると結論づける。[21] だが、それは対談の出発点に過ぎず、最後に二人は方法論の違いを互いに確認していた。これが無視されている。また飯島は、佐藤光彦、西沢立衛、西沢大良らを「普通さ」、「弱さ」、「軽さ」、「フラット」という言葉で一括りにしていた［図12・13］。しかし、佐藤のパズル的な造形や素材の扱い、西沢立衛の普通さにひそむ異様な空間、西沢大良の形式とヴォリュームの関係など、各自の発見的な問題設定は大きく違う。とりわけ、西沢立衛のウィークエンド・ハウスは、建築の根底をなすカメラ・オブスキュラのモデルを破壊する重要な作品であり、一列に論じるべきではない。[22]

西沢らの作品は、ポストモダン建築のように、見た目ですぐにわかる個性的な形態ではない。ポストモダンは、素人目にも外観の差異がはっきりしており、社会派の印象批評でも対応できる［図14］。差異の競争において目立つことが求められていた。しかし、西沢兄弟やアトリエ・ワンは、むしろなぜある形態がそうなっているのかという別の次元で問いを立てている。こうも言えるだろう。すなわち、四角はなぜ四角なのか、丸はなぜ丸なのか、あるいは天井の高さは何を意味するのかといったことに興味があるのだ。それは必ずしも奇抜な造形に結びつかない。威勢のいい言葉もない。一方、八〇年代にもてはやされたポストモダンは、四角と丸をどうしたら刺激的な組み合わせになるかを追求していた。どちらが良い悪いではない。問題の設定が違うのだ。かといって、それを「表現意欲を放棄してしまったかのような脱力感」で片付けると、重要な問題提起が切り捨てられる。彼らの作品では、

［図14］北河原温、ライズ　著者撮影

かたちの論理を読むことが試されているのではないか。

若手の作品は本当に空虚なのか

アトリエ・ワンのアニ・ハウス［図15・16］やミニ・ハウスは、飯島が言うように、ただの銀色の箱であり、社会に対して何も主張しない「空虚な作風」なのだろうか？　微細なデザインは、箱についたつまらない「装飾」に過ぎないという指摘もあるかもしれない。なるほど、安藤忠雄の住吉の長屋は、雨が降ると傘をさしてトイレに行かなければならないというわかりやすいキャッチフレーズが建築の構成に直結し、明らかに社会的なメッセージを発している。建築の形式が人間の行動を誘導する計画学的な特徴も指摘できるだろう。しかし、アニ・ハウスも住宅の「建ち方」を再考しており、十分に社会的かつ建築的な問題を提起している[23]。正直に告白すれば、筆者も最初はその意味がよくわからなかった。おそらく、それまであまりなかったタイプの問題を設定していたからだろう。

人は、ある文化に対してアクチュアルに接していた時期を過ぎると、どれも同じように見えることがある。卑近な例だが、筆者の体験で言えば、九〇年代の初めにあまりロックを聴かないようになると、とたんにその後のロックはどれも同じように感じるようになった。これは必ずしも音楽が実際に画一化したことを意味するのではないだろう。音楽が同じようになったから、聴かなくなったのではなく、聴かなくなったから、同じように感じるようになった可能性も検討しなければいけないからだ。それを見極めることが重要である。これは音楽に限らないだろう。最近の

［図15］　アトリエ・ワンらの作品が紹介されている『30代建築家30人による30の住宅地』

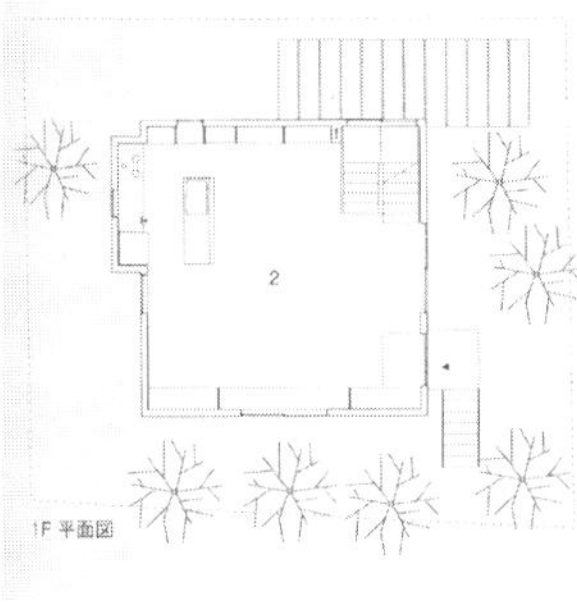

［図16］　アトリエ・ワン、アニ・ハウス　配置図　出典：［図15］

美術は……、最近の映画は……、最近の歌謡曲は……、といった新しい世代への否定的な反応は、そもそも古い世代が表明する典型的なものだ。だから、自戒の念を込めて、筆者もこの点を注意したいと思う。デザインの変化は創作者だけの問題ではない。批評側にも、新しい状況を語る言葉の構築を求めている。

念のために、アニ・ハウスが設計された手続きを説明しておこう。おおむね以下のようなことが考慮されている。戦後の日本では、住宅の方法論はやり尽くされてきた。しかし、それは住宅内部の構成論であり、敷地にどう配置するかは結構ワン・パターンである。どれか一面を大きく空けて、残りの三面は住宅を境界線にぎりぎり接近させるやり方だ。そこでアトリエ・ワンは「建ち方」という問題を設定し、違うパラダイムによって、初期条件からもう一度住宅を組み立てる。具体的には、敷地のセンターに配置し、十分に引きをとることで、四面ともデッドにならず、使える隙間を生む。しかも、小さい住宅をさらにぎゅっとしぼって、もっと小さいスクエアにする。その結果、各フロアで複数の部屋を組み合わせるという計画学的な配慮が不要となり、ワンルームを積み重ねる形式に落ち着く。さらに各フロアにワンルームだから、四面とも窓をとることが可能になる。

こうした操作は正しく建築的である。配置の方法では、敷地の南側さえ空ければよいという一般的な常識にも挑戦している。ワンルームも、空間の間仕切が家族の行動を規定するという押しつけがましい機能主義に対する、積極的な拒否だろう。住み手が好きなように使い、自分の空間にしていけばいい。ただし、それは派手に示されない。したがって、アニ・ハウスをただの箱と片付けてしまうのは、知的な怠慢である。住宅地の問題を視野に入れたアニ・ハウスが、外部に対してコンクリートの壁で閉じる住吉の長屋に比べて、内向的とはいえないだろう。むやみに建築史家ギンディオンのような「大きな物語＝歴史」の復活に頼るのではなく、重要な建築に対する個別の読みを積み重ねることが、フラット化をつきやぶる鍵なのではないか。「大きな物語＝歴史」は、事件が終わって、後から都合よく捏造されるものだ。しかし、（『踊る大捜査線』ではないが）事件は現場で起きているのであり、そこから歴史はつむぎだされる。

眼鏡を曇らせるイデオロギー

椹木野衣によれば、戦後日本という「悪い場所」において、美術は同じ問題を多様に反復してきた[24]。そして薄っぺらな「閉ざされた円環」という悪しき反復は、歴史から切り離された「現実」から構成される。こうした仮説は、敗戦のトラウマを反復するという飯島の論にも通じるところがあり興味深い。しかし、二人の態度は違う。飯島はフラットな状況をただシニカルに眺める。彼は、平和な社会で受動的な自由を消費するだけの若手を批判し、「『新しい世代』と呼ばれる集団は、こうした『総括なき戦後』の延長に、ぽっかりとはかなく出現した」という。では、都市をリセットする壮大な計画を提案した一九六〇年代のメタボリズムや一九八〇年代のポストモダンも、好景気における「自由」を享受していたのではないか？　なぜ「新しい世代」が集中的に攻撃されるのか？　『日本・現代・美術』の序論において、椹木はこう言う。

「(大文字の正史)が書かれるためには、戦前のような意味での『歴史』を回復することが先決などと、新保守主義まがいのことを唱えようとするものではない。……わたしは『閉ざされた円環』という暴力を、さらなる暴力をもって累乗に否定的に押し開こうとするものではない。そうではなく、この円環それ自体が巨大な暴力であり、それに対するには暴力をもってしても無意味であるということ、そして、この円環のなかにさまざまな抑圧や分裂、錯綜や矛盾が渦巻いているということ、……それがどんなに薄っぺらで奥行きを欠いた表象の戯れに見えたとしても、目を凝らせば、そこに無数の矛盾と対立の素顔が書き込まれているということ――そのことを『認識』し、われわれの『現実』を一枚岩の『平和』ではなく、多種多様な生存の様式の複合的な集積として再発見し、そこにおいて新しい生の在り方を『発明』していくための突破口とすること」が課題なのだ、と。

これはフラット化が外からの暴力で傷ついたことを喜ぶようなザマーミロ論ではない。歴史を断絶させるような革命や台風の到来を待望しているのでもない。単純に「大きな物語=歴史」によって現代美術を回収することを主張しているでもない。一見、フラットな世界が、実はあらかじめ無数の裂け目をもっていることを確認しながら、自らの「生存の様式」を受けとめているのだ。イデオロギーという思い込みは、対象をフラットなものとして理解するように導くが、フラットな現実には幾つもの層が重なりあっている。

ところで、森達也監督のドキュメント映画『A』(一九九八年)と『A2』(二〇〇一年)を続けて、見る機会を得た。(25) オウム真理教の広報部の荒木浩の日常や地域

［図17］　横浜国大のキャンパス　小松幸夫撮影

紛争を記録した映画である。マスメディアは、小さな差異を塗りつぶし、正義の住民対悪者のオウムの構図を強調するのに対し、森はイデオロギーをはぎとって、人間を出現させる。オウムに打ちとける住民や、悩むオウムの信者など、メディアが紹介しない様々な人が登場し、複雑な現実が明らかになっていく。そして森は「世界はもっと豊かだ」という認識に至る。

　これは9・11以降に起きている世界の単純な二分化への批判的なメッセージでもある。われわれ側か、それともテロリストの側につくか、というブッシュ大統領の声明は、多様だったはずのアメリカの内部を一色で塗りつぶし、他の国にも同じ態度を強制した。アメリカはニューヨークの悲劇だけを誇張し、アフガンにおける惨状を普通に見ることができない。そしてわれわれはオウムを普通に見ることができない。殺人集団と非難することで、同じ人間としてみなさず、思考停止する。安心できるからだ。

　意外に、われわれは日常の風景でさえ、普通に見ていないのではないか。しばしば紋切り型の反応をして、感度を失っている。これに関して、たまたま西沢立衛の興味深い発言を見つけた。彼が横浜国大の助教授に就任し、学内誌のアンケートで「キャンパスの印象」に答えているものだ。他の新任教官は、さわやか、緑が多い、素晴らしい人がいる、楽しそうといった美辞麗句を並べている。よくある反応だろう。悪口を言うわけにもいかないから、適当にほめておく。しかし、西沢は一言こう答えている。「建物が白いと思いました」[26]［図17］。むろん、こんなものは社会の作法を知らない小学生の回答だと笑うことは容易い。だが、どちらが対象を真剣に観察しているかと言えば、西沢の方ではないか。少なくとも筆者にとって、さわやかという無意味な感想よりも、建物が白いという当たり前のことに気づくことの方が、創造的だと思われる。そうした「発見」の後、平坦な現実に亀裂を入れることができるのだ。

〈註〉

（1）飯島洋一「反フラット論――「崩壊」の後で2」（『新建築』二〇〇一年一二月号／『現代建築・テロ以前／以後』青土社、二〇〇二年に収録）以下、飯島の文章の引用はこの文献からのものである。

（2）飯島洋一「〈崩壊〉の後で――ユニット派批判」（『住宅特集』二〇〇〇年八月号／『現代建築・テロ以前／以後』に収録）

（3）拙稿「ユニット派あるいは非作家性の若手建築家をめぐって」（『終わりの建築／始まりの建築』ＩＮＡＸ出版、二〇〇一年）

（4）乾久美子「月評」（『新建築』二〇〇二年一月号）

（5）千葉学「月評」（『新建築』二〇〇二年一月号）

（6）飯島洋一『現代建築・アウシュヴィッツ以後』（青土社、二〇〇二年）

（7）鈴木了二『建築家の住宅論』（鹿島出版会、二〇〇一年）

（8）Ｊ・ダワー『敗北を抱きしめて』（岩波書店、二〇〇一年）

（9）東浩紀『動物化するポストモダン』（講談社、二〇〇一年）

（10）拙稿「他者が欲望する黒船都市、トーキョー」（『終わりの建築／始まりの建築』）

（11）拙著『新宗教と巨大建築』（講談社、二〇〇一年）

（12）P.VIRILIO “A LANDSCAPE OF EVENTS” THE MIT PRESS, 2000.

(13) P・ヴィリリオ『情報化爆弾』(丸岡高弘訳、産業図書、一九九九年)
(14) N・チョムスキー『9・11』(山崎淳訳、文藝春秋、二〇〇一年)
(15) 向山恭一「『内破する資本主義』を演出する資本とテロ」(『図書新聞』二〇〇二年一月二六日)
(16) 渡部直己「これは「戦争」ではない」(『週間読書人』二〇〇二年一月二五日)
(17) 『批評空間』(第二期第二号、二〇〇二年)
(18) 『現代思想:ヴィリリオ』(二〇〇二年一月号)
(19) "MUTATIONS" ACTAR, 2000.
(20) 『空間から状況へ』(TOTO出版、二〇〇一年)
(21) 『美術手帖』(二〇〇〇年五月号)
(22) 拙稿「西沢立衛、あるいはカメラ・オブスキュラを超える建築」(『10+1』二二号、二〇〇一年)
(23) 塚本由晴×五十嵐太郎「キャラのある住宅」(『「小さな家」の気づき』王国社、二〇〇三年)
(24) 椹木野衣『日本・現代・美術』(新潮社、一九九八年)
(25) 森達也『「A」マスコミが報道しなかったオウムの素顔』(角川書店、二〇〇二年)も参照されたい。
(26) 「新任教官の紹介」(横浜国立大学広報室『Campus News』七号、二〇〇二年)

［図1］学生によって占拠された一九六八年のミラノ・トリエンナーレ開会式　出典：EXPOSE 2002 カタログ

再発見されたエレクトリック・ラビリンス

エレクトリック・ラビリンスという神話

すぐれた作品は時代を超えて、われわれに問いかけるものがある。二〇〇二年に再制作された磯崎新のエレクトリック・ラビリンス（電気的迷宮）もそうした作品と言えるだろう。ドイツのメディア・アート系美術館であるZKMの「イコノクラッシュ展」において、三四年ぶりに幻のエレクトリック・ラビリンスは復活した。

よく知られているように、これは磯崎が一九六八年の第一四回ミラノ・トリエンナーレのために制作したインスタレーションである。しかし、時は政治の季節の真只中。イベントの直前にパリの五月革命が起こり、ミラノもその余波を受ける。五月三〇日に開会式が始まると、会場は学生によって占拠され、一時間で閉鎖されてしまう［図1］。当時の記録写真をみると、壁には「ミラノ＝パリ」や「トリエンナーレは死んだ」といった落書きがある。もっともトリエンナーレの展示は、反戦や反帝国主義を掲げ、左派的な雰囲気をもっていたために、現場に居合わせた高口恭行の証言によれば、当初、開会式のハプニングは手の込んだ演出だと思われたとい

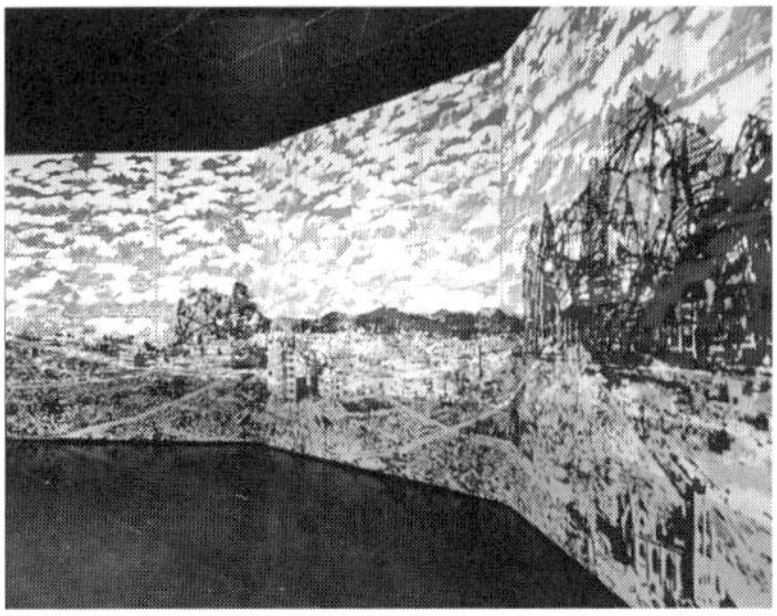

う。会場の占拠は、警官が排除するまで、約一週間続いた。

一九六八年と言えば、建築界ではエレクトリック・ラビリンスに言及することがお約束になっている。しかし、意外に当時の建築雑誌ではほとんど紹介されていない。筆者が確認した限りでは、少し遅れて高口のレビューがひとつ掲載されたのみである。彼によれば、エレクトリック・ラビリンスは「地獄絵の回転アルミパネルと都市の理想像のダブルイメージ」であり、「その奇妙な音、幻覚を助長する悠長な回転運動、非日常的な色彩の巧妙な結合によって生み出した幻想的曼陀羅の空間として成功している」[1]。「さまざまな未来像が、きしむ音とともに回転する地獄絵アルミパネルの上に点滅し、パネル群の中に迷いこんだ人間をＬＳＤの幻覚の世界に導く」。そして「全体を照らすブラックライトは、すさまじい未来像と人間の奥に潜む地獄絵との奇妙な結合をアルミの上に浮かびあがらせた」という。おそらく、闇のなかで衣服の白色が妖しく発光し、来場者もお化けのように見えるサイケデリックな迷宮の雰囲気をかもしだしていたに違いない[2]。

エレクトリック・ラビリンスでは、おどろおどろしいイメージを刷り込んだ一六枚の湾曲したアルミ・パネルが回転する空間を観客はさまよう。そして奥の壁には、広島の焼け野原に未来的な構築物の廃墟をコラージュした有名なドローイングをかける。未来都市は廃墟であるという時間の逆説を提示し、高度経済成長期の日本を揶揄するかのように。さらに三台のプロジェクターからは、建築家の構想した未来都市のイメージ、あるいは地震や災害の風景が壁のドローイングに投影される。このプロジェクトには、デザイナーの杉浦康平、写真家の東松照明のほか、作曲家の

（右頁右より順に）［図2・3］　磯崎新、エレクトリック・ラビリンス、二〇〇二年　図版提供：キリンビール株式会社（［図7―9］同）
［図4］　小田マサノリ、EXPOSE 2002記念シンポジウム用非公式広報ポスター　図版提供：小田マサノリ（［図10・11］同）
［図5］　開会式のときのお祭り広場　出典：EXPO'70 ALBUM

一柳慧が参加し、会場を激しい音響が包む。当時、最先端のメディア・アートである。

ところで、磯崎は図面と仕様書を送り、現地で組み立ててもらったために、会場を訪れていないらしい。しかし、実物を見たものがほとんどいないまま、本人が語りを反復し、それがまた引用されたことによって、やがて神話化していった。

「EXPOSE 2002」展をめぐって

二〇〇二年、エレクトリック・ラビリンスは日本で初公開された［図2・3］。筆者も企画に協力したKPOキリンプラザ大阪開館一五周年記念展「EXPOSE 2002 夢の彼方へ　ヤノベケンジ×磯崎新」［図4］に出品されたのである。ただZKMから持ってきたわけではない。もとの企画を換骨奪胎し、大阪万博という日本的な文脈が展覧会の軸になったからだ。

同展は、美術評論家の椹木野衣がキュレーションを行い、万博の再検証を試みている。すでに二一世紀初頭の現在は、大阪万博のときに想像していた未来に突入しているからだ。そこで一九七〇年の万博を蝶番《ちょうつがい》として世代と分野の違う二人の作家を召還している。ひとりは建築家の磯崎新。お祭り広場［図5］、ならびに巨大なロボットのデメ［図6］やデクを手がけ、未来を演出した当事者である。もうひとりは彫刻家のヤノベケンジ。彼は子供の頃、万博の施設が解体された跡地で遊んだ体験が創作の原点になっており、未来の廃墟を原風景として育った世代だ。実際、その作品は未来的なロボットのデザインに影響されている。

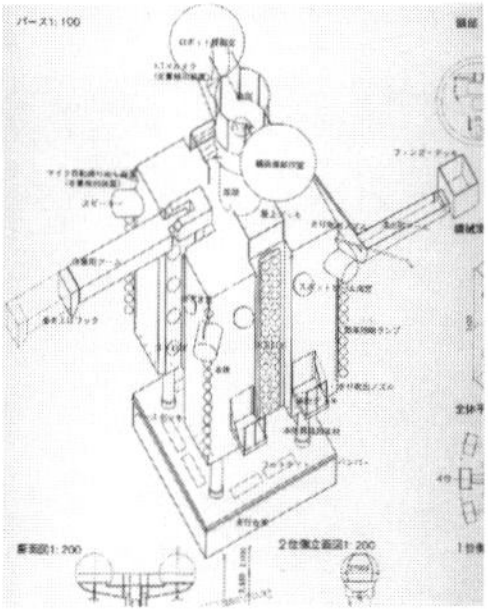

［図6］ 磯崎新のデメ 出典：お祭り広場装置仕様書

［図7］ ヤノベケンジ、ビバ・リバ・プロジェクト―スタンダ―、二〇〇二年

磯崎は一九三一年生まれ、ヤノベは一九六五年生まれ。ちょうど三四の歳の差である。今回三四年ぶりの復活だから、ニュー・デメを制作したヤノベの年齢のとき、磯崎はエレクトリック・ラビリンスを手がけていた。奇妙な符合である。ちなみに、日本の一九六八年を記録したドキュメント映画『にっぽん零年』が、ようやく封印を解かれ、初公開されたのも二〇〇二年だった（同年、「亜麻色の髪の乙女」も三四年ぶりのリバイバルとしてヒットしている）。万博三〇周年ということもあり、アニメ『クレヨンしんちゃん 嵐を呼ぶモーレツ！ オトナ帝国の逆襲』や浦沢直樹の漫画『20世紀少年』など、サブカルチャーの領域でも昭和のシンボルとして万博の建築群を再現するプロットが続いている。この展覧会は、そうした流れともリンクするだろう。余談だが、筆者は二〇〇五年の愛知万博において大阪万博の主要パヴィリオンを再現すべきだと本気で考えている。現時点では、それ以外に大失敗を避ける方法がないからだ。

キリンプラザ大阪の会場構成は、以下の通り。四階は、太陽の塔、デメ、日本館、タイムカプセル、解体されたエキスポタワーのイメージを変異しつつ、とりこんだヤノベケンジの新作「ビバ・リバ・プロジェクト―デメ―」が目玉である。万博へのオマージュといえよう。これと向きあうように、チェルノブイリの廃墟に落ちていた人形から着想を得たスタンダ［図7］を置き、二つのロボットが互いにお辞儀を繰り返す［図8］。六階は、磯崎のエレクトリック・ラビリンスである。また階段を利用したステップギャラリーや四階の小部屋では、民族学者の小田マサノリが、万博の関連資料を独自に収集し、批評的な視点から再構成した［図9］。「非公式記録」

［図８］互いにお辞儀を繰り返すスタンダ（左）とデメ

のポスターを張り、拒絶された万博のシンボルマークを掘り起こし、太陽の塔を占拠した目玉男に共感を寄せる。エディフィカーレの展覧会において槻橋修の手がけた円筒形のオブジェも組み込まれ、御神体のような存在として復活した（二〇三頁参照）。

幾つかの変更点について触れておこう。キリンプラザ大阪では、会場の関係により、四×四の一六枚というグリッド状のオリジナル配置をとらず、一二枚を六×二として二列に並べた。もっとも、中央の四枚は観客の動きを感知する赤外線のセンサーによって、自動的に回転するパネル、残りは手動のパネルとし、原型の雰囲気を残している。結果的に、エレクトリック・ラビリンスは、会場によって柔軟に変形可能であることが証明されたのではないだろうか。オープニングに訪れた浅田彰は、ＫＰＯヴァージョンを「地獄のパッサージュ」と述べ、これも高く評価している。なお、二〇〇三年一月、同展が横浜の赤れんが倉庫一号館に巡回したときは、一六枚のパネルをすべて使う、オリジナルと同じ形式で再現された。また映像の素材としては、９・11のグランド・ゼロや宮本隆司が撮影した阪神大震災の風景などが追加されている。

椹木は、ここ数年、美術評論や展覧会のキュレーションを行うなかで、必ず大阪万博の問題にぶつかってきたという[3]。それが「EXPOSE 2002」展を企画した最大の動機だった。なるほど、『日本・現代・美術』（一九九八年）において、前衛が反復する「悪い場所」をたどりながら、戦後の日本美術を遡行的に記述するなかで、ハンパク芸術に触れていたが、既成の枠組のリセットを試みた「日本ゼロ年」展

［図9］　小田マサノリ、夢の彼方で死産した未来と日本万国博覧会非公式記録のための地下収蔵庫広場（クリプテーク）二〇〇二年

（一九九九—二〇〇〇年）では、戦争と万博のテーマが浮上している。続く『「爆心地」の芸術』（二〇〇二年）の締めくくりでは、9・11の衝撃を受けて、「終りなき日常」の起源にある隠蔽された暴力に目を向け、日本の現代美術がほとんど戦争を描かなかったのに対し、サブカルチャーがずっと戦争をとりあげたのは、横断的な戦争記録画と本質的な結びつきがあるからではないかという。そして戦争と万博の関係を掘りおこす作業を継続している。

したがって、「EXPOSE 2002」展において、大阪万博で活躍したメタボリストの黒川紀章や菊竹清訓ではなく、丹下の仕事をバックアップした磯崎新が召喚されるべき理由も、そうした負の記憶にある。むろん、お祭り広場やデメは、もっとも知名度の高い大衆的な「建築」のひとつだろう。しかし、それゆえに、正当な建築史からはきちんと評価されていない。当時、彼らは、他の分野の前衛芸術家と同様、有望な若手建築家として国家の祭典である万博の総動員に駆りだされた。黒川や菊竹は、底抜けに明るい未来の建設を志向したが、磯崎は建築家でありながら、戦後日本の精神構造を形成した戦争の記憶を常に抱えている。そしてヤノベケンジの美術作品は、原子力時代のサバイバルがモチーフになっている。平和な風景にひそむ圧倒的な暴力。二人に共通するのは、「未来の廃墟」である。実際、これは展覧会のタイトル候補にもなっていた。

椹木によれば、ヤノベのスタンダとデメの対照性は、磯崎のお祭り広場とエレクトリック・ラビリンスの関係を反芻している(4)。廃墟から立ち上がるスタンダと「未来の廃墟」に引きずり戻すニュー・デメ。実験的な未来都市により、敗戦を忘却させるお祭り広場と「未来都市は廃墟である」ことを示すエレクトリック・ラビリンス。ゆえに、「両者は時空を超えて一対の作品なのだ」という。そして万博が志向したインターメディア・アートは、本来ジャンルの混在によって出発した「美術」の先祖返りだと指摘する。

さて、本論では、エレクトリック・ラビリンスとお祭り広場のデメが、われわれに与えうる三つのアクチュアリティを考察し、現代への補助線を引きたい。いずれも、「EXPOSE 2002」展の開催後、半年以内の出来事から新しい意味を帯びたものである。第一に、9・11以降に続く都市の破壊行為について。第二に、アトム生誕をめぐるロボットの発達。そして第三に、情報化時代における建築のあり方である。

ベトナム戦争とイラク戦争の「殺すな」

磯崎新は、「あらゆる理性的な構想や論理的な計画が、人間の非合理的で、衝動的な情念とでもいうべきものに、結局うらぎられ、くつがえされてしまうという、計画概念に内在する二律背反を提示すること」が、エレクトリック・ラビリンスのテーマだと説明している。[5] これは、同時期にプロジェクトを進めていた大阪万博への批判になるだろう。実際、壊れた未来的な構築物のドローイングは、お祭り広場の廃墟のようだ。また時代背景を考慮すれば、ベトナム戦争に対する抗議も意識していたのではないか。前述した高口のレビューも、ミラノ・トリエンナーレについて「政治的色彩は出さぬ前提であったといわれるそれらの展示は必ずしも、技術主

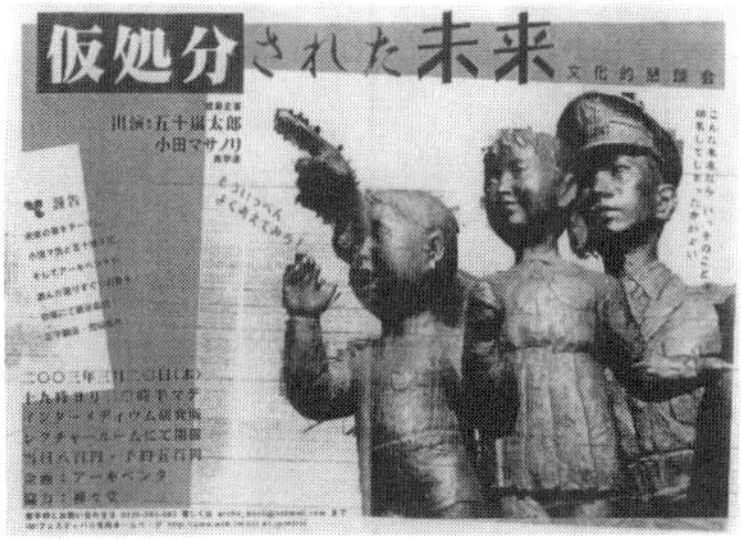

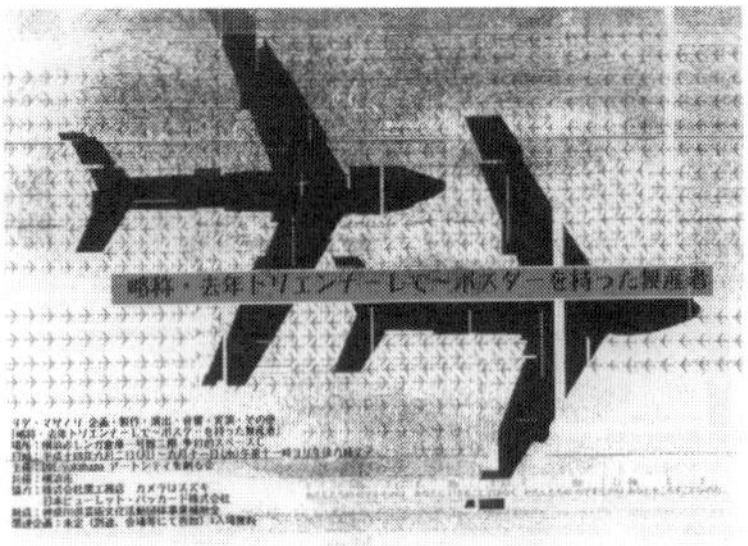

義的、政治ぬきのものではなかった。パリ・ゼネストの市街戦を再現したような、転覆した自動車と反戦アジポスター、ベトナムのいたましい写真による展示、あるいはマルチ・スライドによって写し出されたベトナムの殺戮、原爆で焼土と化した広島の写真の上に描かれた磯崎のプロジェクト……」と書く。

一方、大阪万博は明るい未来のヴィジョンを提案する。それは近代的な都市計画の実験場でもあった。しかし、磯崎は「いかなる壮大な都市計画も、背後に廃墟を背負っている」という(6)。常に背中合わせの理性と情念、あるいは建設と破壊。磯崎も楽天的な万博のプロジェクトに関わりながら、その限界を強く意識しており、引き裂かれていた。

現在、エレクトリック・ラビリンスが、いささか予言めいて感じられるのは、再制作時に新しい映像が追加されたように、阪神大震災や9・11の同時多発テロなど、近代化された都市に廃墟が不意にあらわれる風景を目撃したからだろう［図10］。そしてアフガンの空爆に続く、イラク戦争。世界最強の大国が「正義」を掲げ、最新のハイテク攻撃により、民間人の殺戮を引きおこす。もっとも近代の恩恵を享受したアメリカが野蛮に手を染めている。日本をモデルにするとされるイラクの戦後復興は、戦後日本の原風景を想起させるだろう。アメリカは、崩壊する世界貿易センタービルのイメージにとりつかれ、二一世紀において未来の廃墟を生産しつづける。

二〇〇三年三月二〇日、イラク戦争が始まった開戦の夜、筆者と小田マサノリは、アーキベンタの企画によりトークイベント「仮処分された未来」［図11］をＩＭＩ研究所で行い、反戦運動が話題になった。キーボードを叩き、反戦メールに署名を連

(右頁右)[図10] 小田マサノリ、「略称・去年トリエンナーレで」展の広報宣伝用ポスター。「仮処分された未来」ポスターの連作、二〇〇二年九月
(右頁左)[図11] 小田マサノリ「仮処分された未来」ポスター、二〇〇三年三月
(左)[図12]「殺すな」デモの準備風景 筆者撮影

ねることで満足すべきではない。毛利嘉孝が指摘するように、自然な行為と感じられるメディアは政治のリアリティを奪い、歪んだ「地球」を隠蔽するからだ。(7) それゆえ、路上のデモに参加し、旗を掲げ、声をあげること。もっとも、旧来のイデオロギー色の強い制度化されたデモとは違う活動が必要なのではあるが。

今度は「EXPOSE 2002」展の関係者が、一九六〇年代のベトナム反戦運動を再生させた。小田は、椹木野衣らとともに、多くのアーティストを巻き込みながら、「殺すな」という運動を展開している[図12]。これは一九六七年、べ平連がワシントンポスト紙に出した意見広告の言葉に由来しており、岡本太郎がそのデザインを担当した。活字として去勢された文字ではない。「殺」という漢字がもつ、まがまがしい雰囲気を表現した強烈な書体である。芸術だからこそ、力を発揮する抗議といえよう。前述のトークイベントにはヤノベケンジが駆けつけ、翌日のデモに参加できない代わりに、オブジェを託していった[図13]。人の頭から「殺すな」と記されたベロが出ているそれは、岡本の表現を確実に継承している。

椹木によれば、「肯定」と「否定」の安易な調停に至らず、「否」にとどまる岡本太郎の対極主義は、「生きよ」に結びつかず、「殺せ」を忘却させない「殺す・な」と同じ論理を持っている。(8) エレクトリック・ラビリンスも、建設と破壊の弁証法的な解決を拒否しており、矛盾する両者が分裂したままだ。いや、むしろ廃墟の側から鋭い批判を突きつけている。そうした意味で「殺すな」との共通性が指摘できるだろう。

［図13］ヤノベケンジ、「殺すな」プロジェクトのためのオブジェ　筆者撮影

建築の立場から戦争への批判的言及は可能か？

明るい復興計画は、戦争との共犯関係を結んでしまう。建設のための破壊になるからだ。しかし、レベウス・ウッズがサラエボで提案したかさぶた建築ならば、痛みを忘れさせない復興のプロジェクトとなる。戦災者のシェルターとしてのゲリラ的な構築物もつくられるだろう。あるいは、そもそも構築を拒否した鎮魂のモニュメントを提案すること。そして廃墟への想像力が求められているのではないか。二〇〇二年、ポール・ヴィリリオがパリのカルティエ財団で企画した展覧会「来るべきもの」は、鉄道、大型客船、スペースシャトルなど、新しいテクノロジーがもたらす、カタストロフを紹介していた。技術の進化は事故の発明だというのが、強度の飛行機恐怖症でもある彼の持論だ。

しばらくは流行らなかったが、アイロニカルな非現実的プロジェクトも有効性を持ちうるのではないか。一九六〇年代にスーパースタジオは、クリーンなテクノロジーが暴走するディストピアの都市を構想したが、もはや荒唐無稽な夢想だとは笑えないような事態が進行している。ゆえに、建築が恩恵をこうむる技術の逆説を通して、戦争という現実に対するより強力な批判的機能が発揮できるだろう。ハンス・ホラインは、巨大な航空母艦が丘の上に浮かぶ、フォトコラージュの「航空母艦都市」（一九六四年）により、暴力的な風景を提示する。そして究極の権力が望むメガロマニア建築を転倒させること。こうした文脈でも、エレクトリック・ラビリンスは再び注目されるべきなのだ。

鉄腕アトムとデメからPINOへ

お祭り広場では、万博のテーマ「人類の進歩と調和」の精神を「人間と機械の共存で表現」していた(9)。そこでデメロボとデクロボは、「演出用に考えられた可動なエンタテイメント装置としての性格を持ち広場内を行動する」ために出現した。なかばやけくそ気味の命名であり、ユーモラスな造形だったとはいえ、催し物ロボットのデメ（出目）と管制塔のデク（木偶の坊）は、磯崎好みの幾何学によって構成されていた。デメの胴体は五・四メートル四方の正方形、二つの目玉は球体の操縦室である。

一九六〇年代に磯崎はSF小説を徹底的に読み、その未来都市のイメージをまとめる作業を試みていたという。ロボットも未来の象徴である。磯崎の回想によれば、初めての挑戦だったために、開発は「プロジェクトX」のように困難をきわめた。制作を引き受ける車両メーカーをなんとか探し、月尾嘉男がプログラムを書いている。しかし、時代の限界を感じさせるのは、サイズだろう。かろうじてデメは人型だったが、約一二―一四メートルの伸縮可能な身長はもはや建築的なスケールである。建築としてのロボット。一九六〇年代は動く建築が熱望された時代でもあった。

一方、一九九〇年代の終りから登場したロボットは、犬型のAIBOを嚆矢とする、むしろ小さなものだった。やはり、一九七〇年前後に磯崎が構想を暖めていたコンピュータ・エイデッド・シティが巨大なマザー・コンピュータのイメージを継承していたのに対し、実現されつつある情報都市は、小さな端末をばらまきながら、

[図14]　松井龍哉デザインのPINO

神経系のネットワークによって結ばれている。幾つかの人型ロボットを見よう。ソニーのSDR-4Xは、身長五八センチ。二〇〇一年に発表されたホンダのASIMOは、身長一二〇センチ、体重四三キロの二足歩行のロボットである。現在、頭を動かしながら、CCDカメラで周囲を見まわし、一〇〇人までの人間の顔と体を認識できる性能をもつ。情報処理可能な人数は、いずれ爆発的に増え、監視にも活用できるだろう。そしてピノキオからとった名前のPINOは二〇〇〇年に発表された。身長は七〇センチ、明らかに幼児をイメージしたデザインである[図14]。

PINOをデザインした松井龍哉が、短期間とはいえ、丹下健三に師事していたことは興味深い。磯崎も丹下の弟子であり、そのマスタープランのもとで、デメを手がけていたからだ。つまり、同じく丹下に関わった磯崎と松川の作品は、三〇年のあいだのロボットの変化を象徴している。もっとも、ロボットの技術はいまだ開発途上であり、松井によれば、ロボットのための都市を構想すると、わずかな段差も大きな障害となり、徹底的なバリアフリーの空間が求められるという。弱者としてのロボット。AIBOにしても、犬という表象であるために、能力不足によるディスコミュニケーションがあらかじめ許容されるどころか、かえって犬らしさを強調し、人間の感情移入をうながす。またハイテク風ではなく、かわいいデザインであることも、インターフェイスの上で重要だろう。

日本の人型ロボットは、なぜかくもかわいいのか

二〇〇三年四月七日に誕生日を迎えた鉄腕アトムの影響は少なくない。五〇年前

に漫画の連載がはじまり、四〇年前に初の国産テレビアニメとなった最も有名なロボットの物語。ヤマトでもガンダムでもない。日本のSFサブカルチャーは、アトムから始まった。これを見ていた子供たちが技術者となり、ロボットを開発している。松井は、「ロボット研究者の、アトムへの思い入れは、すごいものがあります」という。[10] 受け手も同じ感覚を共有し、ロボットの未来を手塚治虫の漫画に重ねあわせている。[11]

アーティストはどうか。ヤノベケンジは、アトムカーを制作したり、アトムスーツを着て、チェルノブイリの廃墟を訪問していたが、その命名から容易に鉄腕アトムを連想させるだろう。しかし、小田マサノリが論じたように、ヤノベや村上隆の作品は見かけのかわいさとは裏腹に、放射能の汚染といったテクノロジーの深刻で暗い側面を内に秘めている。[12] 椿昇が「国連少年」展（二〇〇三年）で展示した巨大なロボットの機能も、かわいい熊のぬいぐるみという表象からは予想できない、劣化ウラン弾の処理を想定していた。ＡＩＢＯには、こうしたアイロニーがない。もっとも、松井は「人間に似せ過ぎてロボットを作ると、ある種の気味の悪い感覚が出てくる」と述べ、リアルなピエロ的デザインにより、不気味さを狙ったＰＩＮＯのバージョンも制作している。

アトムは天馬博士の事故死した息子の代理としてつくられた。だが、やがて人間のように成長しないために捨てられ、サーカスで働く。スピルバーグ監督の映画『Ａ．Ｉ．』の設定と似ているが、偶然とは思えない。それはスタンリー・キューブリックの原案だからだ。彼はアニメ版のアトムを見て、『２００１年宇宙の旅』の美術を手塚治虫に依頼しようとしたことがあった。もっとも、西洋的な人造人間の表象は不気味である。例えば、『A.I.』の少年は、執拗に母を求めるが、リアルな顔だけに気持ち悪い。一方、アトムは人型ながら、マンガ的に抽象化されたキャラである。またフランケンシュタインのように、自らを創造した博士への復讐も考えない。それどころか、捨てた父を探そうともしない。

二〇〇三年、新興宗教ラエリアンムーブメントの関連企業クローンエイド社は、日本人のクローン誕生を発表した。真偽は不明だが、その設定は興味深い。科学者夫妻の交通事故死した男児のクローンだからだ。アトムと同じ年に生まれ、現実がフィクションを追いかけているかのようだ。ただし、子供の代理がロボットではなく、クローンであることは大きな違いだ。五〇年前には予測できなかった科学の進歩を反映している。だが、あまりによくできたシナリオゆえに、アトムの物語を模倣したのではないかと邪推したくなる。

『鉄腕アトム』の未来に、われわれは追いついてしまった。物語の設定によれば、アトムの生みの親である天馬博士は一九六六年生まれ。筆者とひとつ違いの同世代だ。漫画は未来の建築も描く。未来派風の科学省のロボット工場。高層ビルの真中を通り抜ける高架のハイウェイ。空中を浮くクルマ。バス型のヘリコプター。宇宙空港や半球の海底基地。偏差値教育を管理する巨大なマザー・コンピュータ。ロボット選手権の円形闘技場。前衛的なデカブツビル。家全体が子育てを行う、丸みをおびたロボットハウス。表現主義やライト風の建築もある。二〇世紀前半のにぎやかなモダンデザインをつなぎあわせたものだが、大阪万博のパヴィリオン群とも似ていよう。こうした未来都市のイメージは頻繁に繰り返され、今や懐かしささえ感じるが、敗戦直後の日本では斬新だったに違いない。『鉄腕アトム』によれば、二〇〇〇年の東京は「21世紀の新しさと20世紀の古さがごちゃまぜになったおかしな大都市」である。意外に予言はあたっているのではないか。

二一世紀のソフト・アーキテクチュア

一見対照的なお祭り広場とエレクトリック・ラビリンスには、共通点も認められる。例えば、いずれもグリッド状のフレームによる変形可能な構造をもつ。だが、前者は啓蒙を担う会場における樹木状のヒエラルキー空間の要だったのに対し、後者はいわばお化け屋敷であり、人を迷わせる空間だ。もっとも重要な共通点は、ともに建築を見せることが狙いではなく、各種のメディアを活用し、インタラクティブな環境の生成をめざしたことである。デメは、走行台車でお祭り広場の下を動き、照明や音響の装置のみならず、霧や匂いを噴出する穴をもち、五感を刺激する「催し物ロボット」だった。そしてエレクトリック・ラビリンスでは、来場者が近づくと、センサーによって、きしむようなノイズの大音響が鳴り、パネルが自動回転するほか、一部のパネルは手で押しながらまわす。

一九七〇年、磯崎は二つのプロジェクトを「装置化空間モデル」と位置づけ、両者をつなぐ概念として「ソフト・アーキテクチュア」を掲げている[13]。そして「建築は環境を決定づけるメディア自身になる」と宣言した。「建築はもはや固定している必要もなく、空間に時間的な意味が加わり、当然のことながら、人間との対応関係にある種の新奇さを開発する必要がでてくる」。ハードとしての建築が物理的な壁をつくるのに対し、ソフトとしての建築は「応答場としての環境」を生む。かたちではなく、状況の発生する場所。これは一九六〇年代に唱えていた「見えない都市」論から導かれたものだろう。丹下健三も、こうした考えを共有しており、お祭り広場に触れて、こう述べている。「私はソフトウェア・エンヴァイロンメントといったことに興味をもちはじめています。……人間と環境との関係が……情報的に成りたっていて、相互にフィードバックがなりたつようなそういった環境だと思うのです[14]」。

当時は建築の情報革命が最初に議論された頃であり、人間―機械系のサイバネティックスもトピックだった[15]。本来、建築（archi-tecture）の原義は、諸技術を統合するものだから、時代に対応した概念の変更といえるかもしれない。なお、『建築文化』一九七〇年四月号の万博特集は、興味深いパビリオンの分類を行っている。物理的な展示、空間の構成、劇場型の演出など、幾つかのタイプを挙げているのだが、「エレクトロニクスや映像効果を組み合わせてつくりだされる幻覚的環境構成によるもの」を「エレクトリック・ラビリンス・タイプ」と命名しているのだ。例えば、電気通信館や東芝ＩＨＩ館である。磯崎のプロジェクトにならって、このカテゴリーを考えたことは間違いない。

ところで、エレクトリック・ラビリンスの再制作を担当したのが、磯崎アトリエと関わりつつ、SLowMedia を主宰する若手建築家の日高仁である。彼は、一九九

［図15］ RE［　］、TG／重力の塔、二〇〇二年　図版提供：RE［　］
（［図16］同）

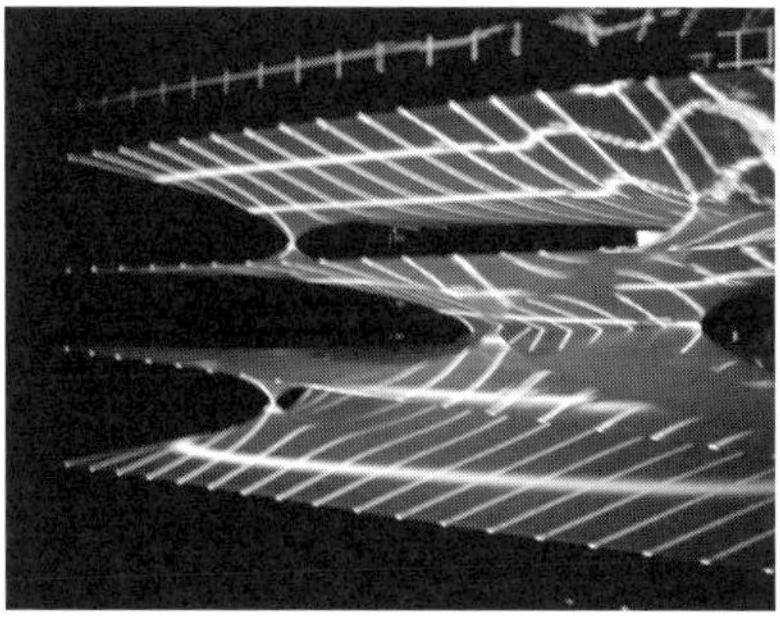

［図16］ RE［　］、演奏可能な空間装置

三年にRE［　］/Responsive Environmentというユニットを結成し、他分野のアーティストとコラボレーションを行いながら、建築、音楽、ダンス、映像、デザインの領域を横断するパフォーマンスやインスタレーションを発表してきた(16)。これを彼が始めたのは、磯崎アトリエに所属する以前であり、まだ「ソフト・アーキテクチュア」論を知らなかったという。にもかかわらず、RE［　］が意味するのはまさに反応する環境であり、すなわち「応答場としての環境」とよく似ていよう。日高がエレクトリック・ラビリンスに関わったのは偶然ではない。磯崎は、彼の活動を知って、このプロジェクトを任せたようだ。

RE［　］は、当初ビデオ・インスタレーションを検討した時期もあったらしいが、実際の制作では、作品におけるスクリーンへの欲望が一貫している。ナム・ジュン・パイクのアートはブラウン管という箱にこだわり、スタジオ・アッズーロの表現はビデオからスクリーンに移行したのに対し、彼らは大きさが伸縮可能なスクリーンの世代といえよう。例えば、TG／重力の塔（二〇〇二年）［図15］のインスタレーションは、二枚のスクリーンを立て、そこに塔をめぐる映像を投影する。人はなぜ高く、高く、塔を築くのか？　そしてなぜ崩すのか？　このバベルの塔を思わせる問いかけは、建設と破壊の循環を示唆しつつ、スクロールするタイポグラフィによって重力と切り離された「意識のタワー」を表現する。エレクトリック・ラビリンスが、ユートピアの建設と現実の廃墟を同時に提示していたように。

二〇〇三年四月、名古屋のカフェ・ジーベックにおける展覧会において、RE［　］は、「ソフト・アーキテクチュア」のプロトタイプ01として「演奏可能な空

[図17] nest [coded:decoded] 図版提供：ｎｅｓｔ

間装置」の模型を発表した[図16]。複雑な三次元の曲面をつくる半透明のスクリーンを層状に重ね、そこにエレキ・ギターからの音を変換した映像を投影する。柔らかい皮膜は変形し、映像は歪められる。このプロジェクトでは、やはり一〇年程の活動歴をもつインターメディア・パフォーマンス・ユニットのｎｅｓｔが制作に協力している(17)。いずれも建築家の所属する若手の集団だが、RE[　]は建築を中心としつつ、外部のダンサーや演奏家と共同するのに対し、ｎｅｓｔはダンサーを抱え、ＣＭプロセスという独自の身体の動きを開発している[図17]。そして計算された美を演出するダムタイプとは違い、ｎｅｓｔはばらばらな動きの生成変化を一定時間で切りとり、偶発的な都市の様相を再現しようと試みる。

こうした活動は、音楽と建築を接続するクセナキス、あるいはサイバーアーキテクチャーやディラー＋スコフィディオの系譜にも連なるだろう(18)。もっとも、日高の場合、エレクトリック・ラビリンスの仕事を経て、磯崎の「ソフト・アーキテクチュア」を意識的に参照し、現在に継承する方向性を示したことは興味深い。テクノロジーの進化と今後のRE[　]の作品によって、エレクトリック・ラビリンスの新しい意味が再発見されるかもしれないからだ。磯崎は、一九八〇年代に建築の概念を拡張して解体に向かうが、一九七〇年代は自律的な建築の形式に回帰している。だが、一九九〇年代の海市のプロジェクトでは、建築を溶解させるような情報化の動向に関心を抱き、他者の介入によるシステムの作動を試みた。磯崎にとって、建築的なものと非建築的なものの葛藤も大きなテーマである。エレクトリック・ラビリンスは、両者のせめぎあいを凝縮した作品だった。

一九六八年の事件は、二〇〇二年に継ぎ木された。
エレクトリック・ラビリンスの可能性はいまだ開かれている。

〈註〉

（1）高口恭行「閉鎖された14回ミラノ・トリエンナーレ」（『建築文化』一九六八年八月号）
（2）例えば、『建築』一九六八年一一月号では、「サイケデリック・スペース」という記事があり、それが「東洋的神秘さ」を志向し、「サイケデリック・スペースの共通の要素は迷宮性にある」という。
（3）「磯崎新インタビュー　1970年、大阪万博を語る」（『EXPOSE 2002』キリンプラザ大阪、二〇〇二年）における発言。
（4）椹木野衣「戦争と万博」（『美術手帖』二〇〇三年一月号）
（5）『a＋u』一九七二年一月号
（6）『SD』一九七六年四月号
（7）毛利嘉孝「新たに想像されつつある「地球」という共同体」（『10＋1』七号、一九九六年）
（8）椹木野衣「今日（こんにち）の反戦運動」(http://www.tententen.net/korosuna/)
（9）お祭り広場の装置解説書による。
（10）『東京人』二〇〇三年四月号
（11）『LIVING DESIGN』二〇〇〇年一・二月号
（12）MASANORI ODA 'WELCOMING THE LIBIDO OF THE TECHNOIDS WHO/WHICH HAUNTS THE JUNKYARD OF THE TECHNO-ORIENT, OR THE UNCANNY EXPERIENCE OF THE POST-TECHNO-ORIENTALISM MOMENT'

（"THE UNCANNY"ARSENAL PULP PRESS, 2001）

（13）『建築文化』一九七〇年一月号、拙稿「１９６８年と１９７０年のあいだ〜電気的迷宮と万博の時代」（『EXPOSE 2002』アートビートパブリッシャーズ、二〇〇二年）も参照されたい。

（14）『新建築』一九七〇年五月号

（15）例えば、『建築文化』一九七〇年二月号の特集は「コンピュータと建築」であり、『建築文化』一九六八年七月号には、ヴェ・イ・ヴィコフの論文「建築とサイバネティックス」が掲載されている。

（16）二〇〇三年の時点では、RE［　］は、日高の他、西澤高男、河内一泰、遠藤拓己、山代悟によって構成されている。

（17）ｎｅｓｔのウエブは、以下を参照。http://www.nestv.com/
筆者とｎｅｓｔのトークショーは、以下のＵＲＬにおいて読むことができる。（http://sa.i124.net/~hamanaka/decoded_talk.html）

四章

テロリズムと恐怖の空間

〔図1〕アレフ三和道場　筆者撮影（図4・7–12まで同）

セキュリティ戦争の都市

窓のないオウム／アレフの施設

二〇〇二年、アレフに取材を申し込み、三和施設、八潮道場、世田谷本部を見学する機会をえた(1)。茨城県の三和施設は元工場、埼玉県の八潮道場は元倉庫、そして世田谷本部は古いアパートの数室を借りたものである。いずれも本来は別の施設を転用したリノベーションの物件だ。かつてのサティアンはオウム真理教の信者が共同作業のセルフビルドで建てたものだが、一九九五年の地下鉄サリン事件以降、彼らは宗教空間を新築していない。にもかかわらず、その空間の印象はきわめてよく似ている。例えば、三和施設は、荒木浩が自ら言うように、サティアンのような施設だ。むろん、ここはもともと工場だったから似ているのは当然である。しかし、その類似が強調されるのは、彼らが内部は積極的に増改築しているのに、外観には一切手を加えていないからだ。

何の変哲もない平和な風景だった。三和施設の周囲には、畑と中小企業の工場が続く〔図1〕。八潮道場は、綾瀬駅からバスで三〇分程であり、高架道路の横に寄りそうように建っている〔図2〕。世田谷の本部も外観はただのアパートでしかない〔図

［図2］ 八潮道場

3」。環境に溶け込むような普通の建物ゆえに、それだけを見てもアレフの施設であることは決してわからない。だが、現場にいくと、それがアレフの施設だと認識させるものがある。例えば、オウム出ていけの看板。三和施設と八潮道場は、こうした憎悪に満ちたメッセージに囲まれている。世田谷の本部の向かいには、大きな垂れ幕がかかっていた。また住民の監視小屋が付随している。八潮道場では、監視カメラが建物に向かって設置されていた。さらに警察や公安、ときにはメディアの人間が、凡庸な建物をとりまいており、異様な雰囲気と緊張感を漂わせている。

筆者が三和施設を訪れたときも、知らない男からいきなりあなたが五十嵐さんですね？と入口で質問された。直前まで荒木に携帯電話で場所を確認していたから、おそらく盗聴していたのだろう。あるいは、メールと電話で見学を申し込んだことも知っていたのかもしれない。ともあれ、わざわざ声をかけたのは、アレフに関わる方は監視していますよというメッセージなのだろう。ここ数年、新宗教の建築を研究しているので、いろいろな教団の施設を訪問したが、団体規制法にもとづく観察処分が続くアレフに対してだけは、例外的に国家権力が強く働いている。

アレフの施設が外観をいじらない理由は幾つか考えられる。とげとげしい環境において不用意に目立たないこと（だが、近辺の住民はそれがアレフのものだと誰もが知っている）、信者にとって効果がないこと（そこに住む信者は強い意志で滞在しており、建築のデザインは大きな問題ではない）、内部のリニューアルに精一杯で余裕がないこと（外部を飾る資金があれば、被害者の賠償に使うべきだろう）などだ。突き刺さるような視線に対し、装飾は批判と攻撃のネタを提供するだけだろ

［図3］ 世田谷道場

う。その結果、内部は宗教と居住の空間でありながら、外部は工場や倉庫という断絶が起きている。外部のデザインは内部のプログラムを表出すべきという近代建築の機能主義ではない。むしろ、外部と内部はばらばらにふるまう。

かつて迫害されたユダヤ教の会堂シナゴーグも、外観には宗教建築らしい表現がなかった。例えば、ヴェネチアのゲットーでは、見た目では宗教建築だと判別できないシナゴーグが幾つか存在する。そうした歴史ゆえに、ユダヤ教独自の様式のファサードを確立することができず、後にシナゴーグを建設するときもイスラムや中近東のデザインを借用した。むろん、キリスト教の教会も初期には壮麗な外観をもっていなかったし、弾圧されていた時代には、隠れた宗教空間をつくっていた。オウムも似た状況にある。

八潮道場はすべての窓をふさいでいる。外界からの侵入を恐れるかのように。むろん、ただでさえ、窓の少ない倉庫だが、修行に集中することも大きな理由である。天理教から分派したほんみちは、戦時中に公然と天皇批判を行ったことから激しく弾圧されたが、その記憶のせいか、現在も施設は閉鎖的である。大きな塀に囲まれ、出入りのチェックも厳しい。

オウムの閉鎖性は、窓のないサティアンに象徴される。それゆえ、サティアンに縁側をつくろうといった論考もあった[2]。サティアンという言葉は、建築界において窓の少ない閉鎖的なデザインの代名詞として通用している。西沢立衛のウィークエンド・ハウスという美しい住宅作品も窓がなく、サティアン風と呼ばれた（一四八頁参照）。実はこれも、森のなかの一軒家であるために、防犯上の理由から、外壁にほとんど開口部をもうけていない。

市民社会の監視と透明性

オウム／アレフは、きわめて伝統的な村社会の監視を復活させたのではないか。オウムがやってくると、崩壊しかけていた地域共同体は刺激され、反オウムという旗のもとに集結し、共同体を再生する。我監視するがゆえに、我在る。他者の監視によって自己のアイデンティティが確保される。行き場のない信者たちが日本を流浪すれば、各地で村おこしができるかのようだ。施設の公開日も、住民が牽制しあい、メディア以外は誰も訪れないことが多いという。しかし、同時に現代的な特徴は、メディアの目によって、オウムの悪い情報だけは瞬時にして日本全国に放映されることだ。彼らは複数の監視に囲まれている。

森達也は、監視小屋の住民から次のコメントをもらっている[3]。「何が怖いのか、怖くないのか、実のところはよくわからない。しかし、わからないうちは監視をやめることはできない」。だが、いったん疑いだせば、もはや理解して安心することはないだろう。やがて監視は自己目的化し、永遠にやめられない。森はいう。「オウムの施設の窓の内側からこちら側を眺めれば、歯茎まで剝きだしになった市民社会の正義が、まったく違う側面からはっきりと映しだされる」と。森は、地下鉄サリン事件の後、われわれが他者に対する許容力を失い、市民社会が強者として抑圧的に働くようになったという。

市民社会は、疑惑の対象の閉鎖された壁をこじ開け、透明性を要求する。そうし

［図4］　山本理顕、広島市西消防署

た欲望に応えたのが、長野県の知事室を一階に置き、ガラス張りにした田中康夫だろう。一九九〇年代の建築でも、文字通りの透明性は流行した。山本理顕も、ガラスという素材のみならず、公共建築のシステムや建設プロセスの透明性にまでこだわっている［図4］。透明な場所では悪いことはできない。実際、ガラスのエレベーターの方が犯罪発生率が低いというデータがある。地下鉄サリン事件の後、交通機関ではゴミ箱が撤去されたが、韓国の新空港では、おそらくテロ対策のために透明なゴミ箱を設置していた。また街角では住民に分別を徹底させるために、ゴミ袋の透明化も進んでいる。妹島和世の再春館製薬女子寮が監獄のようだと指摘されたように、可視性のある透明な空間は監視を連想させるだろう。そもそもフーコーが注目したベンサムのパノプティコンは、刑罰のための重くて暗い不透明な監獄を、矯正のための軽くて明るい透明な監獄に変えたことが建築的に重要だったのではないか。ベンヤミンも、透明なガラスのユートピアはファシズムの世界であると看破していた。

　究極のセキュリティ社会を描いたSF映画『マイノリティ・リポート』も、透明なイメージにあふれている。水、透明なスクリーン、玉のころがるガラスの筒、そして建築。二〇五四年のワシントンD.C.では、予知能力とハイテク監視システムが連動し、犯罪を未然に防ぐ。疑惑のイラクに対し、先制攻撃権を行使したアメリカのように（これはセキュリティのための戦争である）。街にあふれる広告のスクリーンは、瞳の虹彩に反応し、歩行者をすぐに特定してしまう。そうした未来社会の要となる犯罪予防局について、スピルバーグは「透明性をもった組織だというア

［図5］　渡辺誠、新国会議事堂案

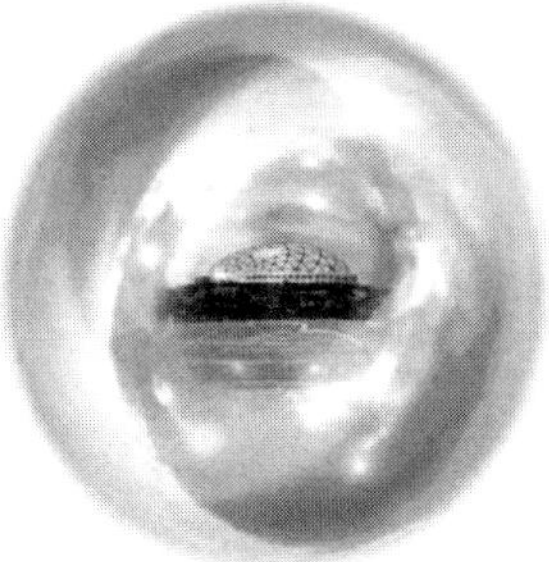
［図6］　国土交通省の新都市イメージ図　出典：新国会の移転ホームページ

イデアを気にいっていた」という。プロダクション・デザイナーのマクドウェルは、プリコグという予言者を除いて「犯罪予防局が隠しているものはなにもない」と説明し、水の波紋を意識した螺旋形をモチーフにした(4)。フランク・ゲーリーの過激なデザインも参照したらしい。ところで、日本では、この映画は実際に警察の防犯キャンペーンのポスターとしても使われており、その諧謔性が無効化されている。

建築家の渡辺誠の提案した新国会議事堂のプロジェクトは、すべてが透明なガラスのクリスタル・タワーだ［図5］。壁や天井がすべて特殊なガラスであり、外から内部が見えることを謳う。ただし、秘密の会議を行うときには、部屋のまわりを不透明にすることもでき、隠していることがわかるようになっている。かたちを変える可能性もあるのだ。これはいささかSF的なアイデアだが、国土交通庁のパンフレットに掲載された新国会議事堂のイラストも、透明な大ドームをもち、「国民に開かれた政治・行政」を強調している［図6］。逆に、透明性を拒絶する公共建築は怪しいと思われるだろう。透明性のイデオロギーは、ノーマン・フォスターによるベルリン国会議事堂のドーム［図7］や、ドミニク・ペローによるパリの新国立図書館など、九〇年代のヨーロッパを代表する大規模な公共建築にも指摘しうる。

二〇〇二年、情報化社会に対応すべく新しい首相官邸が完成した。新首相官邸の本館は、ライト風の重厚な旧首相官邸と違い、全面的なガラス張りの透明建築である（二重の強化ガラスだが）。流行の「開かれた官邸」だ。コンセプトにも「親しみのある空間」を掲げ、東西南のファサードにガラスをふんだんに使い、「明るい透明な印象をもたせること」をめざす。しかし、実際は以前よりも厳重な管理体制

［図7］フォスター、ライヒスターク、ベルリン国会議事堂のドーム

をとり、報道陣のアクセスできる領域は減少した。また隠し廊下などにより、首相の動きは不透明になり、かつてのような首相と記者のつながりを断ち切る。その性質上、詳しい情報は明らかにされていないが、地下には、危機管理センターと情報集約センターを設置し、五階の執務室から隠しエレベーターにより直行できるという。そして緊急時のために、屋上にはヘリポートを設けている。

ガラスの透明性など、しょせん建築的なイメージに過ぎない。それは市民が公の権力を監視していると満足させるための偽装ではないか。逆に、不可視化の方法によって、ますます監視され、透明な器に浮かんでいるのは、市民の方だろう。

過剰露出都市・東京

地下鉄サリン事件は、犯罪者に対する超法規的な措置もやむを得ない状況を生みだした。同じ一九九五年に発生したもうひとつの事件、阪神・淡路大震災は、終りなき日常の日本において非日常の空間を現出させた。一九四五年に封印された敗戦の風景がよみがえる。そして「非常時に都市計画の根本が問われている」がゆえに、危機管理の都市計画が叫ばれる[5]。日本の戦後史を揺るがす二つの事件では、サティアンにおいて宗教が建築を見捨てたことやディコンストラクティヴィズム（脱構築主義）建築の終焉などが指摘された。しかし、それは狭い建築界においてのみ通用する言説だ。一九九五年の二つのカタストロフは、「建築の終り」という生易しい事態を招いたのではない。いずれもが都市の軍事化への道を開いた。そしてセキュリティの強化は、自由な公共空間の衰弱を招くだろう。

一九九五年、自動車のナンバーを読みとるNシステムがオウムの捜査に貢献したとされ、注目を浴びた。その直後、警察は一九〇億円の補正予算をさらなる導入にわりあてる。Nシステムは、一九八六年に完成し、一九九〇年は一〇〇以下だったが、九五年以降に急増し、現在は七〇〇を超えた。東京では一〇〇カ所が確認され、全国の七分の一を占める。[6] そして下町に偏在しているのは、成田闘争に関わる過激派を偵察するためではないかと推測されている。Nシステムの導入後も自動車盗難事件の検挙数がさほど増えていないことから（Nシステム王国の東京は全国で検挙率最下位だという）、むしろ公安の情報収集が大きな目的ではないかと疑われているという。いずれにしろ、Nシステムを通過するクルマの走行記録は、自動的に蓄積されている。

一方、一般のドライバーのために、GPSを活用し、Nシステムや速度取締機の存在を警告する機能をもつ製品も市販されている。つまり、路上はハイテク戦の様相をみせはじめている。ナンバーの読みとりは、民間の駐車課金システムでも利用されているようだ。例えば、東京・玉川高島屋の駐車場を利用すると、自動的にクルマのナンバーがカードに書き込まれ、きちんと精算をしていれば、出口でバーが自動的に開く。

二〇〇二年二月二七日、新宿歌舞伎町に五〇台の監視カメラが設置された。被写体を追尾できるドームカメラ三一台、デジタルズーム三〇倍以上の固定カメラ一八台、高感度カメラ一台の三種類が導入されている。[7]「カメラ作動中」の表示板も約三〇〇カ所に設置された。そして電話回線により、二四時間リアルタイムで警視庁

［図8］　地下鉄渋谷駅入口の監視カメラ

に映像が送られ、HDDレコーダーに録画される。警視庁の発表によれば、運用開始から半年で、二九件の映像データを提供し、暴力団員や「来日不良外国人」らの関わった一三件が検挙された。犯罪件数も昨年比で一一・五パーセント減少したという。

もともと歌舞伎町の単位面積当たりの凶悪事件発生率は、東京都全体の約一九六倍であり、地元商店街組合からも街頭防犯カメラシステムの要望があったという。そして本格的な導入の契機になったのは、雑居ビルが放火されホテルニュージャパン火災の死傷者をしのぐ、四四人もの犠牲者をだした二〇〇一年九月一日未明の事件だった。恐怖のランドスケープが監視カメラを増殖させる　警視庁のホームページによれば、女性や子供が安心して歩けるまちづくりを推進するために、スーパー防犯灯のシステムが都内四地区（世田谷区祖師谷や杉並区浜田山など）に新しく設置された。これは防犯カメラ、非常ベルを鳴らす赤色灯、テレビ電話で警察官と通話できる緊急通報装置を合体させたものである。スーパー防犯灯は二〇〇一年に初登場し、二〇〇二年度には「安全・安心モデル街区」の一〇地区で整備を進めている。

民間でも同じ流れが認められる(8)［図8］。早い事例では、一九七八年に住民運動によって防犯カメラを導入した吉祥寺の歓楽街が挙げられる。二〇〇〇年、東京では、上野中町商店街にカメラ二四台とモニター一台、中野ブロードウェイにカメラ八台とモニター一台、池袋曙町商店街にカメラ四台とモニター三台を導入した。もっとも、大阪市のあいりん地区では、プライバシーの侵害をめぐる訴訟になっている。

しかし、警視庁によれば、東京では「環境の浄化」に役立ち、大きな苦情はないという。ドームカメラは、カラオケ店などでも使われているし、直径二ミリ程のピンホール型ミニュチュアカメラも市販されている。後者は、まるでテロリスト制圧のために使われるようなタイプだ。また「万引防止・威嚇に最適」という謳い文句で、本物と同じパーツを使用した本格的なダミーカメラも販売されている（最近はなんちゃって監視カメラも雑貨店にある）。

セコムのホームカメラシステムは複数のカメラを使う(9)。ホームモニターは、カメラのセンサーと連動し、最大九二枚の静止画像を記録する。留守モードにしておいて、帰宅時に再生すれば、外出時の訪問者を確認できる。そしてセンサーライトカメラは普段人が来ない場所に設置し、人が近づくと威嚇照明を行う。

ココセコムのシステムは、GPS技術と携帯電話のネットワークを活用し、小型専用端末を所持した利用者や車両の位置情報を提供する。そして要請があれば、全国一〇〇〇カ所の緊急発進基地からセコムの対処員が現場に急行する。子供や痴呆老人のセキュリティが商品化されている。またBフレッツのブロードバンドのCMでは、幼稚園の映像を家庭に送ることで、幼児の安全性を確保できるメリットを強調していた。独り暮らしの老人については、毎日ポットを使用しているかどうかを遠隔地から確認できるシステムも提案されている。監視されるとは、保護されるべき存在として扱われることなのだ。

監視だけではない。一九九〇年代には、カメラ付きのケータイとデジカメが普及し、あらゆる場所が頻繁に撮影されるようになった。過剰露出都市の誕生。一般市民が事件の現場を撮影する可能性も増大している。実際、昨年のATM爆破事件の瞬間がカメラ付きのケータイで撮影され、その映像が新聞に使われる事態はすでに発生した。ヴィリリオは、戦争の警察化を予言しつつ、以下のアメリカの言葉を紹介していた[10]。「21世紀の最初の25年間のうちに、われわれは、地表面上を移動するいかなる物体をも事実上リアルタイムで探知・追尾・攻撃しうるようになるだろう」。透明性よりもカメラの遍在によって超パノプティコン空間が実現される。そしてフィリップ・テイバーは、ビデオカメラが加速させる世界の全映像化により、もはや建築は生き残る資格がないという[11]。

軍事化する東京

一九九七年八月、神戸・淡路大震災を踏まえ、マグニチュード七・二を想定した「東京における直下地震の被害想定に関する調査報告書」が発表された[12]。人的被害は、死者七一五九人、負傷者一五万八〇三二人、避難者一五一万人、帰宅困難者三七一万人である。建物の被害は、全半壊約一四万三〇〇〇棟、環状七号線やJR中央線沿線など木造住宅密集地域を中心に焼失約三八万棟、ライフラインへの影響は、断水約一五〇万戸、停電約五四万戸、ガス供給停止約一三〇万戸を報告している。

こうした被害想定にもとづき、地震に強い都市づくりのために、一〇年をかけて不燃領域四〇パーセント以上をめざす木造住宅密集地域整備プログラム、川や公園を活用した防災ネットワーク形成、インフラや公共建築の耐震補強、木造都営住宅の建替による集約・立体化、傾斜地の安全化などが掲げられた[8]。ちなみに、警察庁科学警察研究所のGIS（地理情報システム）を活用した東京二三区内における犯罪の分布図によれば、空き巣狙いやひったくりは木造密集市街地で多発している。低層建築の密集度や道路の整然性が犯罪の発生率に関わっているという。防犯という視点からも木造密集地域が批判されているのだ。

東京都では、大地震に備え、乾パン二〇〇万食や即席めん五〇万食、毛布六六万枚や肌着二〇万組のほか、米六二五〇トンを倉庫四八カ所に備蓄している。そして一、二日目は乾パンを支給、三日目以降は炊き出しを行う予定だ。また断水を想定し、都民一二〇〇万人の四週間分の飲料水を確保し、どの住居からも二キロ以内の一カ所になるよう設置された給水拠点を定めている。警戒宣言が発せられれば、交通規制が敷かれ、首都圏は全面的に交通禁止となる。言うまでもなく、地震は日常風景を一変させる有事なのだ。

二〇〇〇年九月三日、「ビッグレスキュー東京2000〜首都を救え〜」が催された。東京区部直下にマグニチュード七・二の大地震が午前七時に発生したという設定により、警察と消防、そして陸・海・空の自衛隊が参加した初の大規模な総合防災訓練である。警視庁・消防庁など一万六六七人、自衛隊七一〇〇人を含む、二万四七六七人が参加し、航空機一一六機、車両一九〇五台、艦船二二隻が出動した。銀座に装甲車が通ったことでも話題になったイベントである。来るべきカタストロフに向けての自衛隊統合のシミュレーション。例えば、篠崎会場では、江戸川大橋が崩れ落ちたと想定し、架設した浮橋の上を自衛隊の輸送トラックが通った。白鬚西会場では、倒壊家屋からの救出訓練や道路の障害物除去作業。そして地震に強いとされる地下深くの大江戸線を使い、自衛隊員一七〇人が木場会場に移動する。海外では戦後の日本における最大の軍事演習として報道された。

これを推進した東京都知事の石原慎太郎は、東京の危機を煽る発言を繰り返してきた。もっとも、自然災害よりも、他者の脅威を強調している。彼はビッグレスキューのイベントを北朝鮮や中国に対する威圧の意味があると考え、たとえ災害の訓練でもこれは市街戦だという。そして不法入国した外国人による大略奪が新宿や池袋で起こるかもしれないと述べる。民間でも、自警団のガーディアンエンジェルスが登場し、繁華街の巡回パトロールを行うようになった。また二〇〇一年六月の池田小学校の事件を契機に、PTAと学校が連携しつつ、子供を犯罪から守る動きが全国に広がっている。そして駆け込み寺としての「一一〇番の家」の指定、安全マップの作成、巡回パトロールなどを行う。国土交通省は、二〇〇三年度の重点施作として防犯まちづくりを掲げている。

石原は、悪い外国人への恐怖心をついて治安の強化を唱える。例えば、「外国人の平時における安全管理が全くできていません。……（威嚇射撃をしないから）中国人や韓国人は警察をなめているんですよ」という[13]。そして、いつか俺はジュリアーニをやるんだ、警察をフル活用して東京を浄化する、治安を回復すると語ったという。ひ弱な都民を守る強い知事と警察。モデルとなった前ニューヨーク市長のジュリアーニは、一九九〇年代に「市の浄化」を掲げ、警察官を三万人から四万二〇〇〇人に増員し、コムスタットという犯罪情報分析システムを導入した。そして犯罪は半減し、浮浪者の除去にいそしむ。安全なテーマパークになったニューヨーク

［図9］新宿西口地下街のオブジェ

［図10］銀座地下街の彫刻

は観光客が急増していたが、その世界都市は、まさにテロリストの最高の標的に選ばれる。

佐々淳行は、石原との対談において、外国人による凶悪犯罪の急増を強調しつつ、こう述べている。[14]「今、国民が求めているのは、……頼りになる強い警察なんですよ。24時間、365日、バネ仕掛けみたいに、何かないかって待ってる」。彼によれば、日本の人口の一・二パーセントが外国人であるのに、凶悪犯罪の検挙者の一一・一パーセントが外国人だ。そして「機動隊を投入して、時間外営業をやってる歌舞伎町の店をみんな営業停止にして逮捕していくとかしたらいい」という。あるいは、「カラス退治を免責で、猟友会かなんかにやらせる」と。都市に寄生する駆除すべき黒いカラスとは、悪しき他者のアレゴリーにほかならない。ちなみに、カラスに頭をつつかれるなどの被害が急増したことから、東京では、二〇〇〇年から業者に委託して緊急捕獲作戦が行われている。

一九九〇年代の東京では他者への排除が進行していた。青島幸男都知事のもと、一九九六年に新宿西口地下街のホームレスは動く歩道を建設するという名目で強制排除され、代わりに寝ることや座ることを阻止する以外の目的がないオブジェが設置された［図9］。これは上部を斜めにカットされた小さな円筒の集合体である。銀座の地下街でも、柱のあいだに干支をテーマにした彫刻のシリーズを展開しているが［図10］、不自然な配置はホームレスが居着けないようにするためだろう。ローテクな排除系のパブリック・アートや公共のファニチャーは、路上で確実に増えている。例えば、吉祥寺のベンチでは、手すりになる仕切りを途中に二カ所つけている

［図11］吉祥寺に設置されたホームレス排除型ベンチ

が、それは同時に寝そべることを不可能にする［図11］。渋谷でも、既存の平らなベンチに半円の仕切りを加え、横たわれないように改造していた［図12］。

海外からの犯罪者は空港が水際となる。関西と成田の国際空港では、二〇〇二年のワールドカップを契機に顔認証システムを導入した。フーリガンの取り締りだけではなく、9・11以降のテロリスト対策も大きいだろう。そして二〇〇三年一月から、国土交通省は日本航空やNTTドコモと協力して、瞳の虹彩と顔の認識技術を搭乗手続きに利用したe-チェックインの実験を成田空港で開始する。利用者は専用カウンターで自分の情報を登録し、チェックインでは顔の認証、セキュリティゲートと搭乗ゲートでは虹彩の認証を行う。バイオメトリクスによるセキュリティはまだ高額だが、虹彩、声紋、顔は一〇〇万円以上、指紋や血管の認証システムは数十万円あれば、民間のマンションでも導入できる。

ピッキングの急増に伴い、警視庁は二〇〇三年を「治安回復元年」と位置づけ、総合的な防止対策にとりくんでいる。一月一六日には、「建物侵入犯罪防止法」の素案を作成し、国家公安委員会に報告した。これはピッキング用具や鍵穴壊し用ドライバーなど、開錠工具の所持を禁止するほか、犯罪の恐れがあることを知りながらそうした工具を販売・譲渡することや、バールやドリルなど、ドアや窓ガラスの建具を破壊する工具の所持も禁止している。つまり、これまでとは違い、実際の犯罪にならなくとも、その可能性につながる工具を持つだけで、重い懲役刑以上を課すことが可能になるのだ。また警視庁では、信頼できない不適格な業者を排除したり、解錠手法を「鍵学校」で伝授する行為も厳しく規制をかけることも今後考慮し

［図12］　渋谷バス停の排除型ベンチ

ている。

防犯対策を特集したテレビ番組がしばしば放映されているように、一般の住宅のセキュリティに対する関心も大きい。一九九七年頃から東京ではピッキングの犯罪が急増し、一九九九年には一〇〇〇件、二〇〇〇年には一万件を超えた。一気に一〇倍である。

セコムのホームセキュリティでは、扉や窓の開閉異状に反応するマグネットセンサー、侵入者の放熱を感知するインフラレッドセンサー、室内温度の急上昇に反応し、火災発生を感知する熱センサー、身の危険を感じたときの非常ボタン、首にかけるペンダント型のマイドクターなどが装備されている。戦場ではない。月額七五〇〇円のマンションの装置である。セコムは、グローリオ白金台などのマンション開発にも参与し、二四時間体制のオンライン・セキュリティ・システムを標準装備させている。

監視の技術は戦争や監獄に由来している。そもそも多くの技術は戦争から生まれるものだが、通常は日常の技術として流用されるのに対し、監視のテクノロジーは露骨に日常の風景に侵入している。

近代国家は国民の管理をめざしていた。現在のハイテクと情報化、そして9・11以降の情勢は、高度な監視社会の誕生に貢献している。しかし、国家権力が国民を監視するという古典的な構図だけではない。自衛への関心から、警察のまなざしそのものが国民に内在化されている。

［図13］デイヴィス『要塞都市ＬＡ』原書、表紙の建物はロサンゼルスのダウンタウンにある非行少年短期収容所

セキュリティと都市空間

こうした事態は、東京に固有のものではない。世界的な現象である。[15]

マイク・デイヴィスは、一九九〇年代における都市計画の時代精神は、セキュリティへの強迫観念であり、空間の軍国主義化が進行しているという[16]［図13］。歴史上、都市の概念は幾度も変遷してきた。完全性の表現としての幾何学的なルネサンス都市、権力と秩序の表現としてのバロック都市、機械をメタファーとした機能主義的な近代都市、歴史や環境との連続性を演出するポストモダン都市。しかし、一九九〇年代に要請されたのは、日常と戦争の境目が曖昧になった過剰なセキュリティの都市である。

ロサンゼルスでは、他者を排除するデザインがちりばめられている。デイヴィスの著作『要塞都市ＬＡ』は、以下のような事例を紹介していた。浮浪者が寝にくいように丸くなったベンチ、野宿できないように不定期に放水するスプリンクラーを設置した公園、ゴミあさりを禁ずるために忍び返しのあるゴミ箱を置く飲食店、誰もが使えるわけではない準公衆トイレ、侵入者を威嚇するフランク・ゲーリーの建築、外部と隔離されたゲーテッド・コミュニティの住宅地、空から監視しやすいよう住宅の屋根に番地の数字を描いた犯罪多発地区。そしてＬＡＤＰ（ロサンゼルス警察署）は、軍やＮＡＳＡのハイテク技術を活用する。アメリカの終りの風景。ここに彼らが誇る自由な社会はない。

室内に侵入されたときの最後の砦パニック・ルーム（セーフ・ルームともいう）

は、二〇〇二年に同名の映画が登場し、注目されたが、アメリカにおいて蔓延する恐怖と不安から確実に需要は増えている。あるカリフォルニアの建設業者によれば、一九八〇年にエンタテインメント業界の人物に初めてセーフ・ルームを依頼され、一九九〇年代の初めに年間六件だったのが、最近は六〇件以上になったという[17]。最低五〇〇〇ドル前後から最高一〇万ドルのものまであり、防弾素材のセキュリティ・ドアや、野球のバットや拳銃の攻撃に耐えうる電磁ロックを装備している。簡単なものでは、セキュリティ・ドアによって、通常のウォークイン・クローゼットやバスルームをセーフ・ルームに変えるという。

イギリスでも労働党政権が犯罪撲滅を掲げ、都市の要塞化が進む。一九九四年以降、地域の防犯カメラの導入に対して政府から助成金が与えられる。その結果、犯罪件数は減っているのだが、ある調査によれば、増えたと思っている人が八四パーセントもいるという。安全になったにもかかわらず、恐怖心は増しているわけだ。ともあれ、深刻なのは、IRAによるテロである。一九九〇年代の前半にも大きな爆発事件が起きている。その結果、ロンドンの主要施設の周辺では、爆弾を搭載したクルマを恐れ、不審な車の侵入を妨げたり、建物の近くに駐車できないようにする交通規制の計画が行われた。

建築評論家のマーティン・ポーリーは、テロリズムが建築と都市を変えたという[18]。テロ対策を重視した場合、デザイン的な美しさよりもセキュリティが優先される。標的に選ばれないよう目立つ外観をやめること。監視カメラの邪魔になる周囲の植栽、装飾、凹凸のある構成をなくし、爆弾を隠せないようにすること。ガラスの面積を減らし、中庭採光を選ぶことにより、爆風の被害を最小限にすること。すなわち、個性的なポストモダン建築ではなく、平凡なデザインの要塞建築を導く。主要な開発では、イギリス軍のセキュリティ・アドバイザーが設計に関わっているという。

ポーリーは「ステルス建築」という言葉も使う。敵の視線から隠れる建築とは何か。彼によれば、内部がハイテク化されながら、外部が歴史的なデザインの建物は、チャールズ皇太子に代表されるイギリスの保守的な世論からの批判から逃れられる。またテロリストが狙うのは話題性のあるランドマークだ。それゆえ、テロの標的にされないよう、表現を抑制し、意図的に地味なデザインを行うステルス建築も登場した。第二次世界大戦時、空襲で狙われないよう、建築の偽装が行われたように、ステルス建築は敵の目を欺く。

アメリカのゲーテッド・コミュニティ

戦後のアメリカでは、裕福な白人層が郊外に流出し、都市の空洞化を招いた。そして荒廃した都市では犯罪の発生率が高くなる。だが、近代的な都市計画は、こうした問題に対処できなかった。いや、性善説に基づき、ユートピアの醜い可能性を想定しなかったのである。

ジェーン・ジェイコブスの『アメリカ大都市の死と生』(一九六一年)は、近代の都市計画を批判した先駆的な著作だが、セキュリティの問題にも触れている(19)。彼女は、オフィス街と住宅街をきれいに分けてしまう近代都市の代わりに、両者が混在

［図14］ニューマン、『防衛空間』原書（DEFENSIBLE SPACE）表紙

する都市を推奨し、古いコミュニティの復活を唱えた。そうすれば、窓辺のおばあちゃんが近所の子供を見守るような社会では、見知らぬ人間にすぐ気づき、安全性も確保される。街路の目が防犯に効くというわけだ。しかし、これは近代以前のモデルを提出することで、近代を批判する素朴な議論である。

オスカー・ニューマンの『防衛空間』（一九七二年）［図14］は、近代以前に回帰することはないという前提にたち、集合住宅の安全性を高めるための物理的なデザインを具体的に提案している[20]。誰もいない廊下やエレベーターは、犯罪や破損行為が発生しやすい。それゆえ、廊下、階段、エレベーター乗り場など、集合住宅における共有空間を、いかに人の目に触れさせるかを考えている。いわば、室内のプライベートな空間と屋外のパブリックな空間のあいだに存在する、中間地帯に人間の視線を再導入させるのだ。例えば、死角をつくらないようにして、開放的なガラスを使い、見通しのよい空間をつくる。建築計画学的な方法により、共有空間に視線をはりめぐらせる。今日から見れば、いささか単純に思えるかもしれない。同書でも、監視カメラに触れているが、まだ本格化される前の時代だった。

『防衛空間』では、防犯に失敗した集合住宅を紹介している。最悪の事例として、繰り返し言及されるのが、ミノル・ヤマサキのプルーイットアイゴー団地だ。これがいかに荒廃していたかを改めて思い知らされるという意味でも興味深い本である。設計時に描かれた人々が楽しく語りあう共有空間のパース画と、見るも無惨に荒れ果てた現状写真を対比しているのだ。プルーイットアイゴー団地は、一九七二年にダイナマイトで爆破され、建築評論家のチャールズ・ジェンクスによって、近代建築の死亡を象徴する事件として位置づけられている。テロではない。住民に見捨てられ、犯罪の温床となり、解体されたのだ。プルーイットアイゴー団地がセキュリティに失敗し、同じ建築家による世界貿易センターがテロリストによって破壊されたのは、歴史の皮肉というしかあるまい。

一九九〇年代に入り、セキュリティの面において、アメリカで注目されているのが、ゲーテッド・コミュニティだ。これは壁や門によって、外界から物理的に区切られたコミュニティである。マイノリティの他者を隔離し、閉じ込めるゲットーではなく、逆に富める者たちが集まり、自らの空間を囲い込む。中世の城塞やルネサンスの戦争都市が壁で守られていたように、ゲーテッド・コミュニティは外部に対して閉ざされている。日常という戦争。それが近代以前の都市を想起させるのは、近代の終りを告げる空間だからではないか。

ゲーテッド・コミュニティは、一九八〇年代の後半から出現した。初期は富豪や退職者に限られていたが、現在では中流クラスにも広がっている。開発業者にとっても、売れ行きがよく、しかも回転が早いことから一戸当たりの利益が数千ドル多いという。ロサンゼルスを含むカリフォルニア州が断トツに多く、これにマイアミのあるフロリダ（いずれもディズニーランドがあるのは興味深い）が続き、その他では、ニューヨーク、シカゴ、ヒューストン、フェニックスに集中している。多数の移民が流れ込んだ都市ばかりである。

ブレークリーらによれば、住民がゲーテッド・コミュニティを求める動機は、三つに分類される。(21) 1．ライフスタイル型、2．エリート型、3．安全地帯型である。

ライフスタイル型は、ゴルフや社交クラブなど、レジャーやアメニティを確保すること。エリート型は、住民の地位と格式を象徴する。安全地帯型は、犯罪への恐怖心から防護手段を求める切実なものだ。そしてゲート化はコミュニティの多様性を失い、居住者の均質化を招くと批判している。だが、推定では、八〇〇〇万人が、ゲーテッド・コミュニティ的な空間を望んでいるという。アメリカの根本的な精神が危機にさらされている。ちなみに、ブレークリーの論文タイトル「分断せよ、さらば滅びん」は、アメリカ独立運動のスローガン「われわれは団結して立ち上がり、分離すれば倒れるだろう」をもじったものだ。

囲い込みは公共の空間にも浸透する。例えば、通過しやすいグリッド型の街路を、行き止まりや不連続が多い道路に変え、よそ者を閉めだす。あるいは、ロサンゼルスでは公共の道路でさえ、ゲートで閉じてしまう。その結果、「ゲート区画に反対する市民団体」から訴えられ、道路の封鎖は禁じられた。またゲーテッド・コミュニティでは、サービスを自己完結させることから、地方への税金納付拒否の動きもある。公共空間が機能不全を起こし、各コミュニティが独自に警察、教育、娯楽のシステムを整備している。

霜田亮祐は、Microsoft などのコンピューター関連企業に囲まれた、マサチューセッツ州ウォルサム市のゲーテッド・コミュニティを報告している[22]。「ゲーテッド・コミュニティは、その丘の頂上付近を大規模（約六二ヘクタール）な土地造成によって建設されたものだった。そこはまさに、地形的な条件を巧みに利用し鋼鉄製の柵で囲まれた『要塞』である。監視カメラが常に車のナンバープレートをチェックし、中に入るにはＩＤナンバーが必要だ。そこには護衛はいなかったが入り口付近での全ての行為が誰かによって監視されている。また、プール、インターネット・ルームなどのユーティリティも充実しており通常の生活は内部で完結してしまう」。

霜田は、貧困者の施設と裕福な居住者のためのゲーテッド・コミュニティを対比させながら、経済的なアパルトヘイト化を報告した。興味深いのは、人種の違いによる棲み分けよりも、ＩＴ産業が生む経済階級の差が壁を要求していることだろう。ハイテク化が加速させるハイテク武装の都市。こうした傾向は、シリコンバレーでも進む。

テーマパークとシムシティ

デイヴィスの本の邦題タイトルになった論文「要塞都市ＬＡ」は、マイケル・ソーキン編著の『テーマパーク変奏曲』（一九九二年）にも収録されている[23]。これは一九九〇年代にテーマパークが都市のモデルになっていることを論じたアンソロジーだ。

テーマパーク化と言えば、恵比寿ガーデンプレイスやカレッタ汐留のような楽しい都市空間が増えたことを想起するかもしれない。あるいは、歴史的な観光都市のテーマパーク化も思い浮かぶ。なるほど、ポストモダンの果てに人々は幼稚化した。だが、そうしたお気楽な「ディズニーランダゼイション」が問題ではない。むしろ、ソーキンがいうテーマパーク化は、他者を排除する囲われた安全な人工環境を意味している。

ソーキンも、アメリカの新しい都市の特徴としてセキュリティへの異常な関心を指摘する。ディズニーランドとは、高い入場料というフィルターを通過する者だけが安全を享受する犯罪のない都市にほかならない。その広場は無料で楽しめる公共空間ではない。課金される営利空間である。都市伝説において、ディズニーランドの隠された死亡事故がよく話題になるのは、そこが非常に管理の行き届いた空間だからだ。人々は噂によって、そうした均質性を逸脱させ、生きられた空間に変えようと試みる。筆者はディズニーランドで落とし物をしたことがあった。そのとき瞬時にして回収され、しかるべき場所に届いていたことに、空間を清潔に管理しようとするディズニーランドの底力を感じた。

『テーマパーク変奏曲』では、様々な事例を紹介している。例えば、フロリダのあるコミュニティは、橋によって隔てられたテーマ環境であり、電子パスによって通行を記録する。それゆえ、外部に対して閉ざされた都市を「ディズニーヴィル」と呼ぶ。

ところで、ソーキンの論文では奇妙な写真を掲載している。ディズニーワールドの空だ。歴史上初めて、都市の風景を著作権化したのが、ディズニー社だからだという。そうした状況に対するあてこすりとして、ディズニーの空の写真をのせたのだ。ディズニー社が著作権によって永遠に囲い込もうとするのは、ミッキーマウスなどのキャラクターだけではない。

ディズニーワールドでは、一九九六年から実際に人が住む実験都市セレブレーションが登場した。ここはフィリップ・ジョンソン、マイケル・グレイヴス、ロバート・ヴェンチューリ、アルド・ロッシなど、巨匠の建築家をブランドとして起用し、さながら現代建築のテーマパークである。もっとも、こうしたラインナップは、ベルリンをはじめとして、今や世界各地の都市開発でありがちな風景だ。むしろ、興味深いのは、ゲーテッド・コミュニティのような管理された安全な都市であることだろう。また住宅は、古き良きアメリカを連想させる懐かしいファサードでありながら、その屋内はAT&T社の協力により、高度な情報環境をもち、最先端の内部と保守的な外部が分裂している。

デイヴィッド・ライアンによれば、現在の都市における監視はシムシティがモデルになっている。[24] 彼も、物理的に天井の低い橋や地下道の車高規制によって、黒人や貧困者を実質的に排除した都市計画は、新しいテクノロジーの監視システムを導入することで、不可視なかたちで継承されているという。そして都市はシミュレーション的分類に依存し、「現実世界はシムシティに相似してくる」。もちろん、「シムシティ」は、市長の立場になって、理想的な都市をつくる同名のゲーム・ソフトを参照しているが、シミュレートされた都市としてディズニーランドにも触れている。そしてライアンは、監視の目が行き届いた安全な世界としてディズニーランドを位置づけていた。ここは戦争のないユートピアである。

監視する電子の目は、水道、ガス、電気、電話に続く第五の基盤施設になると言われている。ライアンは、リスク管理のために蓄積されたデータの分析をもとに、「シミュレートされた監視メカニズムによって、都市は、電子的に武装した障壁で隔てられた諸々の地区に分散される」という。ともあれ、空間の要塞化は近代社会を成立させた公共性を破壊する。都市における自由な匿名性は剝奪され、常に何者であるかを確認されながら生きるしかない。不適格な他者は排除される。またすでに社会問題化している盗撮は、さらに小型化が進み、ナノマシン化すれば、個人は秘密をもつこともできなくなるだろう。そうした世界で生きていくとすれば、恥の概念をなくした最後の人間になるしかない。

監視のテクノロジーは日進月歩し、パブリックな社会とプライベートな個人をやわらかく破壊する。

そして近代の廃墟の後に、ディズニーランド・モデルのシムシティが現実にたちあがる。

〈註〉

(1) 拙稿「オウム／アレフの空間について（上）（下）」（『UP』二〇〇二年一二月号、二〇〇三年一月号）も参照されたい。
(2) 中谷礼仁「バブル・震災・オウム教」（『現代建築の軌跡』新建築社、一九九五年）
(3) 森達也「休眠宣言後のサマナたち」（『隣のオウム真理教』宝島社、一九九九年）
(4) 『マイノリティ・リポート』（二〇〇二年）の映画パンフレットより。
(5) 西山康雄『「危機管理」の都市計画：災害復興のトータルデザインをめざして』（彰国社、二〇〇〇年）
(6) 小倉利丸『監視社会とプライバシー』（インパクト出版会、二〇〇一年）および、http://www.sakuragaoka.gr.jp/nsys/

（7） http://www.keishicho.metro.tokyo.jp/

（8） http://www.keishicho.metro.tokyo.jp/seian/kamera/image/hyou2.pdf および山本俊哉「多様な仕掛けで犯罪防止」（『日経アーキテクチュア』二〇〇二年一二月九日）

（9） http://www.secom.co.jp/

（10） P・ヴィリリオ『幻滅への戦略』（河村一郎訳、青土社、二〇〇〇年）

（11） PHILIP TABOR"I AM VIDEOCAM""THE UNKNOWN CITY"THE MIT PRESS,2001.

（12） http://www.metro.tokyo.jp/SAIGAI/SAITAI/SHOUSAI/XOBAM100.HTM

（13） 石原慎太郎×佐々淳行「日本はテロリストに立ち向かえるのか」（『21世紀の戦争』文藝春秋、二〇〇一年）

（14） 石原慎太郎×佐々淳行「危機管理、日本再生のシナリオ」（『東京の窓から日本を』文春ネスコ、二〇〇一年）

（15） 以前、拙稿「アポカリプスの都市」（『終わりの建築／始まりの建築』ＩＮＡＸ出版、二〇〇一年）において、ロサンゼルスやロンドンの軍事化は詳しく論じた。

（16） Ｍ・デイヴィス『要塞都市ＬＡ』（村山敏勝他訳、青土社、二〇〇一年）

（17） http://www.tdx.co.jp/movie/djvie01/vie00860.asp

（18） M.PAWLEY"TERMINAL ARCHITECTURE"REAKTION BOOKS,1998.

（19） Ｊ・ジェコブス『アメリカ大都市の死と生』（黒川紀章訳、鹿島出版会、一九七七年）

（20） O.NEWMAN"DEFENSIBLE SPACE"ARCHITECTURAL PRESS,1972.

（21） Ｅ・Ｊ・ブレークリー他「分断せよ、さらば滅びん」（佐藤美紀訳『10＋1』一八号、一九九九年）

（22） 霜田亮祐「アメリカ、郊外の果てにみえるもの」（『EYES ON THE WORLD』TNprobe、二〇〇一年（http://www.tnprobe.com/）

（23） M.SORKIN,ed"VARIATIONS ON A THEMEPARK"HILL AND WANG,1992.

(24) D・ライアン『監視社会』(河村一郎訳、青土社、二〇〇二年)

9・11がもたらしたもの——ミノル・ヤマサキの嘆き

世界貿易センタービルの崩壊

二〇〇一年九月一一日、世界最強の国家アメリカの中枢部が歴史上、初めて攻撃された。ニューヨークの世界貿易センタービルが倒壊し、ワシントンのペンタゴンが損壊したのである。マンハッタンでは、超高層ビルの爆風や火災により、付近のビルも巻き込まれた。一一日夕方には北側の四七階建てのソロモン・ブラザーズ・ビル、一二日夜、南棟に隣接する二二階建てのマリオット・ホテルと九階建てのノースイースト・プラザビルも倒壊した。世界貿易センタービル地区では、七棟が壊滅状態となり、さらに周囲の十数棟が相当の被害を受けている。一〇〇トン以上の瓦礫は、ちょっとしたビル並みの高さにまでつもった。

「最も20世紀的な建築が、20世紀の発明品であるジェット機との衝突で消滅した。物質文明のはかなさを痛感した」という隈研吾の感想は、多くの人も抱いただろう。(1)世界貿易センタービル（北棟一九七〇年、南棟一九七二年完成）は、近代的な高層ビルのお約束の集大成だった。内部の空間から柱やエレベータを極力減らし、経済性と合理性を追求した建築である。二〇世紀は職場として高層オフィス・ビルを都心に建てるとともに、居住地として低層の住宅地を郊外に量産した時代だった。テロではないが、一一月一二日、再びアメリカを震撼させた航空機墜落が、ニューヨーク郊外のクイーンズ区だったのは皮肉である。

同時多発テロは、想像を絶する事件だったが、奇妙な既視感にとらわれたのも事実だろう。(2) 崩れ落ちるビルを背後に逃げまどう人々の映像は、SFXを駆使したハリウッド映画を連想させる。事件当時、筆者はドイツの大学の寮に宿泊していたが、全員がテレビ部屋に釘付けになり、向こうの学生も思わず「インデペンデンス・デイ」とつぶやいていた。映画のなかでアメリカの都市は何度も廃墟になっている。『ディープ・インパクト』では世界貿易センターが大波に飲み込まれ、『アルマゲドン』では小隕石がクライスラービルを貫く。『ニューヨーク1997』では、マンハッタンが監獄島になっており、カート・ラッセルが廃墟化した世界貿易センターの屋上に着地する。トム・クランシーの小説『合衆国崩壊』(一九九六年)でも、日本の旅客機がワシントンの議事堂に激突し、大統領や議員が死亡した。つまり、9・11の事件では、ハリウッド的な想像力が現実のアメリカに刃を向けたのである。映画のようなテロの瞬間があまりに見え過ぎる一方、アフガニスタンでは、アメリカ軍の空爆により、見えない悲劇が進行した。

不幸な建築家ミノル・ヤマサキ

――私たちニューヨークの日系人は、ツインタワーのビルを見るたびに、ヤマサキさんを思い、心の中で誇りに思っていました。6千人もの人々を抱えたまま、それが消え

［図1］　一九六〇年に建築家グループSOMが提案した世界貿易センター案

［図2］　建設中の世界貿易センタービル　出典：NEW YORK1960

てしまったいま、心にぽっかりと穴があいたような気持ちなのです。

在ニューヨーク日系人会の楠本定平会長のスピーチ(3)

世界貿易センタービルの設計者は、ミノル・ヤマサキである(4)。名前からもうかがえるように、彼は日系二世のアメリカ人建築家だった。一九一二年、ヤマサキはシアトルで生まれる。だが、子供の頃は学校でいじめられたり、公立のプールから追い出されるなどの人種差別を経験したという。生活はあまり楽ではなかったようで、夏はサケの缶詰工場で働きながら、ワシントン大学に通っている。そのとき、彼は年上の労働者がここから抜けだせない状況を見て、自分はそうならないことを心に決めたらしい。

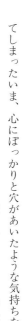

人生の転機はおじの建築家と出会い、東京のアメリカ大使館の図面を見せてもらったことだった。ヤマサキは心を動かされ、建築家になることを決意する。そしてニューヨーク大学で修士号をとり、事務所で働きはじめた。彼は、エンパイア・ステート・ビルを設計したシュレーブ、ラム&ハーモン、ロックフェラーセンターを担当したウォーレス・ハリソン、デザイナーのレイモンド・ローウィなどの事務所を渡り歩く。やがてヤマサキは頭角をあらわし、一九四九年に独立。多忙を極めた結果、一九五四年に潰瘍を患うが、大胆なシェル構造のセント・ルイスの空港（一九五六年）で注目を浴びる。

世界貿易センター地区は、新しい経済の中心地を求めて、一九六〇年代から開発計画が始まった［図1・2］。そして他の設計候補だったイオ・ミン・ペイやフィリッ

［図3］海から見る世界貿易センタービル　筆者撮影

プ・ジョンソン、そして先輩のハリソンらの巨匠をさしおいて、六二年頃にヤマサキが設計者に選ばれた。「基本的な問題は、ロウアー・マンハッタンに調和し、かつ世界貿易センターにふさわしい重みを与える、かたちとシルエットの美しい解決法を見つけることだ」。ヤマサキはこのように語り、一五〇階建てのビル一本、あるいは多塔状の案など、一〇〇以上もの計画を検討した結果、印象的なスカイラインをつくるツインタワーの形式を決定した［図3］。またビルを見上げるために、十分の大きさがある屋外広場も設置している。

しかし、当初は評判が悪かった。地元の商店街が反対運動を起こし、裁判も行われている。巨大過ぎて、マンハッタンの統一的な景観をダメにするといった投書も、『アーキテクチュラル・フォーラム』誌に寄せられた。が、一九七四年にフランス人がビルのあいだを綱渡りした事件や一九七六年に高層レストランが北棟に開業したことにより、次第に認知される。実際、このビルはマンハッタンの南端に位置し、一〇七階の展望室から山脈のように連なる摩天楼が見え、眺める場所として優れていた。『キングコング』のリメイク版（一九七六年）が、旧作で使われたエンパイア・ステート・ビルではなく、ここをラストシーンの舞台に選んだことも話題になった（エンパイア側からクレームがついたという）。

ボードリヤールは、世界貿易センタービルの鏡像のようなツインタワーが互いのコピーになっており、ポストモダンのシミュレーションの世界への幕開けになると指摘した[5]。なるほど、かつての摩天楼のような個性もシンボル性もない。アンチ・モニュメントとしてのビル。もし全く同じビルを再建すれば、この論が補強される

［図4］　プルーイットアイゴー団地の爆破

だろう。だが、世界が悲劇的な最期を目撃したことによって、このビルは唯一無比の決定的な失われたモニュメントと化した。テロはメディアを意識して、衝突に時間差を与え、二機目を確実に撮影させた。その効果は大きい。世界中の人々にトラウマを刻み込むことに成功したからだ。

ヤマサキはアメリカン・ドリームを実現した。その結果、一九六三年に彼は雑誌『タイム』の表紙を飾る。建設時、世界一高いビルを移民の息子が設計したという事実は、アメリカが自由に開かれた国であることを示すだろう。日本ではちょっと考えられない。だが、皮肉なことに、多民族を受け入れるアメリカの開放性は、その反面で事件を起こしたテロリストの侵入を容易くしてしまう。実行犯はアメリカに移住し、トラブルもなく暮らし、お金を積んで飛行機の操縦を学んだのだから。

ヤマサキは成功したが、建築の末路は不幸だった。実はもうひとつ爆破された彼の作品がある。プルーイットアイゴー団地（一九五八年）は犯罪の温床となり、一九七二年にダイナマイトで解体された［図4］。建築評論家のチャールズ・ジェンクスは、これがモダニズムが死亡した瞬間だと位置づけ、ポストモダンの建築を推進すべきだと論じている。(6) だとすれば、今度の世界貿易センタービルの爆破は、二〇世紀を終わらせた。一九八六年に癌で亡くなったヤマサキは、その最期を知らない。ポール・ゴールドバーガーは、世界貿易センタービルが摩天楼の最初の殉教者になったという。(7) もっとも、彼は、かつてこのビルを退屈だとけなしていたのだが。

9・11の悲劇は、新世紀が始まったことを多くの人々に実感させた。そしてブッシュ大統領は二一世紀最初の「戦争」を宣言した。

終りなき戦争という日常

――僕はずっと眠っていて、今、目覚めたような気がする。僕たちは皮肉と風刺の毛布にくるまれて、まどろんでいたんだ。そこは心地よかった。

テロ直後の二五歳のアメリカ人青年の言葉(8)

一九九〇年代、ジュリアーニ市長の努力によって、ニューヨークの犯罪率は低下していた。しかし、完全に意表を突いたテロが発生した。八〇年代から車で突入する自爆テロが出現し、車をビルから遠ざける対策は練られていた。一九九三年二月の世界貿易センターのテロ事件では、地下駐車場で自動車が爆発し、六人が死亡、一〇〇〇人以上が負傷した。片方を倒して、もう一方にぶつけようとしたという説もある。未遂に終わったが、同年、国連本部ビルの爆破計画もあった。事件後に警備は強化されたが、空からの突撃は防ぎようがない。ましてやジェット機による攻撃は想定しづらいだろう。かつてエンパイア・ステート・ビルの七九階に爆撃機がぶつかったが、あくまでも事故だった。一九九四年には、アルジェリア系のイスラム集団GIAが、エアバス機をのっとり、エッフェル塔に突っ込む計画を立てている。

一九七〇年にも四機のジャンボ機がパレスチナ解放人民戦線によって同時にハイジャックされ、空港で同時爆破した事件があった(9)。テレビの中継を意識したものだったが、彼らは乗客を降ろし、巻き添えにならないようにしている。しかし、今回は有無を言わさず、乗客を道連れにした自爆テロだった。宮台真司は、これで近代社会の底が抜け、公共圏を根幹で支える「信頼」が揺るがされたと指摘する[10]。

繰り返される崩壊の映像が脳裏に焼きつき、今や考えられないような凶悪なテロが起こりうるという不安が人々を支配する。信頼を失い、他人を疑うならば、自由を制限することで、安全は保証される。ビルとともに、アメリカが誇る近代社会の自由が崩れていく。映画『マーシャル・ロー』(一九九八年)では、ニューヨークで連続する自爆テロにより、戒厳令が敷かれ、アラブ系の市民が収容所に送り込まれた。こうした物語が現実味を帯びる。

ペンタゴンの損壊は、アメリカの首都上空でさえ無防備だったという意味で衝撃だった。ニューヨークでは、三〇〇万平方メートル近くのオフィスが使用不能になったが、情報消失の被害を最小限に食い止めるには、通信ネットワークによって、遠隔地の施設で常にデータのバックアップをとるしかない[11]。連邦捜査局は次の標的の可能性があるとして、ユニバーサル・スタジオに警告をだし、客が激減した。世界で最も安全な都市ディズニーランドや、アメリカで一番高いシアーズ・タワーもテロの標的になると噂が流れた。エンパイア・ステート・ビルは幾度か封鎖されている。アメリカ大使館、米軍基地、原子力発電所は厳戒体制を敷く。直後の炭疽菌テロは、議会を閉鎖させ、過剰な反応が世界中に起きた。

監視社会は押しつけられるのではなく、人々も望んでいる。一九九〇年代はセキュリティに対する強迫観念が増える傾向にあったが、9・11のテロはそれを加速させた[12]。事件直後にニューヨーク・タイムスとCBSニュースが実施した世論調査では、七四パーセントの回答者が、国家をテロから守るために、個人の自由をいくらか犠牲にする必要があると考えている。[13] そして六九パーセントの人が、厳重なセキュリティ・チェックを実施するために、国内線のフライトでも三時間早く空港に行くことをいとわないという。

全米では星条旗のみならず、銃の売り上げが急増し、防毒マスクや目つぶしスプレーなどの護身具もよく売れるようになった。[14] 自衛という西部劇の時代のアメリカの伝統がよみがえる。また消費者が遠出を控え、家にこもる「コクーニング（繭ごもり）」現象も起きた。そうした雰囲気を追い風にして、反テロ愛国法がわずか六週間で成立した。携帯電話やEメールの盗聴・傍受を可能とし、テロ活動の疑いのある外国人を司法手続きなしに勾留できるというものだ。すでにアメリカのエシュロンは、世界中の電話、FAX、メールを傍受すると言われる。日本でも、九〇年代は通信傍受法や個人情報保護法が整備されたり、ナンバープレートを読みとるNシステムを導入した。監視社会化が確実に進む。

消えかけた国家が急速に復活する。国家は治安と監視を強化し、メディアは危機意識を煽りたてる。ブッシュ大統領は、日常生活を続けることが、テロへの対抗になると語った。人類学者のエマニュエル・トッドは、そうした状況を的確に指摘する。「テロや戦争で人々の国家に期待する気分が高まったのは確かだ。しかし、私が懸念するのは、政府がそれを利用しているのではないか、という点だ。フランスでは、私が勤める国立研究所にまで郵便物を扱うための手袋が配布された。およそテロの標的になりそうもない。だが、そうやって、日々テロにさらされているのだと思わせられると、人々はますます国家の規制を求め、マスコミは治安を重要課題にしてしまう。まったく妄想もいいところだ。だが、この妄想には意味がある。それで、国家が再登場できる」[15]。

同時多発テロ以降、世界が緊張感を高めている。結果的にはテロでなかった出来事も、必要以上に大きく騒がれた。あらゆる悪い徴候がテロを連想させる。テロでないと否定された事件も、隠蔽ではないかと疑念を呼ぶ。つまり、メディアこそがテロの野望を最終的に達成させる。テロはグローバル化の流れを止められないだろう。最貧国が豊かになるわけでもない。だが、世界で最も豊かな国を引きずり落とすことはできる。実際、アメリカは民間人の殺戮を伴う空爆という野蛮に手を染めた。そしてタリバンの厳しい宗教警察のように、自国民に対する監視を強めている。

名もなき国民の死をいかに追悼するか

――火曜日の悲劇の最中、イエス・キリストはカオスに打ち勝つために現れました。ピッツバーグ近郊で墜落した飛行機の乗客は、自分達が死にいくことを知りながら、満場一致で同意して、目標に到達する前に墜落させるために、テロリストに急いで立ち向かったのです。イエスはペテロに対し、カオスを克服できると述べましたが、彼らはペテロ以上にそれをうまく成し遂げたのです。

ローレンスヴィル長老教会における犠牲者追悼のスピーチ[16]

九月一一日以前から、嫌な雰囲気はあった。実は、筆者がベルリン工科大学に留学中の知人と自爆テロの議論をしていたとき、あの事件は発生した。まったくの偶然ではない。そうした話題が出たのは、二〇〇一年に自爆テロが頻発していたからである。

特にイスラエルでは、右派のシャロン政権の誕生以来、自爆テロが急増した。二〇〇一年三月四日、パレスチナ人の自爆テロにより商業地区で四人が死亡し、四四人が重軽傷を負う。三月二八日の自爆テロでは、二人が死亡。四月二二日はバス停で自爆者とイスラエル市民が亡くなり、六〇人以上が怪我をした。五月一八日はショッピングセンターで自爆テロが起こり、六人が死亡。九月九日はレバノン国境付近の鉄道駅と中部の街で、自爆テロが起きる。自爆ではないが、二月八日はエルサレム市内で爆弾テロ、二月一四日はテルアビブ郊外のバス停留所にパレスチナ人の運転するバスが突っ込み、八人が死亡、約二〇人が負傷した。その度ごとにイスラエルの軍隊が出動し、パレスチナ人を殺している。

一連の自爆テロは権力者や有名人を狙ったものではない。無名の市民が殺されている。有名人に比べ、警備が薄いのも原因だろう。だが、不条理な死こそが憎しみを煽るのではないか。アメリカの同時多発テロでは、ペンタゴンよりも世界貿易センターの悲劇が圧倒的に語られた。一九一二年、巨船タイタニック号が氷山と衝突したとき、二〇世紀型のカタストロフは始まったが、二一世紀の悲劇は超高層ビルと航空機の激突によって開始する。両方の事件に共通するのは、無数のエピソードが報道されたことだろう。が、世界貿易センターでは、それがアメリカの愛国心に火をつけた。おそらく、職務上その可能性がつきまとう大統領の死よりも、名もなき人々の偶発的な死の方が、自分も殺されたかもしれないという思いをよぎらせ、国民の強い感情移入をうながす。

事件後、ハイジャック犯と格闘したとされるアメリカ人や、救助に駆けつけて犠牲になった消防士や警官が英雄視された。殉教者扱いである。これは、ともすれば、あまりに不条理な死に積極的な意味を与える作業だろう。彼らも普段は一般人である。古代のモニュメントは権力者を祝福するために建設された。しかし、現代のメモリアルは、国家のために殉じた無名の戦士に捧げられる。そして多民族国家のアメリカは、国内のイスラム系を敵視しかねない危機を迎えた。ゆえに、人々は国旗を振り、国歌を斉唱することで、国家の分裂を回避しようとした。フィクショナルなものとは知りつつも、それしか拠り所がないからだ。もちろん、国旗や国歌は、一種の踏み絵としても機能する。

ベネディクト・アンダーソンの『想像の共同体』によれば、近代の国家システムは王の表象ではなく、新聞や小説などのメディアを通して、国民を想像的につなぐことで成立した。(17) そして無名戦士の墓はまさに近代国家の表象であるという。近代以前は有名人のモニュメントが重要だったが、近代社会は逆にからっぽのメモリアルが、国民の意識を高める。例えば、イギリスでは、エドウィン・ラッチェンスが第一次世界大戦後に無名戦士のための施設を手がけた。ドイツでは、シンケル設計のノイエ・ワッヘが国民哀悼の日の中央式典会場となる。その内部には、死んだ息子を抱く母の像を置く。近代の戦争が、国家総力戦になり、国民全体を巻き込んだことと無関係ではないだろう。

日本では、靖国神社がこうした役割をもつ近代的な施設である[18]。特に遊就館（一九三一年）では、戦場に散った若者が残した手紙、人間魚雷の回天、亡き息子に母が捧げる花嫁人形などを展示し、来場者を泣かせようとする。もともと靖国は一八六九年に創建された近代神社であり、遊就館は陸海空軍の武器陳列所としてつくられた。最初はカペレッティ設計の洋館だったが、伊東忠太が設計した現在の遊就館は和風である。二〇〇二年七月にはリニュアル・オープンし、新しい入り口としてミニマルな透明ガラス建築を増設した。日本のめざす空間の変遷が反映されている。遊就館は、いわば戦争博物館なのだが、それだけではなく、戦死者を弔うメモリアル機能や天皇関係の宝物も付加しているのが興味深い。

いつもにぎやかな靖国神社の近くにありながら、千鳥が淵戦没者墓苑（一九六二年）は、ひっそりとたたずむ無名戦士の墓である。設計は谷口吉郎。一九五三年から各地の遺骨を収集し、氏名の判明しない三四万柱を六角形の納骨堂に納める。陶棺は、古代豪族の棺をかたどったもの。地下には、六つの戦域（1．本土、2．満洲、3．中国、4．フィリピン、5．東南アジア、6．大平洋とソ連）の遺骨を分類しながら安置する。靖国参拝問題の絡みから、小泉首相は国立の戦没者霊園をもっと良くすべきだというが、建築的にはすぐれた空間だ。

ともあれ、今なお靖国神社は、日本と反発するアジア諸国、それぞれのナショナリズムを刺激している。またNHKの人気番組「プロジェクトX」は、現在の日本の繁栄を築く「無名の男たちがいた」ことを感動的に紹介する。彼らも、いわゆる有名人ではない。まるで戦後の企業戦士に捧げるメモリアルのようだ。靖国神社と同様、涙が共感を誘う。そしてバブル経済の崩壊以降、沈みかかった日本も、まだがんばれるという気持ちを起こさせるだろう。
世界貿易センタービルの跡地に、いかなるメモリアルが建設されるのか。二〇〇一年九月の市民調査によれば、「記念碑を設け、ツインタワーを再建する」＝四六パーセント、「小さめのオフィスビルにする」＝二五パーセント、「建物を建てずに記念公園にする」＝一三パーセントだった。[19]
地理学者のケネス・E・フットは、事件の記憶が、記念碑という物理的なかたちをもって、ランドスケープに刻まれるプロセスを研究しており、そのパターンを「聖別」、「選別」、「復旧」、「抹消」という四つのカテゴリーに分類している。[20]「聖別」は、リンカーンの暗殺など、共同体が積極的に記憶を残したいと考え、事件の場所を特別視し、英雄の死や自己犠牲に記念碑が捧げられる。その反対に「抹消」は、連続猟奇殺人の舞台となった家屋など、恥ずかしさから忌わしい事件の現場をなくそうとする動きだ。「選別」は「聖別」への過渡的な局面であり、「復旧」は悲劇の意味が判然とせず、正常な状態に戻されることだ。おそらく、グランド・ゼロは、過剰な意味が与えられ、「聖別」されるだろう。一方、破壊されたバーミヤンの遺跡は、単に「復旧」されるのではないか。
すぐに建築家も意見を出している。[21]バーナード・チュミやピーター・アイゼンマンは、より大きなビルを建てるべきだという。国家の威信をかければ、そういう発想になるだろうが、脱構築のデザインを推進する彼らしくない案だ。フィリップ・ジョンソンやリチャード・マイヤーも再建派である。一方、ディラー&スコフ

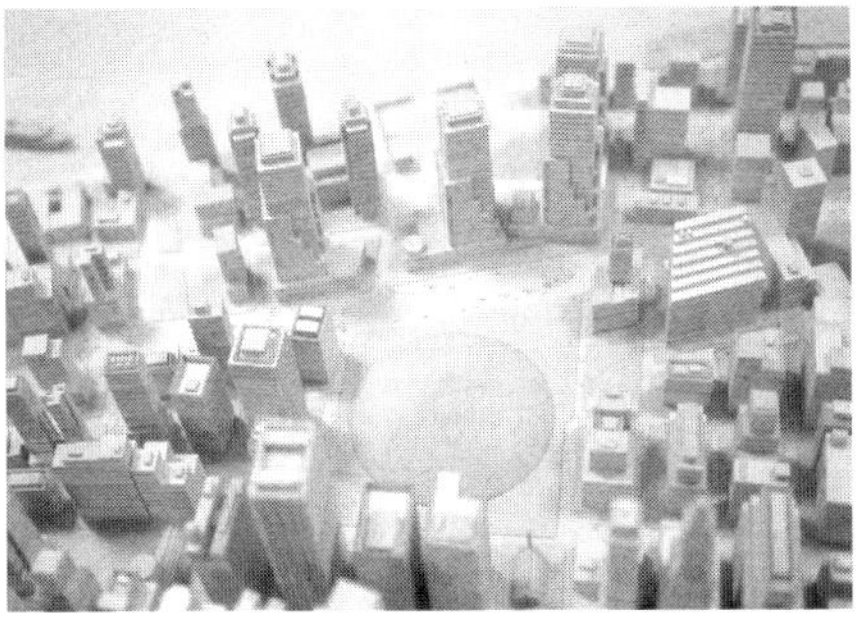

［図5］安藤忠雄、グランド・ゼロ・プロジェクトの模型　筆者撮影

イディオは、空白のままにしておくべきだと主張した。安藤忠雄のグランド・ゼロ・プロジェクトも、墳墓のような円形の丘をつくり、何も建設しないことを提案している［図5］。磯崎新は、爆心地の廃墟を残すべきだという。アーティストの岡崎乾二郎は、世界貿易センターが崩れ落ちたとき、それは本当に完成したと指摘している。(22) 二〇〇一年の末、一時的に出現したのは、タワー・オブ・ライトのプロジェクトである。地上から空に向けて光を放ち、二本の光の塔をつくるというものだ。美しいデザインだが、皮肉なことに、シュペーアが演出したナチスの光の祭典を連想させるだろう。

二〇〇二年、跡地利用に関心が集まるが、幾つか用意された再開発の計画は、いずれも遺族の不評を買い、仕切りなおすことが報道された。

ヤマサキと非西洋の世界

事件一年後の特別番組を見たとき、世界貿易センタービルがアメリカ資本主義のモニュメントとして記憶されることを改めて感じた。確かに、効率性を追求したオフィスビルであり、資本主義のシンボルとみなされても仕方ない側面をもつ。しかし、それはミノル・ヤマサキが本当に望んだことなのだろうか？(23)

一九六〇年頃、ミノル・ヤマサキは「アメリカの建築と日本の古建築」という講演を行った。彼によれば、欧米の建築は力強さを追求し、東洋の建築を無視していたが、日本建築からは、安らぎのある人間的な空間について多くのことが学べる。実際、冷たい厳自分の設計にも、日本の建築が強く影響していることを告白した。実際、冷たい厳

[図6] ミノル・ヤマサキ、ノース・ウエスタン・ナショナル生命保険会社、BALTHAZAR KORAB 撮影 出典：ミノル・ヤマサキ建築作品集（[図8]まで出典、撮影者ともに同）

格なモダニズムにあたたかいヒューマンな雰囲気を与えようとしたのが、ヤマサキである。彼は遅れてきた建築家だ。モダニズムが確立した後に活躍を始めている。そして指導的なモダニストが建築は強い男性的な記念碑であるべきだと信じていることを批判し、それが現代と調和しないという。一方、感覚的で、穏やかで、親しみやすい建築が日本でつくられたことを評価した。

ヤマサキは、一九五〇年代に彼は神戸のアメリカ合衆国領事館（一九五七年）を設計するために来日し、自然の素材を巧みに使う日本の建築に感激した。完成したアメリカ合衆国領事館は、床を浮かしたり、障子のようなスクリーンをもち、日本の伝統的な手法を参照している。続いてアジアとヨーロッパも訪れ、インドのタージ・マハルなど、イスラムやゴシックの建築に感銘を受けた。もともと彼は典型的な近代建築家として出発したが、その出自も影響してか、非西洋圏の建築の重要性を説くようになった。

一九六〇年頃から、作品には先端が細くなる尖頭アーチがしばしば登場する。シアトル万博のアメリカ科学館（一九六二年）やノース・ウエスタン・ナショナル生命保険会社（一九六四年）[図6]などだ。これは近代建築とは関係ない、イスラムやゴシックに特有なデザインである。インドの世界農業博アメリカ館（一九五九年）は、明らかにイスラムのドームを意識した造形だった。世界貿易センタービルも、ミース・ファン・デル・ローエのシーグラム・ビルのような純度の高いモダニズムではなく、垂直線を変形させながら、尖頭アーチ風のモチーフを端部に用いている。そしてダーラン空港（一九六一年）[図7]、金融局本部事務所[図8]、イースタン・プ

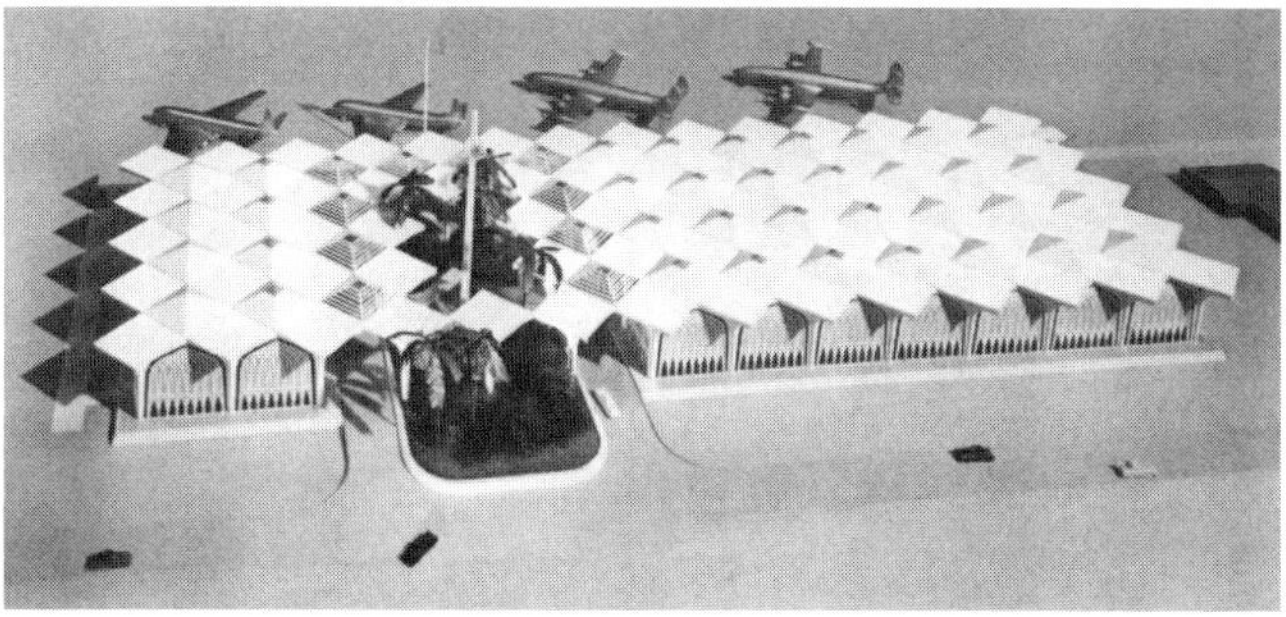

［図7］ミノル・ヤマサキ、ダーラン空港模型

ロビンス国際空港など、サウジアラビアの一連のプロジェクトでも、イスラム建築に敬意を表して尖頭アーチを使った。

ヤマサキは所員をほめるとき、「ビューティフル」という言葉を連発したという。機能主義一辺倒ではなかった。そのキャラも意外に人間臭い。一九四一年に彼は日本人の女性テルコと結婚し、三人の子供が生まれた。長男のタローは写真家になり、一九八一年にピュリッツァー賞を受賞している。だが、ヤマサキは結婚二〇年目に離婚。アメリカの女性と再婚するが、わずか二年で破局。今度は別の日本人女性と再婚する。だが、彼女とも離婚し、一九六九年に最初の妻と再婚した。落ち着いた建築からは考えられない、波乱万丈の生涯だった。

ダーラン空港は、アメリカが空軍基地を置く土地使用の見返りとして、サウジアラビア政府に寄贈したものである。国王は、この空港がサウジアラビア風であることを気に入り、紙幣の絵柄にも使われた。だからこそ、ヤマサキは一九七〇年代以降も同国の仕事が続いたのだろう。ところで、テロの黒幕とされるビンラディンの生家は、サウジアラビア最大のゼネコンを経営している。その会社は聖地のモスクの工事を任せられる程、国王の信頼が厚いというから、空港の建設に関わったかもしれない。これも推測だが、ビンラディンがヤマサキの設計した空港を何度も利用した可能性は高い。それにしても、空港建築で有名になったヤマサキの代表作が、飛行機によって破壊されたのは皮肉である。

ビルに突撃したテロリストの主犯格モハメド・アタは、カイロで建築を学び、留学先のドイツでは都市計画を研究している。彼の論文は伝統的なイスラム都市を破

［図8］ ミノル・ヤマサキ、金融局本部事務所

壊するアメリカ的な近代都市計画を批判していた。一方、ヤマサキは非西洋の世界に共感を寄せる。二人の立場は意外に近い。だが、建設対破壊という結果をもたらした。世界が二分されているから、同時多発テロが起きたのか？ それとも、テロこそが世界を二分しようとしているのか？ 9・11以降の世界の動きを見ていると、後者のように思えてならない。実際、世界貿易センタービルの背後にあったヤマサキ独自の考えは、圧倒的な暴力によって塗りつぶされてしまった。しかし、今一度、世界が多様なモザイクであることを思いだすべきではないか。

――私がもっとも恐れるのは、崩壊する世界貿易センターの向こうに、幾つものキノコ雲が見える光景です。最初のそれがアフガンの荒野に立ってしまえば、半世紀持ちこたえた禁忌は解かれて、世界の都市への、小さい原爆を携えたテロリストたちの侵入も企てられるでしょう。原発は、さらにあからさまなターゲットです。

大江健三郎「成果の疑わしい戦争のなかで」[24]

〈註〉

（1）『朝日新聞』（二〇〇一年九月一八日）

（2）同時多発テロ後に行われた「戦争と美術」のシンポジウムのために、村上隆が準備した映像作品「わかりあえない世界」（二〇〇一年）は、日本のサブカルチャーで繰り返された爆破シーンを紹介している。

（3）『朝日新聞』（二〇〇一年九月三〇日）

（4）P・ヘイヤー『現代建築をひらく人びと』稲富昭訳、彰国社、一九六九年や、R. STERN "NEW YORK 1960" THE MONACELLI PRESS, 1995を参照。
（5）J・ボードリヤール『象徴交換と死』（筑摩書房、一九八二年）
（6）C・ジェンクス『ポスト・モダニズムの建築言語』（竹山実訳、エー・アンド・ユー、一九七八年）
（7）「CBSドキュメント」（TBSテレビ、二〇〇一年一〇月二一日）
（8）"NEWSWEEK" COMMEMORATIVE ISSUE, 2001.
（9）加藤朗『現代戦争論』（中央公論社、一九九三年）
（10）宮台真司「近代社会のコーダとしてのテロリズム」（『SIGHT』特別号、ROCKIN'ON、二〇〇一年）
（11）M・ポーリー「どうして幻影都市を再建しなければならないのか？」（五十嵐光二訳『10＋1』一三号、一九九八年）
（12）M・デイヴィス『要塞都市LA』（青土社、二〇〇一年）や拙稿「アポカリプスの都市」（『終わりの建築／始まりの建築』INAX出版、二〇〇一年）も参照されたい。
（13）"HERALD TRIBUNE"SEPT 17, 2001.
（14）『銃を』『旗を』走る米市民」（『朝日新聞』二〇〇一年九月一九日）
（15）トッド「テロは世界を変えたか」（『朝日新聞』二〇〇一年一一月二一日）
（16）（8）
（17）アンダーソン『想像の共同体』（白石隆他訳、NTT出版、一九九七年）や、筆者と磯崎新の対話を収録した『磯崎新の建築談義＃1　カルナック神殿』（六耀社、二〇〇一年）も参照されたい。
（18）拙著『近代の神々と建築』（廣済堂出版、二〇〇二年）を参照。
（19）「貿易センタービル　跡地は」（『朝日新聞』二〇〇一年九月二六日）

（20）Ｋ・Ｅ・フット『記念碑の語るアメリカ』（和田光弘他訳、名古屋大学出版会、二〇〇二年）
（21）禅野靖司「ＷＴＣをめぐるハイライズ論」（『新建築』二〇〇一年一〇月号）
（22）『漢字と建築』（ＩＮＡＸ出版、二〇〇三年）
（23）『ミノル・ヤマサキ建築作品集』（西本泰久他訳、淡交社、一九八〇年）や『ミノル・ヤマサキ』（美術出版社、一九六八年）を参照。
（24）『朝日新聞』（二〇〇一年一〇月四日）

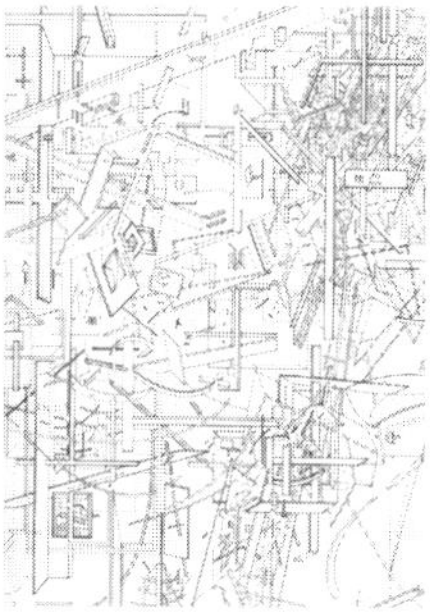

[図1] マイクロメガス　出典：DANIEL LIBESKIND : COUNTERSIGN, ST MARTINS, 1992（[図4]）同

忘却しないために――リベスキンドと希望の建築

一九七九年――終末の空間

それは解体から始まった。

長方形、L字型、棒状、円弧、台形、チューブ、円……。様々な要素が無重力の宇宙空間に飛散し、見るものに目眩をもよおさせる。ダニエル・リベスキンドの最初期の作品マイクロメガス（一九七九年）[図1]である。これは建築ではなく、ドローイングだった。しかし、アンビルドの建築ではない。むしろ、建築が爆破され、その破片が浮いているかのようなシーンだ。つまり、実現していない建築のドローイングではない。マイクロメガスは、最初から建築することを放棄している。細かい断片は、機械の部品のように見えるかもしれない。近代の建築が、機能主義を掲げ、機械をモデルにしていたことを想起すれば、機械の解体は近代の終りを暗示するだろう。実際、一九七〇年代はポストモダンの建築が本格的に開花した時期でもあった。リベスキンドはこう述べる。

「建築の分野におけるドローイングというものは、近代に至って記号としての独自のアイデンティティを持つようになる。建築を打ち立てようとする強烈な意志に加

［図2］ディステル　出典：デ・ステイル1917-1932展セゾン美術館、一九九七年

担する不動にして寡黙な共犯者の地位を得るに至ったのである。……（ドローイングは）あらゆる外的指示対象から切り離された純粋構成物として姿を現すことになる。……現代の形式的表現システムの方法は自らをなぞとして——すなわち、それがどのように使われるかが未定の、未知の道具としてさし出すのである」[1]。

建てられるべきものを透明に表象したドローイングは、やがてそれ自体が強い意味を持ちはじめる。例えば、近代におけるディステルの表現［図2］。鮮やかな色彩のパネルによって構成されたドローイングの形式は、建築を面に還元するデザインと密接に関わっている。マイクロメガスには、上もなく下もない。奥行きがない。絶対零度のフラットな超平面。すべての断片は極薄だ。そして密度の濃淡がある。ヴァンデル・ディターリンのドローイングのごとき、バロック的な過剰さを彷彿させるかもしれない。だが、マイクロメガスは古典主義的な透視図法を拒否する。立面図や平面図という制度にも頼らない。かろうじて建築的な断片が存在する。現実の代理ではなく、それ自体が表現を開発するドローイング。マイクロメガスは驚愕すべき終りの世界として登場した。

マイクロメガスを凝視しよう。すぐにただの断片の集積ではないことに気づく。あらゆる細部において空間が相互貫入し、エッシャーのだまし絵のように不合理な事態が発生している。解体のイメージだからというだけではなく、原理的に建築の不可能性を抱えていたのだ。それゆえ、ピラネージの描いた建築不能の迷宮空間の系譜に位置づけられるかもしれない。建築批評家のマンフレッド・タフーリは、ピラネージの「カンポ・マルツィオ」について、独立する諸部分が衝突しあい、時計

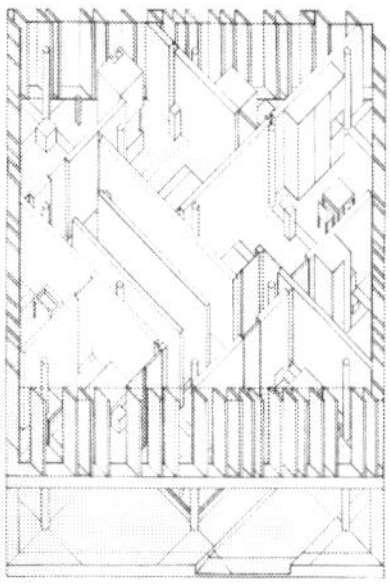

[図3] ヘイダックのダイアモンド・ハウス 出典：FIVE ARCHI TECTS, 1975

仕掛けの機械のようだと評している。[2]古典主義という制約があるとはいえ、このドローイングも幾何学的な平面が自動運動しながら、断片的な要素のヴァリエーションを増殖させる。

解体の建築家リベスキンドは、戦争と深い関わりをもつ作品を手がけている。例えば、ユダヤ人としてホロコーストと向きあう施設、戦争博物館、そして破壊された世界貿易センター跡地の再開発プロジェクトなどだ。その経歴を振り返ろう。一九四六年、彼はポーランドで生まれた。[3]その後、イスラエルに移住したが、五九年に音楽家を志し渡米する。しかし、高校を卒業後、建築に転向し、ニューヨークのクーパーユニオンで建築を学ぶ。リベスキンドは、ここで教鞭をとっていたジョン・ヘイダックの強い影響を受ける。ヘイダックは高度に抽象的な建築言語の操作を追求し、一九七〇年代にはピーター・アイゼンマンやリチャード・マイヤーらとともに「ニューヨーク・ファイブ」の一員とみなされた。彼は、斜めに配置した形態を平行投影するアクソノメトリック（軸測投影）の図法を好んで用い、各部分の関係を強調する［図3］。

ヘイダックの手法をさらに過激にしたのが、リベスキンドである。マイクロメガスが、過剰でありながら静的な秩序を同時に維持しているのは、ただ乱雑に形態が並んでいるからではなく、建築的な図法を採用しているからだ。これはアクソノメトリックのコラージュなのではないか。透視図法は消失点を中心としたヒエラルキーをもつが、軸測投影はすべての要素を等価に並べる。アクソノメトリックの軸を回転させながら、複数のドローイングを描き、一枚のフレームにすべてを重ねあわせている。マイクロメガスはめくるめく回転運動を抱えているのだ。回転は、リベスキンドの重要なテーマである。

後のリベスキンドのリュツォプラッツの住宅（一九九〇年）のプロジェクトや、おそらく最初の実施作である花博のフォリー（一九九〇年）は、複数の断片的な面を回転させながら立方体を解体している。破裂した造形。これらはマイクロメガスから派生した作品といえよう。

一九八三年——線と回転体

線があらわれる。

チェンバーワークス（一九八三年）［図4］の一連のシリーズにおいて、個々の要素は厚みを完全に喪失し、フレームが変形していく。与えられた枠組の中で、無数の線が交差し、自由に屈曲を繰り返す。あるいは湾曲し、カンディンスキーの絵のような躍動感を生む。建築の断片ではなく、線が自らの力で動く。マイクロメガスが緻密に構築されたドローイングだとすれば、チェンバーワークスはより即興的なデザインといえよう。チェンバーワークスという題名が室内楽（チェンバーミュージック）を連想させるように、このドローイングはきわめて音楽的である。もちろん、音楽に造詣が深いリベスキンドの背景を考慮すれば、この作品があらゆる建築の図面よりも現代音楽の楽譜と似ていることは偶然ではないだろう。そして時間とともに変化する音楽を参照しているがゆえに、動きを感じさせる。

チェンバーワークスは、ヴァーティカルとホリゾンタルという二つの系列をもつ。

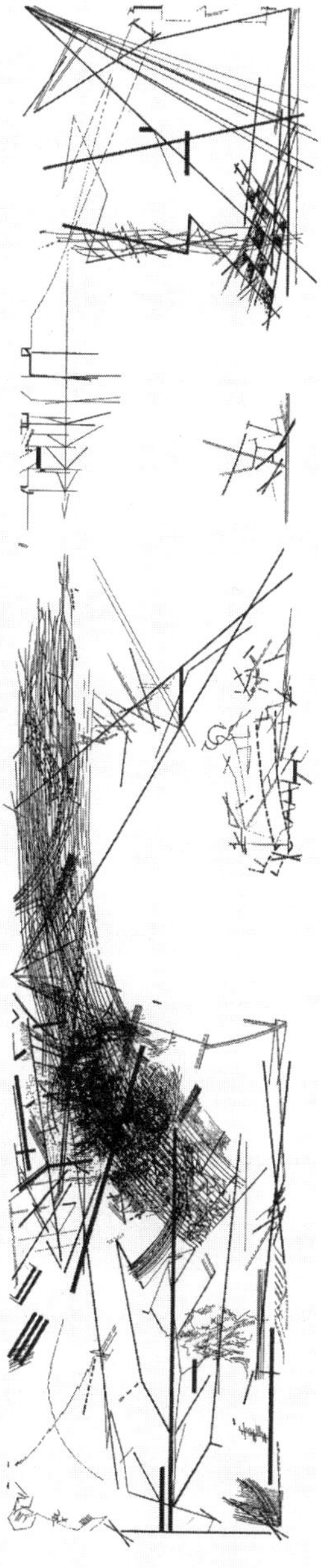

［図4］　チェンバーワークス

マイクロメガスは明確な方向性をもたなかったが、垂直と水平の軸が発生する。それぞれの系列のフレームは、一四枚の場面が展開するごとに幅を狭め、自由に泳いでいた線の集積が圧縮されていく。途中、ジグザグのラインを含む、様々な線の可能性が試される。そして最後には、フレーム全体がひとつの線に収束するかのようなドローイングが提示されるのだ。あるいは、こうも見えるだろう。喧騒のドローイングからどんどん距離が遠のくようにズーム・アウトし、音が聞こえなくなり、静寂の時を迎えた、と。このとき、リベスキンドは線の建築家という独自の立場を獲得した。

チェンバーワークスは、後のリベスキンドの建築を予感させる作品である。言うまでもなく、ジグザグのデザインはユダヤ博物館（一九九九年）に結実した。とりわけ、チェンバーワークスの最後の姿は、ベルリンのリンデン計画（一九九〇年）によく似ている。ベルリンの都市を貫く、線の構築体。このプロジェクトでは、鋭

［図５］ギャラリー間の「豊饒の沈黙」展　筆者撮影

いエッジをもった金属片の模型がつくられた。狭い幅のなかで極細の板が集積し、チェンバーワークスを図面とみなして、そのまま立ち上げたかのような造形になっている。実際につくられたガーデン・オブ・ラブ・アンド・ファイヤー（一九九二年）も、同様のデザインだ。

チェンバーワークスでは、マイクロメガスにおける面の厚みを喪失し、線の世界を展開するが、今度は線自体が厚みをおび、建築の世界に回帰した。

一九八〇年代半ばには「建築における3つのレッスン」（一九八五年）のインスタレーションを発表している。回転運動を行う美しい三つの機械だ。これはレオナルド・ダ・ヴィンチだけではなく、建築家の伝統を意識した作品だろう。古代ローマのウィトルウィウスの『建築書』では、水力や戦争の機械の設計も建築家の仕事とみなされていた。

回転体のアイデアは、ギャラリー間における「豊饒の沈黙」展（一九九四年）でも使われている［図５］。垂直に立つ巨大な円盤が回転しながら会場の内外を往復し、メタリックな模型の台が回転運動を行う。ヴァーチャル・ハウス（一九九七年）のプロジェクトでも、回転をテーマに掲げている。「建築の３つのレッスン」において、読む機械に中世、記憶の機械にルネサンス、書く機械に近代を対応させていることを踏まえれば、ここでは第四の教えとして現代がわり当てられるだろう。またソールズベリーのマグナカルタ・プロジェクト（二〇〇〇年）は、正方形の平面を旋回させながら、頂部では円形に変容させている。

この時点でリベスキンドに実作はない。そもそも最初から建築をデザインしたわけでもない。建築以前の純粋なドローイングなのだから。だが、コンセプチュアルな作品によって、彼は建築界における存在感を増していった。いやマイクロメガスとチェンバーワークスは、後のアイデアを凝縮した重要な作品であることを考えれば当然かもしれない。

一九八九年――斜めの建築

そして建築に着手した。

建築家としてのリベスキンドのイメージは、MOMAの「デコンストラクティヴィスト・アーキテクチュア」展（一九八八年）に参加したことによって、圧倒的に流布した。同展では、フランク・ゲーリー、レム・コールハース、ピーター・アイゼンマン、ザハ・ハディド、コープ・ヒンメルブラウ、バーナード・チュミ、そして彼を含む七組の建築家を紹介している。いずれも造形が激しく歪み、建築の統一性を解体する傾向をもつ。筆者の記憶によれば、この直後の卒業設計では、各大学でチュミやリベスキンドの模倣が流行していた。「デコンストラクティヴィスト・アーキテクチュア」展のカタログでは、リベスキンドが初めて本格的な建築に挑戦し、IBA（ベルリン国際建築展）の再開発コンペで一等を獲得したシティエッジ（一九八七年）のプロジェクトを収録している。

リベスキンドのシティエッジ［図6］では、線が構築物と化している。配置図を見ると、あたかもチェンバーワークスのドローイングを実際のベルリンの地図に重ねあわせたかのようだ。それぞれの線には意味が与えられ、シュペーア、ミース、ベ

［図6］ シティエッジの模型 出典：DECONSTRUCTIVIST ARCHITECTURE

ンヤミンなど、ベルリンに関わる固有名を参照している。抽象的な形態に性格を設定する態度は、建築詩人になった後期のヘイダックも連想させるだろう。例えば、ヘイダックの八〇年代のマスクのプロジェクトでは、無数の構築物が群をなし、それぞれに死者の家、自殺者の家、役立たずの家などの名前を与え、都市の無意識を掘り起こす。建築による仮面劇である。もっとも、ヘイダックの方がより感傷的であり、アレゴリカルな表現といえよう。

シティエッジのプロジェクトは、住宅、幼稚園、事務所、商業施設、工業施設、公共施設などを含むが、主要な細長い構築物は、傾斜しつつ片方が持ち上げられている。この作品は回転体の系譜も継承しており、その内部において巨大な円が転っていく。構築物の端部は一〇階の高さにまで到達し、ベルリンの壁を見下ろす。そこに赤い棒状の柱や衝立が幾つも貫通し、下部ではひだのように線が走り、ときには複数の線が交差する。結局、彼の一等案は資金難などから実現しなかった。しかし、模型はおびただしい文字や図面の断片におおわれ、本やハンマーも組み込む。他のデコンストラクティヴィストが、あくまでも現実の建築を代理するものとして模型を制作しているのに対し、リベスキンドだけは模型自体が作品として自律した価値を備えており、圧倒的な強度をもつ。実際、シティエッジのプロジェクトについて、リベスキンドはただの模型ではないと答えている。

リベスキンドは、卓抜なセンスによって、文字や建築図面の印刷物、ならびに三次元のオブジェをシティエッジの模型にコラージュしている。公式に確認できる最初の作品プレグマ（一九七八年）［図7］がコラージュであることは興味深い(4)。これは

［図7］プレグマ　出典：THE SPACE OF ENCOUNTER

ギリシア神殿、出窓、彫像の断片、馬の蹄、テキストをつぎはぎしたものだった。次元の異なるものを越境してしまうこと。なるほど、彼の展覧会は、建築と模型の境界を揺るがす。第五回ヒロシマ賞受賞記念の「ダニエル・リベスキンド展」（二〇〇二年）では、各部屋に入りうる限界のサイズで巨大な模型がつくられ、人の歩行さえ困難にしていた。上から全体を眺める常識的な模型ではない。それ自体が空間的なインスタレーションであり、建築的な規模に達していた。

同じ展覧会に括られているだけに、シティエッジは、チュミのラ・ヴィレット公演の細長い構築物やコープ・ヒンメルブラウの作品と類似している。傾斜する形態は、ロシア構成主義を参照したものだろう。例えば、巨大なヴォリュームが斜めに傾くメーリニコフのガレージ・プロジェクト。リベスキンドは、線とは運動であり、ロシア構成主義は線を導入したという[5]。彼はエル・リシツキーへのオマージュ（一九九〇年）も捧げている。またブレーメンのコンサートホール計画（一九九五年〜）の斜めに大きく張りだす階段席は、メーリニコフのルサコフ・クラブ（一九二八年）を連想させるだろう。建築批評家のマーク・ウィグリーが指摘したように、デコンストラクティヴィストのデザインは、現代思想の影響というよりもロシア構成主義の隔世遺伝として解釈できる[6]。例えば、タトリンの第三インターナショナル（一九一九年）、あるいはチェルニホフやロトチェンコらのデザインなどだ。

ロシア構成主義は静的な建築に斜めの要素を入れ、動きを与えた。斜線は、安定した古典建築の基本原理である左右対称性を脅かす。忌わしい建築の他者である。チェコ・キュビズムも、大胆な斜めのデザインで知られるが、線ではなく面のカットにおいて活用していた。また左右対称性を崩さなかった点は、リベスキンドと大きく異なる。ところで、斜めの線は戦争と深い関わりをもつのではないか。大地の上で行動する場合、水平線が重要な基準となる。しかし、空を飛行すれば、視覚のフレームは不安定になり、斜めの構図が発生するだろう。未来派の絵や戦争絵画は、戦闘機の視点を表現するために、大きく傾いた構図をよく用いている。現在はメディアテクノロジーの評論家として知られるが、かつて建築家だったポール・ヴィリリオは、水平と垂直に代わる「斜めの機能」を唱え、建築にダイナミズムを導入しようとした。リベスキンドも斜めの建築家といえよう。

最近の北帝国戦争博物館（二〇〇一年）やデンヴァー美術館増築計画（二〇〇〇年〜）は、造形だけに注目すれば、ゲーリーの作風と似ている。例えば、形態が炸裂したビルバオのグッゲンハイム美術館が連想されるだろう。しかし、フランク・ゲーリーがアーティスティックなセンスで自由な造形を試みるのに対し、リベスキンドは知的な形態のパズルを行う。北帝国戦争博物館は、地球という球体の再構成をイメージしつつ、大地の断片、水の断片、空の断片の三つの要素を組み合わせ、それぞれが陸海空軍を象徴している。[7] またリベスキンドを他のデコンストラクティヴィストと隔てる最大の特徴は、ベルリンの歴史を強く意識していることだ。複雑な形態の操作が目的なのではない。都市の記憶を喚起することが重要なのだ。

ライン・オブ・ファイヤー（一九八八年）は、ジュネーヴ現代美術センターの会場いっぱいに繰り広げられる赤い線状のインスタレーションだった。会場を切り裂く弾道。ジグザグの造形に焦点をあてたという意味でも重要だ。つまり、ライン・

オブ・ファイヤーは、ユダヤ博物館のスタディ模型としてもみなせる。このとき彼は「線に基づいた建築」や「線になる建築」を考察した[8]。通常、建築における線は壁を意味するのだが、リベスキンドの場合、線は方向性をもったヴェクトルであり、運動を含意する。立面において、ジグザグをそのまま立体的なオブジェにすることは、魚津市のアウトサイドライン（一九九七年）において実現した[9]。山の斜面を走る赤色のレッドライン、くねくねと曲がる遊歩道のランゲージライン、そして展望台から構成される。

一九八九年、リベスキンドは、ベルリン博物館ユダヤ部門増築計画のコンペに勝利し、大きな転機を迎える。おそらく、ライン・オブ・ファイヤーの頃には、もう構想を練りはじめていたのだろうが、目を引くのはジグザグの造形である。過去にも雁行形プランの建築は存在したが、直角ではなく、鋭角に何度も折れ曲がる作品は類例がない。変わっているのは、平面だけではない。立面においても、壁は大きく傾く。もっとも、このプロジェクトがビトゥイーン・ザ・ラインズ／ユダヤ博物館として実現化したとき、壁はまっすぐになっている。ホールならともかく博物館だから、展示の問題を考慮すれば、さすがに斜めの壁はきついかもしれない。ともあれ、ベルリンの壁が崩壊した歴史的な年、彼は実際に建築をつくるチャンスを初めて獲得した。

その翌年、リベスキンドはベルリンに移住する。

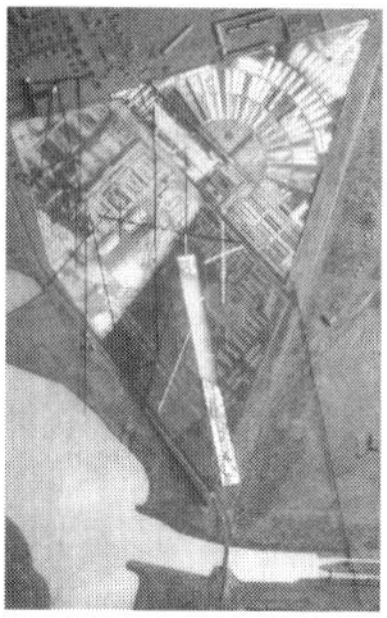

［図8］ ザクセンハウ強制収容所跡の都市計画

［図9］ 旧ザクセンハウ強制収容所の現状　筆者撮影

一九九三年――生まれざるもの

続く一〇年、活動は加速した。

一九九〇年代、リベスキンドは多くの都市開発のコンペに参加したが、やはりベルリンのものが多い(10)。いずれも実現していないが、その精力的な創作意欲には驚かされる。例えば、アウト・オブ・ライン／ポツダム広場都市計画（一九九一年）は、シティエッジを複数化しつつ、リンデン計画と合成したようなデザインであり、多様な世界の衝突として一〇本の線を交差させたものだ。他にも、群島状の街区が並ぶアーキペラゴ・リヒターフェルデ・ジュットの計画（一九九四年）、大きな円と破片のような建築群をもつランツベルガー・アレー都市計画（一九九五年）などである。特に、ザクセンハウ強制収容所跡の都市計画（一九九三年）［図8］とアレクサンダー広場計画（一九九三年）は、歴史の忘却に進むベルリンへの批判的なプロジェクトだ(11)。

ザクセンハウは、ベルリン郊外の最初の強制収容所である［図9］。かつて一〇万人の他者を収容した死の都市。三角形の敷地において、監視所を起点としながらバラックが放射状に並び、パノプティコン的な構成をもつ。ここは今でも寂しげな風景が広がっている。それを前にしたリベスキンドは、一万戸の住宅を設計し、かつ旧施設をすべて再利用するというコンペのプログラムを拒否した。他の建築家は適当なランドスケープによって町の歴史を消去しようとしたのに対し、彼は「忌わしい歴史との関連は、新しい時代に生まれて強制収容所を直接経験したことのない若い世代に対して曖昧にしておくべきではなく、むしろ建築という形で、つまり記憶と生産的未来の両方を象徴する建物をデザインするという形で明確化されるべき」だという。

リベスキンドは、ザクセンハウに「希望の裂け目」を挿入することで、強力な中心軸をもっていた敷地の力学に干渉し、親衛隊の施設をゆっくりと崩壊させることを提案した。新しい建築を完成して終りでもなく、保存して時間を止めるのでもなく、朽ち果てていく時間の流れをデザインの対象としている。更地にして新築か、完全に保存するかをすぐに決定することがしばしば要請されるが、第三の道として廃墟となる自由が与えられたのだ。結局、コンペの要望違反のために一等を逃すものの、特別賞を与えられる。

アレクサンダー広場は、しばらく荒れていたが、ベルリン統合によって都市の中心に返り咲いた場所である。ここの開発コンペにおいて、他の建築家は旧東ドイツの既存施設をすべて壊すことを前提にしていた。しかし、開発は戦争以上に都市を破壊する。リベスキンドは、全体主義的な計画を拒絶し、「都市をもう一度破壊してよいとは考えない。……既存部分と新しい部分、つまり開発可能部分とのあいだの直接的な相互作用が求められている」という。そして価値がないとされた東ドイツ時代の施設を受け入れ、パラサイト的な構築物を挿入し、街路を再利用する。「私は現在あるものに追加と変更を提案するのであって、全体を変えようというものではない」。リベスキンドは、急激に変化するベルリンの都市開発が「すこぶる退屈」であり、「凡庸」だと述べている。歴史を抹消しているからだろう。

リベスキンドは、敷地を白紙に還元する近代の都市計画を否定しており、都市の文脈を重視するコンテクスチュアリズムの立場に近い。しかし、それがしばしばノスタルジーに迎合した保守的なデザインに陥りやすいのに対し、彼は大胆な造形によって都市を刺激する。地域主義と呼ぶには、形態の個性が強すぎるだろう。また客観的な分析を採用するのではなく、アレクサンダー広場近くに住んでいたある医師兼作家に注目するなど、恣意的ともいえる特殊な読解を行う。ユダヤ博物館にホフマンの庭があるのも、『くるみ割り人形』の作家である彼がこの敷地の隣で裁判官として働いていたという歴史ゆえだ。リベスキンドは世界各地を転々としていたが、ベルリンを拠点としてからは、この地の歴史を引き受け、都市プロジェクトにおいて強度を発揮する。

九〇年代は数々のコンペに建築のプロジェクトを提出した。例えば、とびだす形態のザンクト・ポルテン文化センター（一九九二年）、広場に巨大な直方体を持ち上げたトゥール現代美術センター（一九九三年）、各棟が複雑に相互貫入するヴァイスバーデン・オフィス（一九九三年）、ギザギザの構築物を隙間に挿入するアイルランド・ナショナル・ギャラリー増築計画（一九九六年）、テムズ川に居住できるねじれたタワーを提案したヴァーティカル・ブリッジ（一九九六年）、直方体を相互貫入させたメキシコのＪＶＣ大学（一九九八年）、ランドスケープを積層したサンチアゴ・デ・コンポステラの文化センター（二〇〇〇年）などである。

リベスキンドがユダヤ人建築家であることから、ユダヤ関係の施設も多い。例えば、本をモチーフにしたデュイスベルグのコミュニティ・センター（一九九六年）、

（左頁右）［図10］　ストーンブレス
（左頁左）［図11］　フェリックス・ヌスバウム美術館

ダビデの星に触発されたドレスデンのシナゴーグ（一九九七年）、多孔質の壁をたてるストーンブレス／ユダヤ人犠牲者のメモリアル（一九九七年）［図10］、曲線的な破片から構成されたマンチェスターのショア・センター（一九九九年）などである。どれもコンペ案だが、既存の建物に傾いた直方体を挿入するサンフランシスコのユダヤ博物館（一九九八年〜）は建設予定のようだ。また彼は、「K」（一九九四年）や「建築家」（一九九七年）など、劇場の舞台装置のデザインも手がけている。

一九九九年——希望の空間

実際の建築が立ちあがる。

長くアンビルドの建築家として君臨していたリベスキンドだが、一九九〇年代はついに幾つかの作品が実現する。ディコンストラクティヴィストの祭典となった国際花と緑の博覧会のフォリーを皮切りに、フェリックス・ヌスバウム美術館（一九九八年）［図11］、ユダヤ博物館（一九九九年）、マンチェスターの北帝国戦争博物館が完成した。また実現される予定のプロジェクトとしては、スパイラル／ヴィクトリア&アルバート美術館増築計画（一九九六年〜）［図12］やデンヴァー美術館増築計画がある。いずれもミュージアムであり、しかも増築であることは興味深い。リベスキンドは記憶にたずさわるミュージアム拡張の建築家なのだ。

フェリックス・ヌスバウム美術館は、抹殺されたユダヤ人画家の作品を収蔵する施設だ[12]。ここではT字型の既存施設に対し、激しく接近し、部分的に衝突、あるいは断絶するような増築を行う。リベスキンドのダイナミックな世界観がよくあらわ

［図12］ヴィクトリア&アルバート美術館増築計画、模型

れている。一方、ヴィクトリア&アルバート美術館の計画は、十分な敷地をとれないために、中庭において垂直方向に空間を展開させる。[13] 増築部分は、スパイラル状に旋回しながら上昇し、既存施設の高さを凌ぐ。これはリベスキンドの回転というテーマの変奏であると同時に、螺旋状に連続するフランク・ロイド・ライトのグッゲンハイム美術館やル・コルビュジエの渦巻き状に成長する美術館という前例を意識したものだろう。

ところで、リベスキンドの場合、実現という表現は注意したほうがよい。彼は建築における「実現化（リアライズ）」という言葉自体が良くないと指摘している。[14] ドローイングから実物ができるという「説話的な構造」として建築を考えていないからだ。建築とメディアのあいだのヒエラルキーを解体している。そうすれば、ドローイング、模型、建築が「別の意味をもった等価なシンボルとしてあらわれる」。リベスキンドにとっては、補助的な手段とみなされているドローイングも模型も、それ自体が完結したものである。いや、「実際の建築、建てられたものは、ドローイングの表象化でしかないと言うことすらできる」という。物理的な実体は最終的な目的ではない。ドローイングの達成として建築があるのではなく、建築こそがドローイングの表象だとしたら。スケッチから完成へという建築的な時間の概念がよじれている。クロニクルに記述したこの論文も冒頭に向かって読むべきなのかもしれない。

リベスキンドの図面は大変に読みにくい。それは建築を専門的に学んだ人にとっても容易に理解されることを拒む。なぜか。複雑な空間の構成をもつからだけではない。部屋と部屋を廊下でつなぐのではなく、廊下のような移動空間だけが続くデザインも、その一因だろう。だが、最大の理由は、おびただしい線が図面をおおい尽くしていることだ。例えば、実現されたユダヤ博物館の図面を見ればわかるのだが、本来、必要とされない線があまりにも多い。つまり、実際に存在する壁の線以外にも、無数の線が引かれているのだ。ときとして楽譜の一部も混入している。建築家は、デザインを決定するために、スケッチ段階では様々な補助線を引く。通常の図面では、こうした線は削除されるのだが、リベスキンドは意図的に残しているようだ。壁を示す線も、実在しない線も、明白な優劣をつけることなく、等価に扱う。図面の文法を無視しており、それゆえ、わかりにくいのだ。

亡霊のような線はどこからやってくるのか。傷跡のようにも見える無数の線は他者の空間をなぞる。それは都市の無意識をえぐりだす。それは戦争やホロコーストの記憶を掘り起こす。リベスキンドの建築は他者の線にさらされている。ベルリンの再開発がそれらを抹消し、土地を明るい風景に塗り変えるのとは対照的に。不可視の線は都市の幾何学を浮かびあがらせる。彼は、文化人の住所をもとにベルリンの地図に巨大なダビデの星を描き、その線を再構成することにより、ユダヤ博物館のジグザグのラインを導く(15)。図面に書き込まれた過剰な線はそれだけではない。その他の線はユダヤ博物館の外構計画やランドスケープにも反映されている。あるものは建築として物質化し、あるものは図面の上にとどまっている。線の闘争として、リベスキンドの建築は立ち上がるのだ。

一九九九年、ユダヤ博物館［図13-15］は収蔵物がない空っぽの状態で公開された。

［図13］ユダヤ博物館　筆者撮影（［図16］まで同）

展示室の内装も完全に仕上げていない、コンクリートむきだしの瞬間が、最も美しかったに違いない。博物館としてオープンしてからは、膨大な展示物により、リベスキンド独自の空間が隠れてしまっているからだ。壁の開口部を座標によって指示したり、ジグザグを貫く直線の交差部にヴォイド（何もない空間）を配置したことは、新しい建築の手法として評価できるだろう。また三つの軸線が交差する地下は、展示に邪魔されず、彼の意図した空間が実現している［図16］。床が傾く通路は鋭角に交わり、歩いているとすぐに方向感覚を失う。建築としては異常な空間だが、ヨーロッパの庭園の系譜に連なるものとして考えれば、それほど不思議ではない。つまり、ユダヤ博物館は建築の他者としての庭園を地下に埋め込む。

三つの軸が絡む地下は抽象的なテーマパークである。連続性の軸を進むと、ユダヤ人の歴史を紹介する展示室につきあたる。亡命の軸は、四九本のコンクリートの柱が立つホフマンの庭に向かう。四八本の柱はドイツの土、中心の一本はエルサレムの土を入れ、一九四八年のイスラエル誕生を象徴する。放浪の果てに約束の地に到達するというわけだ。ホロコーストの軸の彼方には、重苦しいホロコースト・タワーが存在する。当初、リベスキンドは完全に閉ざされた空間を考えていたが、最終的には希望の意味を込めて、光が差し込むスリットを入れたという。

ユダヤ人の歴史のみならず、このプロジェクトも紆余曲折し、完成までに一〇年を要している。しかし、ユダヤ人のための公共施設がナチスの忌わしい記憶を抱えたベルリンに出現したことは大きな希望である。建築を通し、ドローイングだけでは結びえない社会との回路が生まれたからだ。プロジェクトの実現化にあたっては、

〔図14〕 ユダヤ博物館、模型

〔図15〕 ユダヤ博物館、外壁

〔図16〕 ユダヤ博物館、地下通路

彼の妻が大きな重要な役割を果たしたらしい。ユダヤ博物館は希望の建築である。

二〇〇一年――グランド・ゼロの跡地に

9・11は、ユダヤ博物館の正式なオープニングの日だった。

二〇〇一年のあの日、展示物をそろえ、博物館として活動を開始するのに合わせ、筆者はロンドンからベルリン入りし、その晩にテロの第一報を聞いた。事件の影響から、ユダヤ博物館のオープンは数日延期され、厳戒体制がとられた。ヨーロッパでも次に何が起きるかわからないというものものしい雰囲気に包まれていた。それゆえ、筆者にとって世界貿易センタービルの崩壊とユダヤ博物館の始動は奇しくも重なっている[16]。

二〇〇二年、グランド・ゼロの跡地の再開発では、経済優先の凡庸なビル群の案が幾つか提出されたが、追悼施設を要望する遺族らの反対にあって撤回となる。結局、世界の建築家によるコンペを行うことになり、一次審査では四〇〇組が参加した。一二月一八日、ニューヨーク市の南部マンハッタン開発公社は、選抜された七組の建築家のプロジェクトを発表した。ノーマン・フォスター、アイゼンマンとマイヤー、坂茂とラファエル・ヴィニョリ、妹島和世+西沢立衛、若手建築家の連合ユナイテッド・アーキテクツ、そしてリベスキンドらのチームである。フォスターの案は、三角形を単位としたスマートなツインタワーである〔図17〕。アイゼンマンの案は、複数の高層ビルを空中で連結させる〔図18〕。ピーターソンの案は、犠牲者の席数をもつ屋外劇場を置く。坂の案は、ツインタワーのシルエットを格子状のス

［図17］　フォスターの世界貿易センター跡地案

ケルトンによって浮かびあがらせる［図19］。これらとは別に、ガウディによるニューヨークの幻のホテル計画を建てる案も検討されていた。とうもろこしが林立するサグラダ・ファミリアと似た造形である。

では、リベスキンドはいかなるプロジェクトを提示したのか(17)。

ここでも彼は現場の完全保存か開発かという二項対立をズラすようなプロジェクトを狙う。全体のデザインは、円や斜線など、彼らしい建築的要素から構成されている［図20］。リベスキンドの集大成とでもいうべき作品だ。鋭角にカットされた高層ビルが並ぶ。人々は事件と記憶の博物館に入り、真下の瞑想空間グランド・ゼロに到達する。ここは二つの高層ビルの跡地が認識できるメモリアルサイトだ。つまり、このプロジェクトでは、えぐられた大きな空地を中心に置く。そしてグランド・ゼロのまわりには、緑を植えた大きなリング状の高架遊歩道が浮かぶ。

リベスキンドは、グランド・ゼロを整備した後、高層ビルを段階的に増やすプログラムを設定した。グランド・ゼロの隣には「英雄の庭園」と「光のウェッジ（くさび）」を配している。敷地には大きなV字を刻む。これは犠牲者のために、九月一一日の午前八時四六分から一〇時二八分まで、すなわち最初の航空機が激突した瞬間から二番目のタワーが崩壊した時刻のあいだ、その場所に影ができないように計算されたランドスケープだ。一年のある瞬間に光が差し込む太古のモニュメントを連想させるだろう。もっとも、「英雄」という言葉の使い方は、アメリカに同化しすぎており、いささか気になるのだが。ともあれ、建築家のコントロールが難しい大規模な開発だが、スケールを生かしたメモリアルを組み込む。また周囲のビル

[図18] アイゼンマンらの世界貿易センター跡地案

の高さを凌ぐ、積層された垂直な「世界の庭」も提案している。庭園は生命の肯定だという。希望の象徴としての庭である。

二〇〇三年――二一世紀最初のモニュメントへ

イラク攻撃の直前、リベスキンドはコンペに勝利した。

想像を絶する悲劇の舞台に何を建てるべきか。世界貿易センター跡地の計画は、人々の思い入れが強いだけに難しいプロジェクトである。実際、様々な議論が起きた。例えば、強いアメリカを誇示する超高層ビル、それとも死者を弔うメモリアル施設、あるいはそもそも建てないべきか。しかし、世界の注目を集めたコンペの結果が二〇〇三年二月末に発表された。優勝者はリベスキンドである。ちなみに、最終選考に残ったもう一組は、坂茂や東京国際フォーラムの設計で知られるラファエル・ヴィニョリらのチーム Think Design である。

どちらの案が選ばれても、話題性はあっただろう。リベスキンドは、ホロコーストの悲劇を引き受けた建築によって成功した。そして今度は二一世紀最初の悲劇である同時多発テロの跡地開発だ。一方、坂が残っていれば、世界貿易センターの設計者が日系アメリカ人のミノル・ヤマサキだったのに続き、再建のプロジェクトでも日本人が関わることになった。また坂は、阪神大震災の後に紙の教会を建てたり、ルワンダに難民用の住宅を開発するなど、社会派的な建築家でもある。

リベスキンドは鋭角を強調した複雑な造形、坂は明快なスケルトン構造であり、一見、対照的な作風だが、この二人は意外な共通点をもつ。ともにクーパー・ユニ

［図19］ 坂茂らの Think Design による世界貿易センター跡地案

［図20］ リベスキンド・チームの世界貿易センタービル跡地開発案

オンで学び、ジョン・ヘイダックの影響を受けているのだ。彼は実作の少ない建築家だったが、前期の幾何学的な構成への探究は坂に、後期の詩的な建築ドローイングはリベスキンドに継承されている。つまり、最終選考はクーパー・ユニオン対決だった。そしてこの学校がニューヨークにあることも興味深い。二人は地元に縁りのある建築家なのだ。

そうした意味でもリベスキンドのプレゼンテーションは秀逸だった。彼が一〇代半ばのとき、移民として初めてマンハッタンに船で到着した際の印象を回想し、自由の女神と彼の案を一望するドローイングを提示する。なるほど、右手を高く掲げた像のシルエットは、細い尖塔がのびるデザインとよく似ていよう。しかも世界一高い一七七六フィート（五四一メートル）。この数字はアメリカ独立の年を象徴している。彼は、世界貿易センターの二つのビルの跡地を保存し、グランド・ゼロの空地を中心としてまわりに高層ビルを林立させた。

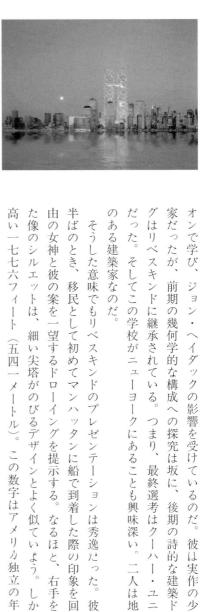

またV字型の広場を設け、毎年九月一一日の事件の時刻になると、ちょうど影をつくらず、太陽光であふれるように計算されている。七組の提案では、死者を追悼する空間をもっとも効果的に組み込んだものといえよう。坂らの案は、ツインタワーの骨組に博物館などの文化施設を挿入した世界「文化」センターであり、構造的なアイデアはリベスキンドよりもすぐれている。全体的なわかりやすさでは、超高層の輪郭をはっきりさせたフォスター、アイゼンマンの案も印象的だった。しかし、結果から言えば、メモリアル機能が優先されたのだろう。

当初、リベスキンドは実作に縁のない建築家と思われていたが、今や世界一の超高層ビルの設計者になった。また一九八九年にユダヤ博物館のコンペに勝利してからは、博物館の仕事が続いている。やはり記憶を扱う施設が得意なのだ。前述したように、9・11はユダヤ博物館の一般向けのオープニングであり、世界貿易センターの命日とリベスキンドの代表作の誕生日は重なっている。そして前者の跡地において彼が設計者として選ばれた。不思議な因縁を感じてしまう。いや、同日に世界貿易センタービルの消滅とユダヤ博物館の誕生が重なったという偶然は、このあまりにもよくできた物語によって、必然性をおびてくるのではないか。二〇世紀最大の悲劇ホロコーストの悪夢から二一世紀最初の惨事を弔う施設へ、同じ建築家によってバトンタッチされることになった。次の問題は彼の案が本当に実現されるかどうかだ。すでに変更が要請されている。最近のアメリカでは、コンペに勝っても、実質的な設計を任せられない場合がある。リベスキンドにとっては、これからが本当の闘いだ。

〈註〉
（1）D・リベスキンド「マイクロメガス　終末空間の建築」（『ダニエル・リベスキンド展』広島市現代美術館、二〇〇二年）
（2）M・タフーリ『球と迷宮』（PARCO出版局、一九九二年）
（3）"DANIEL LIBESKIND"JARON VERLAG,2001.
（4）D.LIBESKIND"THE SPACE OF ENCOUNTER"UNIVERSE,2000.
（5）リベスキンドと小林康夫の対談『「歴史」という空間』（『建築文化』一九九五年一二月号）
（6）"DECONSTRUCTIVIST ARCHITECTURE"MOMA,1988.

（7）『a＋u』二〇〇二年一〇月号
（8）『a＋u』一九八八年八月号
（9）『建築文化』一九九七年一二月号
（10）"EL CROQUIS :DANIEL LIBESKIND 1987-1996"1996や、D.LIBESKIND"RADIX-MATRIX"PRESTEL,1997などを参照。
（11）『建築文化』一九九五年一二月号
（12）『a＋u』一九九八年一二月号
（13）『建築文化』一九九六年一一月号
（14）八束はじめのインタビュー（『SD』一九九〇年二月）による。
（15）D.LIBESKIND"JEWISH MUSEUM"ERNST & SOHN,1992や"THE JEWISH MUSEUM BERLIN"STADTWANDEL VERLAG,1999および、『建築文化』一九九八年七月号などを参照。
（16）拙著『近代の神々と建築』（廣済堂出版、二〇〇二年）
（17）http://www.lowermanhattan.info/rebuild/new_design_plans/9designs.asp

増補

［図１］救助隊のレリーフ　二〇〇六年撮影

9／11メモリアル・ミュージアム——圧倒的な不在と膨大な情報を見る

不在としてのモニュメント

世界貿易センタービルは、瞬時にして世界が同じ映像的な記憶を共有する建築となった。今や最も有名な失われたモニュメントである。一九九〇年代の半ばに筆者が初めてニューヨークを訪れたとき、このタワーにのぼって、山脈のように連なるマンハッタンのビル群を眺めたが、島の南端に位置し、都市全体を俯瞰するのに絶好の高い場所だった。

9・11の五年後の二〇〇六年九月、世界貿易センターの跡地を訪れると、そこには何もなく、閉鎖されていた。通常の観光は、物理的な存在を目るために出かけるが、わざわざ、二本の高層ビルがなくなったことを現場で確かめるために足を運んだのは、奇妙な経験である。もっとも、街並みをすべて覚えていたわけではないから、周囲を眺めても喪失感がわいてこない。見通しがよくなったというくらいの印象だ。頭の中で衝撃の映像を再生しながら、ビジネスマンが足早に通り過ぎる現場と事件を結びつける。ただし、付近には、国家の「英雄」とされた犠牲者の名前の一覧、あなたを忘れないという遺族のメッセージが壁に貼られていたほか、巻き添

（右）［図2］二〇一四年に開業した1WTC
（左）［図3］カラトラヴァ設計ののオキュラス

えになった救助隊のレリーフ［図1］などがあって、静かなかたちで聖地と化していた。
むしろ、9・11の余波を強く感じたのは、ワシントン・ダレス空港（エーロ・サーリネン設計、一九六二年）やピッツバーグのPPGプレイス（フィリップ・ジョンソン設計、一九八四年）など、建築家が設計した作品を撮影しようとしたら、警備員に問いつめられたことである。セキュリティが厳しくなった。誰もが通れる公共の空間であっても、写真を撮影できない理由を聞くと、「9・11」の一点ばりでダメだという。建築のファンがテロリストに見える時代なのだ。

グランド・ゼロは紆余曲折を経て、象徴性が高いダニエル・リベスキンドの案が、経済性やセキュリティなどの優先によって、なし崩し的に変更されたが、全体のマスタープランに彼の痕跡が残っている。自由の女神に見立てたビルのデザインなどは消えたが、空白としての中心＝グランド・ゼロを高層ビルが囲むイメージは維持された。SOMが設計した五四一メートル＝アメリカの独立年にあわせた一七七六フィートに到達する、最も高いワン・ワールド・トレードセンター（以下、数字＋WTCと表記）［図2］のほか、ノーマン・フォスターによる2WTCや、槇文彦の4WTCなど、複数の高層ビルが建設された。近くのサンティアゴ・カラトラヴァが設計した交通ハブ［図3］は、鳥が羽根を広げたような独特の屋根が特徴である。

事件から十年後の二〇一一年九月一一日、9／11メモリアルがオープンした。ツインタワーの跡地において、かつての建物の輪郭をなぞるように、地面を深く抉った二つの空洞を設け、滝のように絶えず水が落ちていく正方形のプールが出現した［図4］。地上にそびえるモニュメントはない。プールのまわりには、犠牲者全員の

(右)[図4] タワー・プールをのぞく
(左)[図5] プールを囲む犠牲者の名前

名前が刻まれ、各個人のデータを引きだしたり、名前の位置を調べるための情報機器が隣接していた[図5]。さて、二本のビルの不在は、地面よりも下の何もない空間によって表現されている。世界貿易センタービルを実際に見たことがない来場者も、かつてビルが建っていたのと同じ場所に、ビルと同じサイズの二つの穴が存在することで、具体的な空間の経験として、建物が消えてしまったことを実感するだろう。

プールは二段構えで低くなっており、中心のもっとも低い四角い床の部分はまわりから見えない。したがって、のぞき込むと、深淵の奥に引き込まれるような恐ろしさを感じさせる、巧みなデザインである。東日本大震災の震災遺構はほとんど解体されたが、9／11メモリアルは、モノそのものが破壊されてなくなったとしても、現場に巨大な空洞をつくることによって、強烈な不在を感じさせるデザインがありうることを提示した。つまり、構築物がないことによって悲劇を想起させるメモリアルである。すなわち、不在を可視化させるのだ。なお、二〇〇四年のコンペで選ばれた若手建築家のマイケル・アラッドがプールを設計し、周囲のランドスケープはピーター・ウォーカーが担当した。

地下に広がるミュージアム

二〇一四年五月には、二つのタワー・プールの真下に9／11メモリアル・ミュージアムが開館した。

（右）［図6］スノヘッタ設計のパヴィリオン
（左）［図7］地下の防水壁と最後まで残った一本柱

プールの横にある傾いた造形のパヴィリオンから地下にもぐっていく［図6］。途中、エスカレーターの横には、世界貿易センタービルの壊れた大きなマリオンが展示されており、見上げると、ガラスの屋根越しに、天に向かう1WTCが視界に入る。

完全に自然光が遮断されたエリアに到着すると、9・11の直後に人々のあいだで交わされた言葉が文字化され、スクリーンに投影された展示が見学者を出迎える。さらに地下に降りると、突然、地上からは想像できないような大きな空間が広がる。左手に見えるのが、近くのハドソン川からの水の侵入を防ぐためにつくられた巨大な防水壁だ。これは本来、ビルが完成したら、二度と見ることができないはずの土木工事だったが、同時多発テロの後、地下がまた掘り返され、人目に触れることになったものである。そしてリベスキンドも重視していた部分だった。この地下空間を歩くと、世界貿易センタービルの基礎と柱の痕跡もそのままの場所で保存され、古代の遺跡を見ているようだ。

興味深いのは、グランド・ゼロに立ち続けていた「最後の柱」だ［図7］。多くのメッセージが書き込まれ、二〇〇二年五月に荘厳な儀式を行った後に切断され、聖なる柱として扱われた。東日本大震災における奇跡の一本松のように、最後まで残っていたことで、9・11のシンボルとなった存在である。現在は地下の大空間のなかで、トーテムポールのように、ぽつんと立つ。ほかにも、北棟の96－99階の北側ファサード、すなわち航空機が突入した付近のねじ曲がったり、焼けただれた鉄骨［図8］、生存者が脱出時に活用した階段［図9］、破壊されたアンテナやエレベーターのモーター、消防車などが広大な地下の空間に移設されている。ちなみに、リベスキ

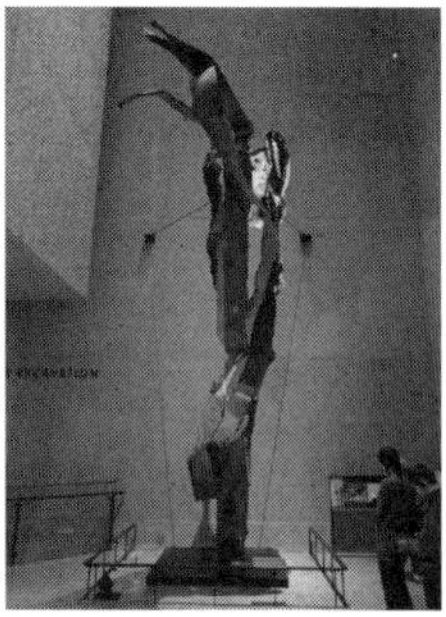

（右）［図8］航空機が突入し、破壊された柱
（左）［図9］脱出に活用された階段を保存

ンドが設計したイギリスのマンチェスターにある帝国戦争博物館（二〇〇二年）でも、9・11における鉄骨の残骸を展示していた。

かつての世界貿易センタービルの北棟の真下は事件の関連資料展示、南棟の真下は犠牲者を追悼する施設となった。壁には次々と写真が映しだされ、回想の言葉が流れ、彼らが匿名の市民ではなく、それぞれに名前と歴史をもつ人間だったことを静かに伝える。なお、リストは、一九九三年二月に起きたもうひとつのテロ、世界貿易センタービルの地下駐車場における爆破事件の犠牲者も含み、合わせて二〇九三名を弔う追悼の施設である。

振り上げた拳をおろすために、アメリカがイラク「戦争」という名の先制攻撃を始めたことを踏まえれば、正直、国立のミュージアムはもっとナショナリズム色が強くなると思っていたが、そうではなかった。圧倒される程の膨大な資料と情報を提示し、そのとき現場で何が起きていたのかを多視点から伝える事実をたんたんと積み重ねていく。印象深いのは、事件時の録音と証言を組み合わせた、時系列に出来事を再現する生々しい音のドキュメントだった。機内からかけられ、留守番電話に残された最後のメッセージ、警察や消防署への通報、現場に駆けつける車両の無線、隊員の交信記録、生存者による回想などを活用し、北棟、南棟、ペンタゴン、航空機における事態の推移を、刻々と移動する位置情報とあわせて、分刻みで提示する。こうしたプログラムが何十パターンとつくられていた。

その瞬間の音声がこれだけ多く残っているのは、現代ならではだろう。緊迫感にあふれた当事者による肉声の集積は、ヘタな再現やインスタレーション、あるいは揺れの体感装置よりも、はるかにリアルである。以前、東京空襲を経験した人たちが、その様子を言葉で回想する映像をみたときも、当事者が肉声で語ることの生々しさに驚かされた。それはカメラによる記録や、つくられた再現映像とは違う、人間の記憶を通じてしか伝わらない強度をもつ。またテロリストに対しても、犠牲者と同様に、その時の行動の記録を伝えようとしていた。ともあれ、9／11・ミュージアムは記録とドキュメントへの執念を感じさせる、凄まじい博物館だ。

悲劇から十年以上の歳月が過ぎて、ようやく開館したが、ミュージアムの内容はそれだけの厚みをもっていた。時間がかかっても、決定的なアーカイブが構築できるなら、十分な意味があるだろう。ひるがえって日本はどうか。地下鉄サリン事件の全容を伝える施設もなく、ましてや太平洋戦争に関する膨大な資料を開示する、まともな公立博物館すら存在しない。そして残念ながら、東日本大震災の記憶を伝える伝承館も、内容がかなり薄味という状況である。

ロシアのウクライナ侵攻を受けて、建築に何が可能か

大量の難民のための空間をどうするか

『サピエンス全史』（二〇一一年）で知られるユヴァル・ノア・ハラリは、人類の最悪の敵だった飢餓、疫病、戦争はもう克服しつつあると楽観的に論じていたが、残念ながら、世界はコロナ禍で覆い尽くされ、一人の政治家の暴走によって、ロシアの空域が閉鎖され、スポーツや芸術の世界から同国の選手が排除され、あっという間に冷戦下に戻ったかのような状況に突入した。アメリカによるイラク戦争のときもテレビの情報をいかに占拠するかは重要だったが、大きな違いは、現代はネットを利用した個人の情報拡散などにより、力強いメッセージや凄惨な現場が世界中にすぐ伝達されることだ。これは世論に訴える抑止力になるかもしれない。一方でロシアは、海外の情報が入らないようインターネットを遮断するという報道も出ていた。『ベクシル２０７７ 日本鎖国』（二〇〇七年）というＳＦのＣＧアニメが、ハイテクな情報鎖国という設定だったが、それに向かう国家が登場したのである。なるほど、ポール・ヴィリリオによれば、戦争のテクノロジーは情報の時代に突入した。

［図1］ドイツ館の壁に開けられた入口

コロナ禍に対してもそうだったが、すぐ建築にできることは少ない。ただ、ウクライナの建築事務所は以下のように活動している。例えば、バルベックは炊き出しを行ったほか、将来の再建のためのモジュール型の居住空間「リ・ウクライナ」を提案し、リプラスは簡単な方法によるガラスの飛散防止など、建築的な視点からのサバイバル情報を発信したり、軍や避難民のために施設の整備を支援している（参考：『日経アーキテクチュア』二〇二二年四月二八日号）。またＭＶＲＤＶがロシアのプロジェクトを止めることを表明したり、ＢＩＧやスノヘッタなどのスター建築家が侵攻への反対声明を出した。

難民の大量受け入れは、居住の問題と直結するだけに、建築家の関心が高いと思われるが、すでにウクライナからは七〇〇万人以上が国外に移動しており、同じ問題が起きるだろう。いち早く坂茂は、東日本大震災などの自然災害のときと同様、プライバシーの確保や感染症の対策として、紙管による簡易間仕切りのシステムをポーランドの難民施設に持ち込んでいる。

思い出されるのは、アレハンドロ・アラベナが「前線からの報告」をテーマに掲げ、建築の社会性を問いかけたヴェネツィア・ビエンナーレ国際建築展二〇一六において、ヨーロッパからの多くの展示が、内戦から逃れたシリア難民をどう受け入れるかをテーマにしていたことである。

例えば、ジャルディーニ公園の会場では、wifi-free、充電ＯＫで来場者を迎え入れるドイツ館は、同国が多くの難民を受け入れたように、建物を二四時間開放する場所に変えていた。テーマは「ハイマート（ふるさと）をつくること、ドイツ、ア

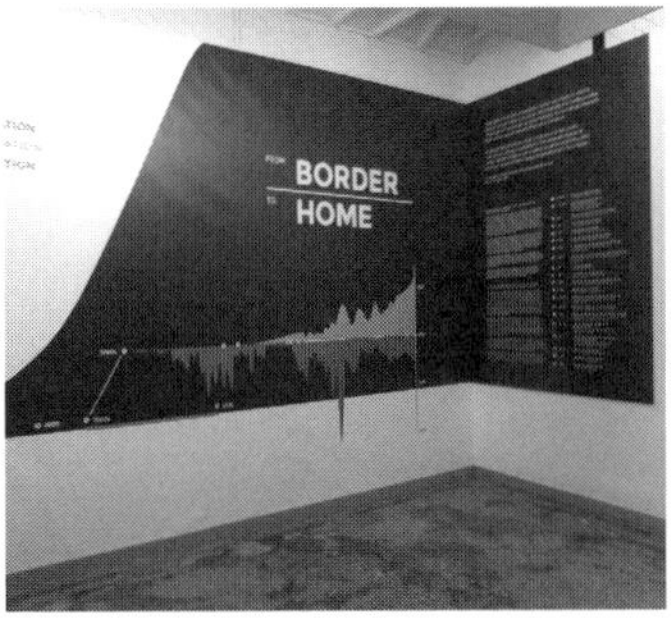

（右）［図2］フィンランド館の移民増加を示すデータ
（左）［図3］アルセナーレ会場における集合住宅と移民をテーマにした展示

ライバル・カントリー」。各国館のなかで最もいかつい古典主義の神殿のようなドイツ館の壁をあちこちぶち抜くという改造を、特別な許可を受けて実施し、閉じるドアもない［図1］。驚くべき展示だった。フィンランド館のテーマは一時的な避難所のコンペであり、オーストリア館やギリシア館も難民を意識した人々の居場所を紹介していた［図2］。ほかにもアルセナーレの会場では、フェスやイベント、難民や被災者の受け入れ施設、軍事基地など、大量の人々が一時的に滞在する「はかない都市」のリサーチ、都市流入者や難民のためのベルリンにおける集合住宅プロジェクトなどがとりあげられた［図3］。どうしても調査・報告型になるために、展示ならではのスペクタクル性には欠けるが、世界の建築界が共有する問題をあぶり出していた。

ネットの時代における情報の建築

同年のビエンナーレに参加したフォレンジック・アーキテクチャーが、イタリア館で展示した映像とインスタレーションはなかでも異彩を放っていた。まさに全体のテーマ「前線からの報告」に即した先鋭的な作品だったからである。この組織はいわゆる設計事務所ではない。二〇一〇年に創設された建築家、アーティスト、映像作家、ジャーナリスト、弁護士、科学者らによるロンドン大学を拠点とするイギリスの調査機関である。フォレンジック・アーキテクチャーは、その名称通り、コンピュータとネットワークを駆使しながら、科学捜査（＝フォレンジック）を行い、

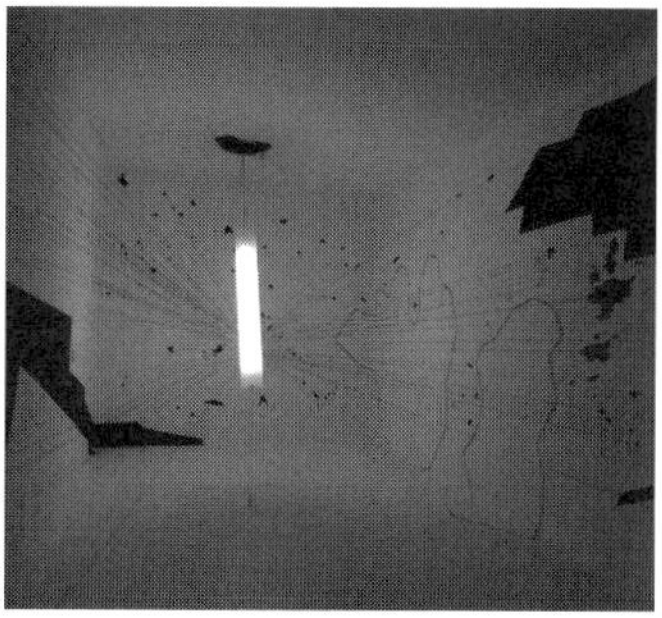

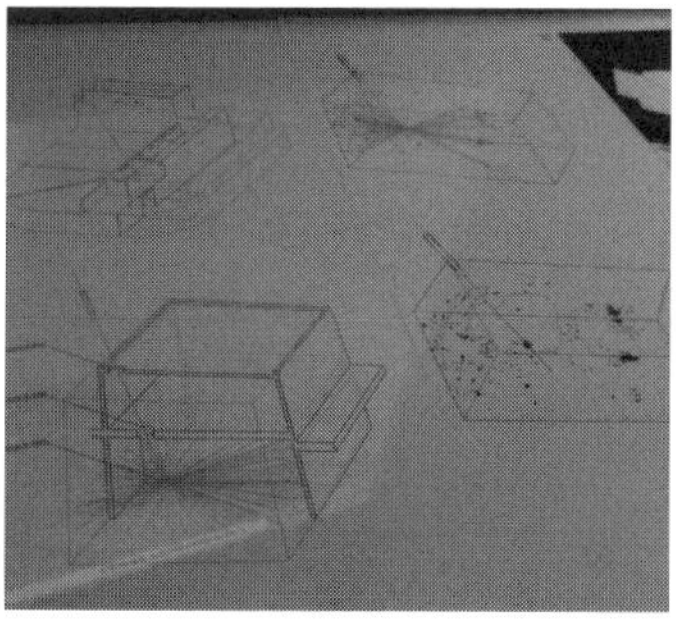

（右）［図４］フォレンジック・アーキテクチャーによる室内の爆発インスタレーション
（左）［図５］爆弾投下の状況を計算

メディアを素材に「情報の建築」をつくりだす。どういうことか。通常の建築はモノをつくる。だが、彼らが設計、もしくは復元するのは、瞬間的に発生した事故の建築だ。すなわち、紛争、空爆、内戦など、破壊的な事件を調査の対象にしており、その空間を再構築している［図４］。

例えば、これまで次のようなリサーチが行われた。アメリカが介入し、カメルーンでボコ・ハラムに対して行われた拷問、インドネシアにおける大規模な環境破壊、二〇一四年九月、メキシコの地方の街で起きた警察による学生への襲撃、二〇一五年三月八日、シリアの町アティマハに対する空襲、二〇一六年二月一五日、シリアの病院に対する攻撃、二〇一七年三月一六日、アメリカ軍によるシリアのモスクの空爆、二〇一八年七月一四日、パレスチナ・ガザ地区におけるイスラエル軍の攻撃などだ。すなわち、主に人権侵害の疑いのある案件や事例を告発している。これらのレポートは、フォレンジック・アーキテクチャーのホームページ、もしくはYouTubeで検索すると、視聴することが可能だ。いずれも鮮やかなプレゼンテーションの映像である。筆者はヴェネツィア、二〇一七年二月の恵比寿映像祭、ソウルの国立現代美術館などで彼らの作品に遭遇したが、展覧会場では映像のほかに空間インスタレーションも制作されていた。ただし、内容は映像で基本的に理解できる。

世界の各地で発生する悲劇的な事件は、いつどこで何名が亡くなり、何名が負傷したというニュースが配信されて終わってしまう。抽象的な数字と、よく知らない記号のような場所だけだ。が、当然そこには具体的な空間が存在していたはずである。これを徹底的に検証しようとするのが、フォレンジック・アーキテクチャーだ。

（右）［図6］フォレンジック・アーキテクチャーの空間分析
（左）［図7］ソウル国立現代美術館の展示

映像作家であれば、現地に入り、ドキュメンタリーを制作するだろう。が、彼らは別の立場をとる。あくまでも遠隔地から世界の片隅で起きた事件を再構築しようと試みるからだ。むろん、ネットを通じて、現地の人とコンタクトをとったり、資料の提供を受ける。そうした意味では、現代だからこそ成し遂げられるスタイルだ。特徴は、そうした素材の料理の仕方だろう。彼らは時間と空間の軸から膨大なイメージとデータを整理し、現場で何が起きていたかを立体的に復元する。

具体的には次のような手続きをとる。ネットなどから数多く収集した市民が撮影した動画や写真（事故のときや事故以前のもの）、衛星からの写真、地図、太陽の位置、天候などのデータをもとに、ある特定の瞬間に起きた出来事を再構築する。時系列で整理しながら、複数の視点からの見え方、それぞれの位置、影の長さ、プラン、撮影された爆弾の形状を突き合わせて、空間の三次元的な情報を割り出し、事実を探求する姿勢は、ピンポイントの近過去研究であり、きわめて建築的だろう［図5］［図6］［図7］。展覧会では、狙われた建物の天井を突き破って、室内で爆弾が破裂する瞬間を空間インスタレーションで再現したり、空爆による粉塵を立体化し、雲のような形象のオブジェを制作する。いずれも固定したモノではなく、ある一瞬にだけ存在しえた奇妙な造形をあえて可視化させる行為だ。つまり、アクシデントの建築である。

氾濫するメディア情報の海から徹底的に事実をあぶりだすこと。オルタナティブ・ファクトやフェイク・メディアの言葉が、社会をなし崩しにしてしまうなかで、彼らの建築は重要な意味をもつ。東日本大震災ではわずかな震災遺構しか残らず、凄まじい建築破壊が起きた事実を想起させる手がかりが減ったが、フォレンジック・アーキテクチャーのような調査をもとにした展示は有効かもしれない。実際、9／11メモリアル・ミュージアムは、音声情報を時系列で並べ、場所ごとに整理し、何が起きていたかを立体的に復元した映像がいくつも用意されていた。その十年後の東日本大震災であれば、さらに多くの情報が残せるはずだった。ともあれ、フォレンジック・アーキテクチャーは、ネット時代ならではの情報収集をもとに、暴力の現場を科学的にリサーチしている。とすれば、今後、彼らは空間の視点から、ロシアがウクライナで何をしたのかを可視化できるだろう。

アンバランスな時代の二一世紀型戦争

ポール・ヴィリリオは戦争のテクノロジーを三段階に分類している。本書のまとめとして、それを都市論に引きつけながら、二〇〇三年のイラク攻撃を考察しよう。

第一段階は、防御の時代である。例えば、都市を要塞化すること。攻撃力が弱いときには、高い城壁を築くことが有効である。それは古代ローマのウィトルウィウス以来、建築家の重要な仕事だった。戦国時代の日本における城郭建築も、戦略に応じた縄張り、すなわち壁の多様な配置パターンが問題であり、このタイプに含まれる。当初は自然の要塞となる山城を設置し、周囲を見るための望楼型が主流だった。しかし、後に都市の中心に位置する平城となり、権力の象徴として印象的なスカイラインを形成する層塔型に移行していく。

第二段階は、攻撃の時代である。ルネサンス期に火薬が登場すると、効果的な迎撃システムが求められ、大砲の弾道が美しい幾何学を描く戦争理想都市が構想された。だが、二〇世紀に爆撃機が登場すると、都市の形状による対策は無効になってしまう。とはいえ、都市の不燃化、防空壕の建設、空からの視線に対するカモフラージュなどが試みられた。水平から垂直への戦争軸の転換。実状は不明だが、フセインが隠れたとされる地下空間への想像力も、この延長線上にあるといえよう。だが、一撃で都市をまるごと破壊する原爆の前では、もはや空間的なデザインはいかなる意味ももたない。と同時に、究極であるがゆえに、核兵器は抑止力として機能し、冷戦における恐怖のバランス状態をもたらす。

第三段階は、情報の時代である。テクノロジーを駆使して、抑止のために相手を監視すること。見ることが勝利なのだ。確かにイラクの問題も査察から始まった。しかし、セキュリティのための先制攻撃権を行使することで、アメリカは一線を踏み越え、世界を新しい未来に巻き込んでしまったのではないか。ここに冷戦時の理性的なバランス感覚はない。マイケル・ムーア監督の映画『ボウリング・フォー・コロンバイン』(二〇〇二年)が指摘するように、アメリカのメディアは恐怖と消費をセットにして煽り、銃社会の危険度を増している。疑わしきは罰せよ。そうした恐怖のランドスケープをアメリカは全世界に拡散している。

若干の修正を要するが、メディア時代の戦争という枠組は、今なお有効だと思われる。湾岸戦争はテレビゲームのようだと指摘されたが、イラク攻撃は、解説者付きの野球の実況中継のような映像が特徴的だった。いかにメディアを独占するか。アメリカ軍は大量の従軍記者を引きつれ、ブラウン管の情報をのっとろうとした。一方、戦力では圧倒的に不利だったイラクの生命線は、誤爆による悲惨な映像を通して、国際的な世論を味方につけることにかかっていた(東京空襲において大量の無差別殺戮が可能だったのは、メディアが未発達だったからではないか)。メディアは刺激的な映像を好む。こうした場合、自虐的に言えば、市街地戦において犠牲者を増やす迷宮的な都市計画が構想されるのかもしれない。あるいは、ど派手に壊れる建築によって人々の目を引きつけること。人間の盾という存在も、物理的な盾が失効したからであり、メディアへの影響力が重要だった。

冷戦の崩壊後、帝国アメリカが突出し、世界はアンバランスの時代に突入した。核の拡散と一人勝ちの結果、連鎖する国家間の全面核戦争ではなく、主体なき核の限定使用が恐怖の対象になった。例えば、映画の『トータル・フィアーズ』や『9デイズ』のように、個人が核を都市に持ち込み、自爆テロを行うこと。あるいは、化学兵器のテロや9・11の再来。こうしてセキュリティの強化が欲望される。ところで、三月二〇日のイラク攻撃の勃発も非対称な戦いだった。精密誘導兵器による司令施設の攻撃は、国家がフセインという個人の暗殺を狙ったものである。イデオロギーの激突ではない。国家総力戦でもなく、国家対個人の構図である。しかし、それが殺人であることに変わりはない。

アンバランスな戦争は、攻撃の目標にもあらわれていた。アメリカは、イラクの放送施設を叩いたものの、バグダッドの戦後復興を見すえ、都市のインフラは破壊していない。戦力が均衡していれば、狙ったかもしれないが、勝利は明白だった。むしろ、いかに勝つかが問題であり、それは戦後の順調な復興も含む。他者なき戦争は、無条件降伏の手続きもできず、倒すべきフセインの生死も定かではないまま、なし崩しに「終り」を迎えた。したがって、その象徴として彼の銅像が引き倒される映像は絶対に必要だった。9・11が徹底的に不気味だったのは、犯行声明がなかったことである。アメリカは、見えない恐怖という新しい状況を隠蔽するために、可視化しうる古典的な悪の偶像を求めているのだ。

こうした現実に対して、建築は批判的な力をもちにくい。それゆえ、「再発見されたエレクトリック・ラビリンス」で論じたように、アンビルドが要請されるときかもしれない。今こそ、リヴァイアサン国家の王様に、壮大なブッシュ宮殿を！

＊

本書の企画が始動したのは、二〇〇二年の夏だった。

それから一年。

二〇〇三年の夏に刊行されるのだが、この一年のあいだに世界と日本はひどくきな臭くなった。その結果、当初収録予定だった原稿を幾つか差しかえ、世界貿易センタービル跡地、イラク、北朝鮮、国内のセキュリティ意識をめぐる論考を新しく入れている。「戦争と建築」というテーマは重要だが、これ程までに現代的なアクチュアリティをもつとは当初思っていなかった。筆者が様々な方法で建築と社会の関係を考察してきたなかから、「戦争と建築」という切口を提案してくれたのは、晶文社の篠田里香さんである。本書の生みの親に最大の感謝を送りたい。ありがとうございます。また装丁を手がけていただいた岩瀬聡さんと、各原稿の初出時に担当していただいた編集者にも、この場を借りてお礼を申し上げたい。そしていつも原稿の最初の読み手である妻の菅野裕子にも感謝したい。

二〇〇三年七月、キリンアートアワードの審査にて、新しい才能に遭遇した日に

増補版あとがき――恐怖にとりつかれた都市

アメリカの同時多発テロとイラク攻撃（後に口実となった大量破壊兵器は存在しなかったと判明）を受けて、二〇〇三年に刊行した拙著『戦争と建築』において筆者は、他者からの攻撃という観点から都市と建築の変容を論じた。もともとはアニメなど、フィクションの中の戦争空間論が多い予定だったが、社会情勢が切迫し、現実を扱う論考の方が増えたものである。女優のスーザン・サランドンが、9・11以降、「われわれの感情と恐怖心はすべて人質にとられている」と述べたように、社会の意識は変化している。日本でも、他者への不寛容とセキュリティへの関心が強くなった。第四章の論考「セキュリティ戦争の都市」は、後にその内容を膨らませ、『過防備都市』（中央公論新社、二〇〇四年）として刊行されている。筆者は過剰な排除ベンチを批判的に論じたが、結局、増殖を続け、『誰のための排除アート？』（岩波ブックレット、二〇二二年）を出版した。本書は、ロシアのウクライナ侵攻を受けて、編集者の出原日向子さんの提案により、『戦争と建築』を増補再版したものである。この場を借りて、謝意を表したい。約二〇年を経て、セキュリティや戦争は空間にとって変わらず重要なテーマなのだが、裏返せば、世界はさらに荒んだと

（右）［図1］白井晟一の原爆堂模型
（左）［図2］四川大地震の後、破壊された街ごと、震災遺構になった北川

いう嘆かわしい状況を示している。

建築は動かないから、積極的に他者を攻撃し、傷つける武器にはなりえない。基本的にはシェルターだ。ゆえに、避難民のための空間も提供する。かつてル・コルビュジエが改造したアジール・フロッタンの船も、それを目的とするプロジェクトだった。自然災害への備えは、地域の特質や反復性によって、ある程度、建築の対策を立てられる。だが、意志をもって実行される人為的な攻撃を想定し、非日常的な状態をもたらし、恐怖と憎悪を撒き散らす戦争やテロに対して、建築は人と人をつなぐこと、多様な価値観を許容する空間をつくることができる。日常生活を維持する建築は、争いへの抵抗になるだろう。

また破壊の記録を伝え、悲劇を記憶するための博物館、あるいは慰霊や追悼のための施設を通じて、繰り返さないことに貢献するかもしれない。丹下健三は広島平和記念資料館を設計し、白井晟一は原爆堂を構想した［図1］。アウシュヴィッツの強制収容所は効率的な殺人機械と化した空間のおぞましさを教えてくれる。中国の四川大地震による被災地を訪れると、壊滅した小さな町がまるごと震災遺構として残されていた［図2］。台中の９２１地震教育園区は、断層の上だったために、激しく破壊された中学校を活用したメモリアルと防災教育の施設である［図3］。こうした建築の遺構は、悲劇が起きた事実を最も雄弁に物語るだろう。またレベウス・ウッズは、サラエヴォの紛争などで損傷した建築に対し、再建や復元ではなく、「かさぶた」の概念を用い、あえて暴力の痕跡を消さないデザインを提案した。

かつて神の視線は空から見下ろす俯瞰的なものだったが、ドローンは自由に動き

［図3］台中の921地震教育園区

まわり、空間にあまねく視点が存在しうる新しい神のまなざしとなった。押井守の「東京スキャナー」（二〇〇三年）は、これを予見する映像であり、非人間的な謎の物体が東京を縦横無尽に走査する（実際はヘリコプターの空撮を巧みに編集・加工したもの）。無人偵察機をイメージしたと思われるが、この作品は、神の怒りに触れて滅びた街、旧約聖書のソドムとゴモラをモチーフとしていた。見ることは撃つことである。究極の管理者のまなざしにも感じられるが、首謀者としての人間も排除するかのようだ。ロシアの侵攻で気がかりなのは、史上初めて戦争において原発の施設が標的にされたことや、プーチンが核をちらつかせて、世界を脅していることである。ゆえに、最悪のケースとして、ドローンや無人機の中継によって核が投下された直後の廃墟映像ですら、われわれは見ることが可能になった。しかし、それを誰が見たいだろうか。そしてこの風景を見る人類は残っているのだろうか。

初出一覧

終わらない冷戦　『BT』二〇〇三年三月号、美術出版社
前線都市　『建築文化』一九九六年一一月号、彰国社
直線か、曲線か　『10＋1』二〇号、二〇〇〇年、INAX出版
空からのまなざし　『10＋1』七号、一九九六年
技術の母としての戦争　『批評空間』webcritique 二〇〇二年二月
サバイバルのための東京リサイクル　『10＋1』二一号、二〇〇〇年
反フラット建築論に抗して　『10＋1』二七号、二〇〇二年
再発見されたエレクトリック・ラビリンス　『10＋1』三一号、二〇〇三年
セキュリティ戦争の都市　『新現実』二号、二〇〇三年三月、角川書店
9・11がもたらしたもの　『10＋1』二六号、二〇〇二年
忘却しないために　『ユリイカ』二〇〇三年三月号、青土社
アンバランスな時代の二一世紀型戦争　『BT』二〇〇三年六月号
9／11メモリアル・ミュージアム　『忘却しない建築』二〇一五年、春秋社
ロシアのウクライナ侵攻を受けて、建築に何が可能か　『建築ジャーナル』二〇二二年五月号、建築ジャーナル
『現代思想』二〇一八年三月増刊、青土社

収録に際し、必要に応じて改稿しました。記載以外は描き下ろしです。執筆にあたり、中部大学の特別研究費をもとにした調査を活用しました。

著者について　五十嵐太郎　いがらし・たろう

1967年パリ生まれ。東北大学大学院工学研究科教授。博士(工学)。建築史・建築批評。1992年東京大学大学院修了。ヴェネツィア・ビエンナーレ国際建築展2008日本館コミッショナー、あいちトリエンナーレ2013芸術監督。主な著作に『過防備都市』(中公新書ラクレ、2004年)、『建築の東京』(みすず書房、2020年)、『様式とかたちから建築を考える』(菅野裕子との共著、平凡社、2022年)がある。

増補版《ぞうほばん》　戦争《せんそう》と建築《けんちく》

2022年7月30日初版

著者　五十嵐太郎

発行者　株式会社晶文社

〒101-0051
東京都千代田区神田神保町1-11
電話　03-3518-4940(代表)・4942(編集)
URL http://www.shobunsha.co.jp

印刷　株式会社堀内印刷所

製本　ナショナル製本協同組合

ISBN978-4-7949-7323-8 Printed in Japan

晶文社の本

生きのびるためのデザイン

ヴィクター・パパネック 著　阿部公正 訳

デザインを、安易な消費者神話の上にあぐらをかいた専門家たちの手にまかせきってはならない。人びとが本当に必要としているものへの綜合的なアプローチによって、空きかんラジオから人力自動車まで、パパネックは、豊かな思考と実験に支えられたかつてない生態学的デザインを追求する。世界的反響を呼んだ「パパネック理論」の完訳本。デザイナーのみならず、すべての生活人必読の名著が待望の復刊。

工夫の連続——ストレンジDIYマニュアル

元木大輔

デザイン=工夫と捉えれば、誰もが作り手になれる!　視点を変えるだけで、あらゆるものは素材になる。ゼロから考えずに、すでにあるものをハックする方法を獲得しよう。まわりの環境を変える工夫を身につければ、世界はより豊かで楽しいものになる。自由に形を考えられるフルーツ・ボウルから駅の階段を使った劇場まで、さまざまなスケールのものを自らの手で作り、考えるための画期的なDIYマニュアル。

白井晟一の原爆堂　四つの対話

岡﨑乾二郎、五十嵐太郎、鈴木了二、加藤典洋　聞き手:白井昱磨

1955年、白井晟一の「原爆堂」は核の問題と対峙する建築として『新建築』誌上でいくつかの図面とパースが発表されたが、ついに実現することはなかった。半世紀が過ぎ、2011年3月11日に起きた東日本大震災による未曾有の破壊と福島第一原子力発電所の事故を経験し、いま「原爆堂」に託された問いがアクチュアルな意味を帯びている。白井晟一の思想や言葉を手がかりに、「原爆堂」の今日的な意味を4人の識者との対話から探る。

増補版　自衛隊と憲法——危機の時代の憲法論議のために

木村草太

自衛隊と憲法の関係を中心に、憲法改正の論点を歴史的に整理した『自衛隊と憲法』の大幅増補版。ロシアによるウクライナ侵攻を受けて、ロシアの武力侵攻の国際法的な評価、憲法9条と日本の防衛の関係、「敵基地攻撃能力・防衛能力」や「核保有・核共有」といった、いま注目されているキーワードなどについての補足を追加。さらにコロナ対策にからめての緊急事態条項や、同性婚についてなど昨今の憲法関連のトピックもあわせて解説。世界に軍事的な緊張が高まる危機的状況のなか、過度な極論に振れることなく、冷静な安全保障議論のための情報を整理する。

コレラの世界史　新装版

見市雅俊

どの時代にも、その時代を象徴する伝染病がある。中世においてはペスト、大航海時代においては梅毒、そして進歩と帝国主義の時代と言われる19世紀のそれはコレラであった。インドの風土病だったコレラの襲来は、新しい都市づくりを模索するヨーロッパの大都市、とりわけ、大英帝国の首都ロンドンに何をもたらしたか?　人間中心の歴史観を排し、細菌の側から歴史をみつめなおした画期的な名著、待望の復刊。